AVENTURES AUTOUR DU MONDE

ANTHONY VERLAINE

Félicitations !

J'espère que mon livre te donnera envie d'explorer notre incroyable planète et de toujours te dépasser !

Bonne an[illegible] voyages !

Anthony

SOMMAIRE

AFRIQUE

ASIE

OCÉANIE

PRÉFACE

Mike : Chaque aventure est plus qu'une quête personnelle, c'est une histoire à transmettre. J'ai grandi en Afrique du Sud, où la nature m'a appris l'exploration. Je sais qu'Anthony a pris goût à l'aventure dans la Namibie voisine. Cette passion pour l'exploration, je l'ai cultivée toute ma vie, inspiré par des légendes comme Shackleton et Amundsen. Aujourd'hui, je la vois s'épanouir chez ma fille Annika et chez un aventurier comme Anthony Verlaine, qui perpétuent cet esprit avec audace.

Annika : L'aventure, c'est un héritage vivant. Mon père ne m'a pas seulement appris à explorer, il m'a montré que repousser ses limites est un art de vivre. Grâce à des modèles comme lui, nous, la nouvelle génération, avons le courage d'aller plus loin. Anthony incarne parfaitement ce passage de relais. Les récits de ses expéditions autour du monde sont la preuve que l'esprit d'aventure se transmet de génération en génération, un flambeau que nous devons tous porter.

Mike : Anthony nous rappelle que l'aventure, c'est plus qu'un exploit, c'est aussi un lien entre le passé et le futur. À travers ce livre, il vous invite à sortir de votre zone de confort et des sentiers tout tracés, pour revenir à l'essentiel et rejoindre cette grande danse avec la nature.

Annika : Mon père est un modèle pour beaucoup, et partager cet héritage avec vous est un honneur. Que vous soyez un vétéran ou un jeune rêveur, ce livre est votre invitation à explorer, à grandir et à devenir la meilleure version de vous-même.

L'aventure se transmet, elle se vit et se partage. Anthony Verlaine vous offre ici une chance unique de saisir ce flambeau et de poursuivre votre propre voyage.

Mike &
Annika Horn

INTRODUCTION

Il y a une quinzaine d'années, Anthony Verlaine a fait un choix radical : quitter une carrière brillante à l'international, qui lui rapportait beaucoup d'argent, mais l'éloignait chaque jour un peu plus de ses rêves d'enfant. Au cœur de ceux-ci, il y avait tous les documentaires qu'il avait regardés durant sa jeunesse et qui lui avaient donné l'envie de devenir aventurier professionnel. Une profession qui n'existe pas vraiment, mais à laquelle il a alors décidé de donner corps.

Sa première aventure fut un tour du monde de plus de 4 ans avec Le Cap comme point de départ et, surtout, aucun itinéraire d'arrêté, ni budget, ni contrainte de temps. Il s'était simplement imposé de discuter avec toutes les personnes qui croiseraient sa route, de découvrir leurs métiers, et de ne pas utiliser de moyens de transports motorisés. Cette aventure originelle, à laquelle il a survécu par miracle tant il avait alors à apprendre, fut suivie de beaucoup d'autres qui l'ont entraîné sur tous les continents.

Dans ce livre, il nous dévoile plus de 50 récits d'aventures qui l'ont particulièrement marqué, depuis ses premières traversées africaines et ses rencontres de peuples ancestraux jusqu'à ses chevauchées avec les nomades d'Asie centrale, en passant par la forêt amazonienne ou les étendues glacées scandinaves. On le retrouve ainsi parcourant à pied la Namibie depuis la Côte des Squelettes jusqu'à la frontière angolaise, randonnant sur des chevaux kirghizes, s'entraînant à survivre en Guyane française ou sillonnant la péninsule de Snæfellsnes, en Islande, sur des raquettes.

S'il a le goût des aventures lointaines et extrêmes, durant lesquelles il ne doit compter que sur lui-même pour franchir les obstacles mis sur son chemin par la nature, Anthony aime aussi les innombrables possibilités qu'offre le continent européen. Son ancrage alpin l'amène naturellement à faire du ski de randonnée en Andorre ou en Suède, mais il part aussi à vélo sur les routes portugaises, à pied et en packraft en Slovénie, randonne d'une rive anglaise à l'autre... Ses aventures sont autant d'inspirations pour toute personne ayant envie de découvrir le monde en mode actif.

Au final, les récits regroupés dans ce livre sont une invitation à suivre ses envies et à ne pas se laisser emprisonner par les contraintes. Toutes les aventures ne sont pas à la portée de chacun mais il serait dommage de reporter sa décision jusqu'à ce qu'il soit trop tard. Si nous n'avons pas tous vocation à devenir explorateur professionnel, nous avons tous des rêves à réaliser.

•

Au cours des dernières années, Anthony Verlaine a eu la chance de retourner à plusieurs reprises sur des lieux qu'il avait parcourus plus jeune, lorsqu'il voyageait avec très peu de moyens, ce qui nous permet de profiter de clichés superbes. D'autres photos ont été prises avec les moyens du bord. Enfin, quelques-unes n'ont malheureusement pas pu être imprimées car de qualité insuffisante et ont été remplacées par des photos d'agence.

+ AMÉRIQUES

CAN

ADA

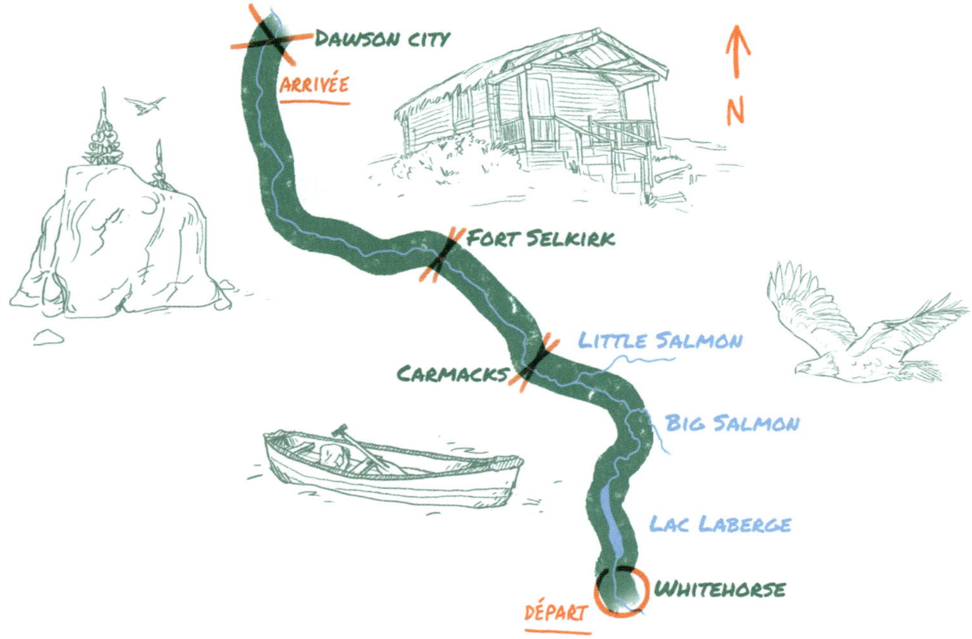

Descendre le mythique fleuve Yukon en canoë indien

Activité	Canoë
Difficulté	Très difficile
Pays	Canada
Lieu	Territoire du Yukon
Durée	Deux semaines

Si vous aimez les ours, ça tombe bien : pour commencer, cette aventure en est remplie ! Nous partons en effet dans le Nord canadien. Quatrième plus long fleuve d'Amérique du Nord, le Yukon s'étend sur plus de 3 700 km et traverse le territoire du Yukon. Depuis que je suis gamin, cette région et son légendaire fleuve me font rêver, en grande partie grâce aux magnifiques romans de Jack London, comme *L'Appel de la forêt*, mais aussi grâce à… Picsou ! Oui, vous avez bien lu. Enfant, j'étais fasciné par une bande dessinée de plusieurs centaines de pages qui retraçait la jeunesse du fameux personnage d'Oncle Picsou, et surtout comment il avait réussi à devenir riche en survivant aux ours, aux loups et aux voyous tout en écumant le territoire du Yukon durant la fameuse ruée vers l'or !

Notre aventure commence à Whitehorse, capitale du Yukon et plus grande ville du territoire avec… 30 000 habitants ! Située au bord du Yukon, elle permet d'acheter tout le matériel nécessaire pour préparer une expédition sur le fleuve. Je dois dire que la ville est très agréable, avec de nombreux magasins d'aventure, de pêche, de kayak, quasiment tous les sports outdoor : un véritable paradis pour moi ! Le parc national Kluane, situé à proximité, est un lieu de randonnée emblématique du Yukon pour les visiteurs qui cherchent à explorer la beauté naturelle de la région sans partir pour autant en expédition. Pour cette aventure, j'avais proposé d'amener avec moi un abonné Instagram, et Neil, qui est depuis devenu un ami, a tout de suite accepté. Dès l'arrivée à l'aéroport, nous sommes immédiatement mis dans le bain : un représentant des autorités touristiques du Yukon portant un T-shirt affichant "Vous êtes sur le territoire de l'ours. Bienvenue dans la chaîne alimentaire !" distribue un prospectus intitulé *Comment survivre à une attaque d'ours* ! Je me rappellerai toute ma vie la phrase finale : "Si vous êtes confronté à un ours prédateur qui veut vous dévorer, soyez extrêmement agressif et frappez-le violemment, n'abandonnez pas, il y va de votre vie !" J'ai connu mieux comme mot de bienvenue dans une région…

Nous passons les trois jours suivants à acheter les vivres et tout le matériel dont nous allons avoir besoin pour descendre les

735 km jusqu'à notre destination finale : cannes à pêche, spray au poivre anti-ours, bidons et sacs étanches pour protéger plus de 80 kg de nourriture en tout genre, tentes, hamacs et matériel photo/vidéo pour immortaliser cette expédition. L'objectif est de rejoindre la ville western de Dawson City, située près du cercle polaire. C'est la ville où les chercheurs d'or ayant réussi à survivre à tous les pièges du Yukon arrivaient pour commencer à prospecter. Pour réaliser cette aventure, nous avons décidé de prendre un modèle de canoë du type de ceux utilisés par les Natives Americans. Une fois chargée de tout notre matériel, plus nos poids respectifs, notre embarcation dépasse facilement les 400 kg. Autant vous dire qu'il faut éviter de nous retourner ou que l'eau s'y infiltre ! Pour cette expédition, il est impératif de se procurer une carte du Yukon très détaillée, sous forme de carnet de bord. Vous pouvez trouver ces publications dans les magasins de pêche de la ville, à l'office de tourisme ou sur Internet avant votre voyage. Il est vraiment important de savoir que le Yukon est vaste, très sauvage, et comporte de nombreux méandres dans lesquels il est facilement possible de se perdre. Il est donc essentiel d'avoir des cartes précises pour vous aider à naviguer sur le fleuve en toute sécurité.

C'est le grand jour : nous mettons difficilement notre canoë à l'eau et nous comprenons dès le premier kilomètre que le fleuve Yukon est véritablement sauvage, et qu'il va s'agir d'une vraie expédition qui va user nos forces : vents forts en pleine face, rapides, tourbillons et vagues qui arrivent sur les côtés ! Ça y est, nous y sommes. À partir de maintenant, nous n'aurons plus d'électricité, plus de réseau Internet ou téléphonique, et surtout plus de contact avec le reste du monde. Si quoi que ce soit nous arrive durant les trois prochaines semaines, nous devrons nous débrouiller seuls, sans aucune possibilité d'être secourus. Durant notre traversée, nous établirons nos campements de manière totalement libre, là où nous trouverons un bon spot pour passer la nuit, sans risque avec les ours. Enfin, c'est ce que nous croyons encore… car, dès la première nuit, le seul spot où nous pouvons amarrer notre canoë sur la berge se révèle être un repaire à ours ! De nombreuses traces au sol et des griffures impressionnantes sur tous les arbres plantent le décor. Mais la nuit est tombée, et nous n'avons pas le choix. Nous serons donc aux aguets et prêts à nous défendre jusqu'au lever du jour.

Après deux jours de navigation et des centaines de photos des aigles royaux et des pygargues à tête blanche qui nous survolent, nous arrivons au sublime lac Laberge. Mesurant 5 km de large et 50 km de long, il est entouré de montagnes et de forêts, et sa surface calme et claire reflète les paysages environnants. À première vue, il a l'air aussi navigable que le lac d'Annecy, chez moi. Pourtant, de nombreuses personnes nous ont conseillé de nous méfier de ce lac, très dangereux, où plusieurs personnes perdent la vie chaque année. Et, dès la première heure de notre traversée, nous comprenons pourquoi ! Le climat ici est très

LE SOURTOE COCKTAIL

Je ne pouvais pas vous raconter cette aventure sans mentionner l'infâme SourToe Cocktail, qui est le passage obligé pour toute personne ayant réussi la descente du Yukon jusqu'à Dawson City. Cette boisson est absolument unique en son genre, car elle contient un orteil humain, flottant dans le verre d'alcool que vous allez devoir boire. Oui, oui, vous avez bien lu, un orteil amputé et momifié ! À en croire son créateur, Dick Stevenson, l'histoire de ce “cocktail” remonte à 1973, lorsque cet ancien capitaine de la Marine américaine, devenu barman à Dawson City, trouva dans une cabane abandonnée un orteil momifié amputé à cause du froid, et conservé dans de l'alcool. Il commença à l'utiliser comme ingrédient dans une boisson qu'il baptisa “SourToe Cocktail”, et lança la légende. Depuis lors, ce cocktail est devenu une attraction touristique populaire, et le boire est considéré comme un rite de passage pour les visiteurs de la ville. Pour pouvoir boire le cocktail, il faut absolument suivre les règles suivantes : l'orteil doit toucher les lèvres du buveur, mais il ne doit pas être avalé, et encore moins mâché. Les personnes qui parviennent à avaler le cocktail avec succès deviennent membres officiels du SourToe Cocktail Club, dont je fais maintenant partie ! Au fil des années, différents orteils ont été utilisés pour préparer le Sourtoe Cocktail, car plusieurs ont été perdus, volés ou même avalés. Attention, on ne rigole pas du tout avec cet orteil ! Avant que vous ne puissiez boire, le shérif local vous confisque votre passeport, et il ne vous sera rendu qu'après la dégustation… Santé !

J'utilise ma paille filtrante Lifestraw pour boire l'eau du Yukon.

changeant. Il peut faire 30°C sur une véritable mer d'huile et, 10 minutes plus tard, 8°C avec des bourrasques rendant le lac totalement déchaîné, et engendrant de grosses vagues qui risquent de nous faire chavirer à chaque instant ! Alors que notre rythme moyen était de 95 à 120 km/jour, il nous aura fallu près de trois jours pour traverser les 50 km du lac Laberge, sans aucun courant ; trois longs jours, avec de très nombreuses frayeurs et des moments où nous avons été à deux doigts de couler. À la sortie du lac, on pénètre dans la partie du Yukon qui finit par rejoindre les bras Big Salmon et Little Salmon.

Dès le début de notre descente, nous avons été plongés dans l'Histoire avec, sur chaque rive, des ruines et artefacts datant de la ruée vers l'or de 1898. Là, un village fantôme, ici des anciennes mines d'or, ou des forts construits par les premiers explorateurs et trappeurs ; on longe l'ancien comptoir commercial de Fort Selkirk, abandonné dans les années 1950 ; on passe devant des cabanes en ruine et même devant un immense bateau à roues à aube échoué. Dawson City, notre ville d'arrivée, nous offrira elle-même une expérience unique avec ses bâtiments d'époque et ses saloons : c'est une ville pittoresque figée dans le temps.

Côté nature, durant toute notre aventure, nous avons vraiment le sentiment d'être "Into the Wild". Aucun signe du monde extérieur ou de modernité : nous sommes replongés au temps des trappeurs et des orpailleurs. Les paysages sont incroyables, nous longeons de vastes forêts d'épinettes, de sapins et de bouleaux, ainsi que des montagnes majestueuses peuplées de très nombreux animaux que nous pouvons observer pendant des heures avec les yeux qui brillent. Tout d'abord, les maîtres de ces forêts : les ours noirs et les grizzlis, que nous apercevons souvent en train de pêcher ou de chercher de la nourriture le long des rives du fleuve. Les observer depuis le canoë est assez rassurant ; c'est beaucoup moins sympa la nuit, lorsqu'ils viennent rôder dans notre campement ! À plusieurs reprises, nous croisons aux abords de notre bivouac sur les berges des

spécimens ou des traces de pas absolument énormes ! Autres animaux emblématiques, les aigles royaux et les pygargues à tête blanche, qui nous survolent à longueur de journée, nous narguent en pêchant d'énormes saumons devant nous, alors que, de notre côté, avec nos cannes à pêche, nous n'attrapons pas grand-chose. Un matin, pris par un besoin pressant, je me retrouve dans la forêt face à un splendide lynx du Canada ! Une pure merveille, tout comme les superbes orignaux ou les porcs-épics que nous allons croiser sur notre chemin. Et que dire des loups, dont les traces dans le sable sont plus grosses que ma main et dont les hurlements bercent nos nuits ! Sans oublier les aurores boréales, qui nous offrent un spectacle coloré et absolument magique dans le ciel nocturne. Ce voyage fut pour moi une véritable ode à la nature et à la faune sauvage.

Mais, clairement, pas de tout repos. Malgré les merveilles que réserve le fleuve Yukon, les conditions météorologiques sont difficiles et très changeantes, et la descente comporte de nombreux dangers, comme les arbres qui s'effondrent soudainement le long des rives du fleuve, ou les rapides qu'il faut savoir passer. Il y en a plusieurs : les fameux rapides “Five Fingers” et ceux de “Rink” doivent absolument être passés dans le chenal situé le plus à droite du fleuve. Question ravitaillement ou soins, vous n'aurez qu'une seule occasion, au minuscule village de Carmacks, situé au milieu du parcours. Enfin, les 100 derniers kilomètres avant la ville de Dawson City sont un véritable labyrinthe, et il faut absolument suivre la carte au mètre près pour ne pas se perdre sur un bras sans courant.

En somme, malgré les dangers et les difficultés que vous rencontrerez durant cette épopée, la descente du fleuve Yukon offre une variété de paysages époustouflants, qui vous permettront d'apercevoir de nombreux animaux, de découvrir l'histoire de ce territoire si particulier, et de vous émerveiller devant la beauté naturelle de cette région sauvage du Canada.

LA RUÉE VERS L'OR

La ruée vers l'or dans le Yukon, également connue sous le nom de ruée vers l'or du Klondike, commença en 1896, lorsque des prospecteurs découvrirent de l'or dans les rivières de la région du Klondike, dans le territoire du Yukon. Des milliers de personnes du monde entier convergèrent alors vers la région, dans l'espoir de faire fortune. Le voyage était long et très dangereux, impliquant des traversées du fleuve Yukon, des montagnes enneigées à franchir, des conditions météorologiques extrêmes et glaciales, des vents violents (que j'ai aussi dû affronter sur le canoë), des maladies et toutes sortes de dangers naturels tels que les avalanches, les ours ou les loups ! Sur les centaines de milliers de personnes qui tentèrent l'aventure, 30 000 réussirent cette traversée sur le Yukon, et seuls quelques-uns trouvèrent suffisamment d'or pour devenir riches. L'écrivain américain Jack London participa lui aussi à la ruée vers l'or en 1897, mais il fut fortement déçu par cette expérience et abandonna rapidement pour revenir à l'écriture, notamment celle du roman *L'Appel de la forêt*.

La ruée vers l'or du Klondike a laissé une marque indélébile dans l'histoire du Yukon et est devenue partie intégrante de son identité culturelle. Si l'histoire de cette ruée et de la région à cette époque vous intéresse, je vous recommande tout particulièrement les poèmes de Robert Service qui ont accompagné ma descente.

À droite : rapides de Five Fingers

« À plusieurs reprises, nous croisons aux abords de notre bivouac sur les berges des spécimens ou des traces de pas absolument énormes ! »

À GAUCHE : © ELIAS NEIL BENLEULMI ; À DROITE : © STEPHAN PIETZKO / STOCK.ADOBE.COM

FEUILLE DE ROUTE

Départ	Whitehorse
Arrivée	Dawson City
Distance	735 km
Comment s'y rendre	En avion jusqu'à Whitehorse, puis retour en avion depuis Dawson City.
Quand s'y rendre	De fin avril à début septembre.
Les indispensables	Des gourdes filtrantes et des tablettes de purification, un livre de bord avec l'itinéraire de la descente en cartes détaillées, un téléphone satellite si possible, des vêtements chauds pour la nuit, de la crème solaire et un chapeau pour la navigation, des clochettes et de la paracorde militaire pour créer un périmètre sonore autour de votre bivouac, un bidon de protection pour votre nourriture la nuit et une ou deux bombes au poivre anti-ours.

TROIS AUTRES AVENTURES AU

CANADA

Lac Moraine, parc national de Banff

Le Great Divide Trail

Activité	Randonnée
Difficulté	Très difficile
Pays	Canada
Lieu	Rocheuses canadiennes
Durée	Deux à trois mois

Je vous propose de découvrir le Great Divide Trail, un sentier de randonnée pédestre de plus de 1 200 km qui suit la crête de la sublime chaîne de montagnes des Rocheuses canadiennes. Il sillonne les provinces de la Colombie-Britannique et de l'Alberta et traverse, entre autres, les incroyables parcs nationaux de Banff et de Jasper. Le sentier suit la Great Divide (ou Continental Divide), la ligne de partage des eaux qui sépare les bassins versants de l'océan Atlantique et de l'océan Pacifique en Amérique du Nord. Attention, cette randonnée est considérée comme l'une des plus difficiles des États-Unis, en raison du terrain très accidenté, de l'éloignement du sentier de toute ville et de la météo imprévisible. Comptez entre 2 et 3 mois selon votre niveau et les conditions météorologiques pour effectuer la traversée complète. Le parcours peut bien évidemment être adapté et raccourci en fonction de la forme physique de chacun ou du temps dont vous disposez.

Comme vous pouvez l'imaginer, cette aventure vous fera passer à travers des paysages spectaculaires, notamment des lacs glaciaires et les hauts sommets de montagnes escarpées. La plupart des randonneurs commencent leur périple à la frontière états-unienne, près de Waterton Lake, dans le superbe parc national de Glacier, dans l'État du Montana. Le sentier file ensuite vers le nord, le long de la crête des Rocheuses, et traverse les parcs nationaux de Waterton, Banff, Yoho, Kootenay et Jasper, avant d'atteindre le point culminant des Rocheuses canadiennes : le mont Robson, en Colombie-Britannique. Parmi tous ces paysages de carte postale, les plus connus sont sans aucun doute ceux des parcs nationaux de Banff et de Jasper, qui abritent de magnifiques lacs glaciaires d'un bleu profond irréel, comme le lac Louise et le lac Moraine, que vous avez sans aucun doute déjà vus sur les réseaux sociaux. Durant votre traversée, vous marcherez au milieu de prairies alpines très riches en fleurs sauvages et en vie animale : vous y croiserez probablement des wapitis, des caribous, des grizzlis, des coyotes, des aigles ou bien encore des mouflons d'Amérique.

En bref, voici encore une aventure hors du commun pour les amoureux de la randonnée et de la vie sauvage !

Le tour de la Gaspésie à vélo

Activité	Cyclisme
Difficulté	Difficile
Pays	Canada
Lieu	Gaspésie, Québec
Durée	Dix jours à deux semaines

Percé et son Rocher Percé

Pour cette nouvelle aventure, je vous emmène dans l'un de mes endroits préférés sur Terre, où j'ai longuement vécu et où j'ai probablement rencontré les personnes que j'aime le plus sur cette planète : le Québec ! Le tour de la Gaspésie à vélo est un itinéraire de 1 000 km qui suit la côte de la péninsule et se fait en général en dix jours à deux semaines, selon le rythme de chacun. Il est possible de camper en chemin ou de séjourner dans des auberges et des hôtels, notamment dans les paisibles villes de Gaspé, Percé ou Carleton-sur-Mer.

Le parcours débute et se termine habituellement dans la sympathique petite ville de Mont-Joli, située dans la région du Bas-Saint-Laurent, et suit la route 132 vers l'est, passant par des villages pittoresques, des plages, des falaises et de belles montagnes. Je considère qu'il est assez exigeant, avec des sections plutôt vallonnées qui peuvent être difficiles pour les cyclistes amateurs. La route côtière est certes très pittoresque, mais elle est aussi parfois très accidentée, avec des montées et des descentes assez raides qui peuvent être épuisantes. De plus, certaines portions ne sont pas très larges et peuvent être encombrées de véhicules, ce qui rend le parcours plus difficile et plus dangereux.

Le long de la route 132, l'horizon s'étend sur l'immense fleuve Saint-Laurent qui scintille sous les rayons dorés du soleil et, sur tout l'itinéraire, la brise marine vous caressera le visage. Le fleuve s'élargit, les falaises abruptes se dressent au-dessus de la mer turquoise souvent déchaînée, et les villages québécois typiques se succèdent, avec leurs jolies maisons colorées. Les habitants vous salueront et vous conseilleront, avec leur accent si agréable à mes oreilles.

Vous pourrez aussi admirer le symbole emblématique de la région, le célèbre Rocher Percé, un monolithe de calcaire qui émerge de la mer et se dresse fièrement devant le village du même nom. Percée d'une arche, sa silhouette solitaire, sculptée par les flots, impressionne et fascine, telle une œuvre d'art dressée au bout de la Gaspésie.

Cette boucle permet aussi de découvrir le fameux parc national de la Gaspésie, qui offre un véritable havre de paix et de sérénité pour observer la faune et la flore sauvages du Québec. Le long de l'itinéraire, vous aurez la chance de croiser toute la diversité animalière qu'offre le Québec. Bien évidemment, qui dit Gaspésie dit baleines : depuis la route, on peut facilement apercevoir des baleines à bosse, des rorquals communs et même des bélugas ! On peut aussi s'attendrir devant les phoques gris et les phoques communs, le long des plages et des rochers. Et les ornithologues seront ravis, car la Gaspésie est un lieu de nidification reconnu pour de nombreuses espèces d'oiseaux marins, tels que les fous de Bassan, les guillemots, les macareux moines, les cormorans et les mouettes. Plus à l'intérieur des terres, vous pourrez aussi avoir la chance d'observer des orignaux, des caribous et même des ours noirs.

Vous l'aurez compris, même si le tour de la Gaspésie à vélo est un défi plutôt physique, la beauté des paysages, la richesse de la faune ainsi que la culture et l'histoire de la région rendent cette escapade chez nos chers cousins québécois inoubliable pour les cyclistes passionnés de découverte et d'exploration.

Lac Maligne, parc national de Jasper

Le Skyline Trail

Activité	Randonnée
Difficulté	Difficile
Pays	Canada
Lieu	Parc national de Jasper
Durée	Un à trois jours

Le Skyline Trail est un célèbre sentier de randonnée situé dans le parc national de Jasper, en Alberta, au Canada. Cette marche de seulement 44 km offre des vues spectaculaires sur les Rocheuses canadiennes et ses sommets les plus emblématiques. L'itinéraire commence au niveau du parking du lac Maligne, à une altitude de 1 670 m, et suit une crête de montagne jusqu'à une altitude maximale de 2 365 m. Deux options sont possibles : on peut faire une boucle en revenant au point de départ, ou faire la randonnée en ligne droite et organiser un transport pour le retour. Des navettes sont disponibles moyennant des frais supplémentaires pour ramener les randonneurs de la fin du sentier jusqu'au parking. Je considère que cette randonnée n'est pas accessible à tout le monde en raison de ses sections escarpées. Si vous ne vous sentez pas de la faire en une seule étape, je vous conseille de la diviser en deux ou trois jours. Il est tout à fait possible (et même recommandé, étant donné la beauté des spots !) de camper dans le parc, après avoir obtenu un permis de camping auprès des autorités du parc (faites-en la demande bien en amont de votre visite).

La randonnée commence par une ascension très raide sur des pentes rocailleuses qui peuvent être difficiles à appréhender dans des conditions météorologiques défavorables, comme la pluie ou le brouillard. Je vous recommande vraiment de bien consulter les prévisions météorologiques et d'apporter des équipements de randonnée appropriés, même en plein été, car il s'agit d'une région à la météo très capricieuse. Le sentier suit les crêtes des montagnes et les sommets alpins, dévoilant des panoramas à couper le souffle sur les vallées et les forêts en contrebas, mais aussi sur les lacs d'un bleu profond, miroitant sous la lumière du soleil levant ou couchant. Le lac Maligne est le plus grand lac naturel du parc national de Jasper. Au début de la randonnée, vous traverserez des forêts verdoyantes, au sol totalement recouvert de mousses et de fougères. C'est ici que vous pourrez croiser des animaux sauvages tels que cerfs, orignaux, pikas et ours noirs. Je vous recommande d'ailleurs d'avoir toujours sur vous une bombe au poivre anti-ours, et de porter des petites cloches ou de faire du bruit pour éviter de surprendre les animaux et de vous mettre dans une situation compliquée avec les ours… À l'arrivée sur les hauteurs, les deux plus hauts sommets des Rocheuses canadiennes, le mont Athabasca et le mont Robson, se dressent devant vous, défiant le ciel. En continuant la randonnée, vous atteindrez des prairies alpines, vous franchirez des ruisseaux cristallins et vous traverserez des champs de fleurs dignes d'une toile de Matisse.

Autre expérience de randonnée unique, avec des vues exceptionnelles sur les Rocheuses canadiennes, ce trail permet de découvrir à la fois la beauté naturelle de l'Alberta, mais aussi toute la faune sauvage que le Canada offre à ses visiteurs intrépides. Un hymne à la beauté de la nature, un véritable cadeau pour vos sens !

ÉTATS-U

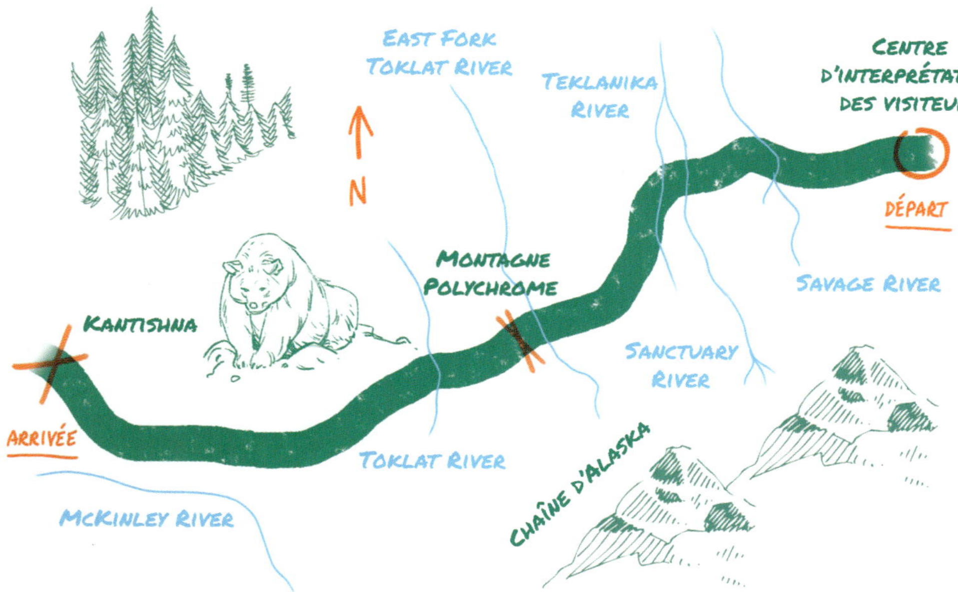

Traverser le parc du Denali en territoire grizzli

Activité	Randonnée
Difficulté	Très difficile
Pays	États-Unis
Lieu	Parc national du Denali, Alaska
Durée	Cinq jours

Cette expédition figure parmi mes plus belles aventures, mais aussi, sans aucun doute, parmi les plus éprouvantes sur le plan psychologique ! Après ma descente en canoë indien du fleuve Yukon, au Canada, durant plusieurs semaines, me voici à l'aéroport de Whitehorse, la ville principale de l'État. Là, j'aperçois une immense carte de la région. Ayant toujours été fasciné par les cartes, je la regarde et réalise rapidement que le mythique parc du Denali, en Alaska, n'est pas si loin que ça : d'après mes calculs, il se trouve à "seulement" deux jours de route ! C'est une chance à saisir. Hop ! ma décision est prise en moins de dix minutes : je ne monte donc pas dans l'avion et pars louer une voiture à la place ! Ma destination : la ville de Fairbanks, située à environ 12 heures de route si tout va bien. Si, pour votre part, vous n'êtes pas de retour d'une expédition dans le Yukon pour en commencer aussitôt une autre, c'est là que vous atterrirez !

L'arrivée dans le parc national du Denali est une expérience absolument inoubliable pour tous les amoureux de la nature et de l'aventure. Le parc étant situé dans le centre de l'Alaska, les 3 heures de route depuis Fairbanks sont en soi un spectacle à part entière. En approchant du parc, je suis déjà émerveillé par la beauté du paysage et les majestueuses montagnes enneigées qui se profilent à l'horizon. Ce parc national est mondialement célèbre pour sa densité d'animaux sauvages : ours bruns et noirs, loups, caribous, élans, lièvres arctiques, loutres de rivière, marmottes, chèvres des montagnes, coyotes, renards arctiques, sans compter des centaines d'espèces d'oiseaux ! Une fois arrivé, vous serez accueilli par des rangers qui vous donneront toutes les informations dont vous aurez besoin pour profiter au maximum de votre visite, notamment les lieux où se trouvent les différents *campgrounds* et les lodges luxueux où vous pourrez dormir. Ça tombe bien, ce n'est pas du tout mon plan ! Mon idée est bien plus folle que ça : je vais traverser tout le parc à pied, en autonomie totale, de l'entrée principale du parc jusqu'à Kantishna, le dernier lodge situé à son extrémité ouest, en dormant en bivouac sauvage, en plein milieu du territoire des grizzlis et des loups !

Pour moi, ce parc est le symbole de la liberté : aucun sentier, aucune limite aux visites, et la possibilité de dormir quasiment où l'on veut dans le parc ! Il faut se procurer le permis *backcountry*, qui permet de dormir dans des unités prédéfinies dans les régions les plus reculées du parc, en dehors des zones de camping protégées. Ils sont limités et délivrés par le parc national sur la base du premier arrivé, premier servi. Autant vous dire que, lorsque j'ai exposé mon projet aux rangers, ils m'ont tous pris pour un fou et ont tenté de me dissuader. En effet, nous étions fin septembre, ce qui correspond à quelques jours près au début de l'hivernation des ours. Durant cette période, ils commencent à chercher des endroits sécurisés pour passer l'hiver, parce que les températures baissent, et cherchent surtout à avaler tout ce qui passe à portée de griffes, et cela peut potentiellement inclure un petit Français perdu comme moi. Il y a déjà eu plusieurs cas d'attaques mortelles durant cette période. Une fois les règles élémentaires expliquées via un film, les rangers vous donnent un bidon obligatoire pour cacher votre nourriture et tous les objets odorants : "Si tu oublies un dentifrice ou un stick à lèvres dans ta tente, tu es mort, le Frenchie", me dit l'un des rangers. Ne soyez pas surpris non plus quand les rangers vous prendront en photo sous toutes les coutures, et feront l'inventaire de tous vos biens, en passant par la couleur de vos sous-vêtements. "C'est au cas où vous seriez dévoré, afin qu'on puisse identifier les morceaux que l'on pourrait retrouver", me dit le ranger d'un ton très sérieux. Hyper rassurant !

Le parc national du Denali offre une très grande variété de paysages naturels spectaculaires, allant des vallées verdoyantes et des forêts touffues jusqu'aux pics enneigés du mont Denali. Ma traversée commence par une forêt très dense de conifères et de bouleaux, avec des lacs clairs et des rivières serpentant à travers la végétation. Je comprends tout de suite qu'il n'y a vraiment aucun sentier, et je me dis que cette traversée va être longue. Dès les premiers pas sur ce territoire totalement sauvage, je suis envahi par un stress énorme, me disant que là, derrière chaque arbre, il peut y avoir une mère grizzli avec ses petits, prête à surgir. Sur les 25 premiers kilomètres, les visiteurs ont le droit de découvrir le parc en voiture. Même si la route est loin, à 1 ou 2 km, je suis quand même rassuré d'entendre le bruit des voitures et de savoir "qu'au cas où", je ne suis pas complètement seul. C'est en arrivant sur la Savage River

LES GRIZZLIS

Le nom scientifique du grizzli est *Ursus arctos horribilis*. Il s'agit d'une sous-espèce de l'ours brun (*Ursus arctos*) qui est originaire de l'Alaska. Le mot *horribilis* a été ajouté au nom scientifique pour refléter la réputation du grizzli, connu pour sa grande taille et son pelage dense et brun clair. Les mâles peuvent peser jusqu'à 350 kg et mesurent 3 m debout. Ce sont des prédateurs carnivores, mais ils se nourrissent également de plantes, de fruits et de noix, ce qui en fait des animaux omnivores. Souvent solitaires, ils peuvent néanmoins se rassembler en groupes pour se nourrir dans des zones riches en nourriture, comme les rivières où ils pêchent le saumon. Les grizzlis peuvent courir à des vitesses allant jusqu'à environ 65 km/heure sur de courtes distances. Ils sont d'excellents grimpeurs, mais préfèrent en général abattre l'arbre dans lequel leur proie s'est réfugiée. Ce sont aussi d'excellents nageurs, capables de traverser des cours d'eau et des lacs pour trouver de la nourriture. Ils peuvent également plonger sous l'eau pour attraper des poissons ou des crabes, et peuvent retenir leur souffle pendant plusieurs minutes. Autre point passionnant chez ces mammifères : leur flair ! Ils ont probablement l'un des meilleurs odorats de tous les animaux, et sont capables de détecter des odeurs à des distances incroyablement longues. On a ainsi pu observer un grizzli détecter une charogne à près de 30 km. Une véritable perfection du règne animal !

« Il n'est pas rare que j'aie quatre ou cinq ours dans mon champ de vision. »

(qui porte bien son nom) que ma première rencontre avec des grizzlis a lieu : une mère et ses trois petits ! Bon, il y a aussi une vingtaine de touristes dans un bus, au loin, qui les prennent en photo. Cela me rassure un peu. Néanmoins, je suis tout de suite saisi par la taille de ce mammifère : il est énorme ! Ça y est, elle m'a vu et ne me lâche pas du regard. Pas de panique : grâce à mes aventures précédentes, je sais comment réagir face à un prédateur : surtout rester calme, et éviter tout geste brusque ou mouvement rapide qui pourrait l'effrayer. Ne surtout pas courir, Anthony, et reculer lentement tout en gardant un œil sur l'animal. Si l'ours devient menaçant et cherche à défendre son territoire, je dois garder une distance de sécurité et ne pas le regarder dans les yeux. S'il se rapproche trop, alors il faudra que je fasse du bruit en me grandissant avec mon sac à dos sur la tête. Et si, malgré ça, il continue de me charger, alors je peux, soit utiliser ma bombe au poivre, soit faire le mort. Bref, ce ne sera pas pour cette fois : la mère et ses petits s'éloignent rapidement de l'autre côté de la rivière et je peux continuer ma traversée.

Durant les heures suivantes, je vais rencontrer plusieurs grizzlis plus ou moins curieux, dont certains vont chercher à m'intimider en courant vers moi sur 3-4 m. Ma progression est par conséquent très lente, car je suis à l'affût du moindre bruit. Je décide donc de quitter la taïga pour marcher dans le lit de la rivière Teklanika. Alors, oui, il y a beaucoup de cailloux qui font mal aux chevilles et je dois enlever mes chaussures assez

« Dans ma tête, je suis mort : il n'y a aucune chance que ce tout petit spray arrête cette machine de guerre qui s'élance sur moi. »

fréquemment pour traverser des bras de rivière, mais au moins, ici, j'ai une vue bien dégagée sur le paysage et je peux voir les prédateurs potentiels de très loin, ce qui est plutôt rassurant. C'est donc dans ce bras de rivière que je vais poser ma tente pour la première fois, pas vraiment rassuré. Comme toujours, j'ai installé deux périmètres autour de mon campement avec des paracordes militaires et des petites cloches. Laissez-moi vous dire que la nuit fut très musicale et que je n'ai quasiment pas fermé l'œil. Heureusement, le spectacle majestueux des aurores boréales formant des vagues vertes dansant dans le ciel étoilé restera gravé à jamais dans ma mémoire !

Le matin, je dois quitter le lit de la rivière Teklanika, car, en plus de mes nombreuses blessures aux chevilles, le courant devient trop puissant et je ne peux plus traverser sans cesse les différents bras de rivière. Les jours suivants, je traverserai un nouvel environnement magnifique du Denali : la toundra. Cet écosystème caractéristique du nord de l'Alaska est principalement constitué d'une végétation basse et résistante, couvrant un sol rocailleux et créant un milieu ouvert. Cette fois, j'ai une vision

LA RÈGLE DU TRIANGLE

Avant de passer une nuit en territoire grizzli, il y a des impératifs de sécurité à connaître et à respecter, notamment la règle du triangle. On monte son bivouac à un endroit ; 300 m plus loin au minimum, on cuisine et on mange ; et enfin, à nouveau 300 m plus loin, selon une forme triangulaire par rapport au lieu de bivouac, on cache sa nourriture dans un bidon de protection qu'on essaie d'accrocher avec une corde entre deux arbres. Il ne faut absolument jamais laisser quoi que ce soit d'odorant dans sa tente : stick à lèvres, dentifrice, déodorant, vêtements qui sentent le feu ou portent l'odeur du repas, ou bien encore, les chaussettes de randonnée utilisées dans la journée !

bien plus dégagée que dans la forêt, mais le sol est couvert de buissons piquants hauts d'environ 1 m, qui sont exactement de la même couleur que la fourrure des grizzlis ! J'adopte alors une autre technique pour continuer ma traversée : j'essaie de suivre les hardes de caribous au plus près. J'observe leurs réactions, et cela fonctionne parfaitement. Dès qu'un ours ou un loup est dans les parages, je le sais grâce à eux. Depuis que j'ai rejoint la toundra, je longe la chaîne d'Alaska et le sublime mont Polychrome, situé à environ 60 km de l'entrée du parc. On l'appelle "Polychrome", car ses formations rocheuses présentent une variété de couleurs incroyable, allant du rouge foncé au jaune brillant, en passant par le vert et le violet. Je vois ces couleurs changer au fur et à mesure que j'avance dans le parc : c'est absolument bouleversant au coucher du soleil !

Arrive un moment où, tout en observant le Polychrome, j'arrive en haut d'une colline. Juste en bas se trouve une énorme mère grizzli et ses deux petits. Lorsqu'elle commence à courir vers moi, je comprends tout de suite que sa charge est différente des autres petites charges préventives que j'ai pu connaître jusqu'à présent. Je dégaine mon spray au poivre et tend mon bras qui tremble. Ces dix secondes de charge sont probablement parmi les plus longues de ma vie ! Dans ma tête, je suis mort : il n'y a aucune chance que ce tout petit spray arrête cette machine de guerre qui s'élance sur moi. Et pourtant, lorsqu'elle arrive à quelques mètres et que je l'actionne, la bombe stoppe immédiatement la charge du grizzli, qui s'enfuit avec ses petits. Je reste paralysé pendant de très longues minutes. Décidément, il est temps que cette expédition se termine !

J'arrive enfin dans le dernier secteur du parc. Devant moi se dresse le sublime mont Denali, enneigé. Point culminant de l'Amérique du Nord, il me domine du haut de ses 6 190 m. Cette dernière partie du parc, celle du bassin de la rivière Toklat, offre aussi une très belle variété de paysages, avec en prédominance des vallées verdoyantes et des rivières sinueuses, et le mont Denali en toile de fond. Je suis bouleversé par la beauté des tableaux dramatiques et majestueux que je croise toute la journée. Imaginez : les montagnes sont déjà couvertes de neige et contrastent parfaitement avec les couleurs chaudes de l'automne ; les feuilles des arbres ont pris des nuances flamboyantes de jaune, d'orange et de rouge, créant un spectacle visuel absolument époustouflant.

Cette région est également la zone du parc qui compte le plus d'ours. Et, effectivement, il n'est pas rare que j'aie quatre ou cinq ours dans mon champ de vision. Après avoir observé une meute de loups chassant un troupeau de caribous et se nourrissant du petit qu'ils avaient attrapé, je vois enfin au loin le Mile 89 tant attendu : Kantishna ! C'est là qu'Edward, le ranger, est censé m'attendre pour me ramener à l'entrée du parc. Je suis arrivé !

Cette aventure est inoubliable, et j'ai du mal à décrire les sensations qui m'ont parcouru durant ce long trajet. Certes, les rencontres avec les grizzlis ont été beaucoup trop nombreuses et souvent trop rapprochées, mais les paysages et la sensation de liberté que j'ai pu ressentir sont absolument indescriptibles. Si je devais changer une chose dans cette expérience, ce serait probablement la saison de ma traversée : plus tôt dans la fin de l'été, pour avoir quand même les couleurs de l'automne, ou au printemps, pour voir les millions de fleurs envahir le parc. Ça y est, je suis dans le 4x4 ; Edward referme la porte, je m'endors épuisé en moins de 5 secondes.

FEUILLE DE ROUTE

Départ	Entrée du parc national du Denali, Riley Creek Campground
Arrivée	Kantishna Roadhouse
Distance	151 km
Comment s'y rendre	Comptez 3 heures de route depuis Fairbanks.
Quand s'y rendre	Idéalement de fin avril à début septembre.
Les indispensables	De l'eau en quantité suffisante, des tablettes de purification, des vêtements chauds pour la nuit, des clochettes sur votre sac à dos, un bidon de protection pour votre nourriture la nuit et une ou deux bombes au poivre anti-ours.

ÉTATS-U

NIS

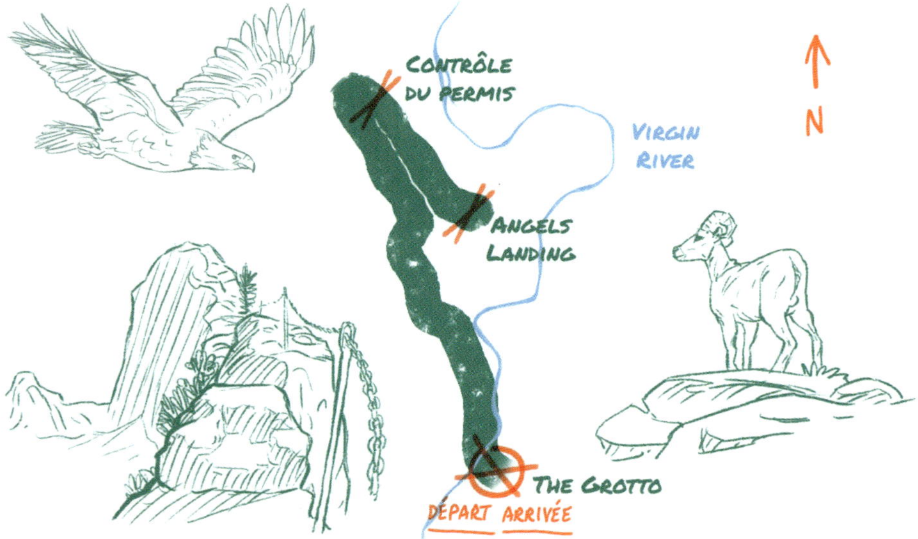

Braver la peur du vide à Angels Landing

Activité	Randonnée en ascension
Difficulté	Très difficile
Pays	États-Unis
Lieu	Parc national de Zion, Utah
Durée	Quatre heures en été, six heures en hiver

Situé à 2 heures 30 en voiture de Las Vegas et à 4 heures de Salt Lake City, le parc national de Zion est sans aucun doute l'un de mes préférés, encore plus en hiver, quand la neige fait ressortir les contrastes de couleurs et que le parc se vide. Situé dans le sud-ouest de l'Utah, il couvre une superficie de plus de 590 km² et comprend des canyons profonds, des montagnes escarpées, des formations rocheuses uniques et une riche biodiversité. L'attraction principale du parc est le canyon de Zion, un gouffre de 24 km de long, sculpté au fil du temps par la rivière Virgin, avec des parois rocheuses atteignant des hauteurs impressionnantes : plus de 600 m de haut ! Le parc abrite également une grande variété de plantes et d'animaux sauvages, notamment des mouflons, des cerfs mulets, des cougars, des coyotes, des aigles royaux et des condors de Californie que l'on peut observer durant tout le temps de la randonnée que je vous propose d'effectuer.

Car, en plein cœur du parc, se trouve aussi une ascension mondialement connue : Angels Landing, la "piste des anges" ! Cette randonnée est souvent considérée comme la plus belle des parcs nationaux états-uniens, mais aussi comme la plus dangereuse. Ça tombe bien, j'ai le vertige ! Et je vous confirme qu'il faut s'armer de sang-froid et de patience…

Étant donné la popularité de cette randonnée, depuis 2022, il faut s'inscrire à une loterie plusieurs mois à l'avance (l'inscription est de "seulement" 6 $) pour avoir la chance d'obtenir un permis, et quelques chanceux sont tirés au sort chaque jour.

J'ai effectué cette ascension quelques jours avant Noël, quand le parc est recouvert de neige et que les températures sont glaciales. Pour être tout à fait transparent avec vous, je ne recommande *absolument pas* cette randonnée aux personnes souffrant de vertige, même un peu. Car, je peux vous le dire, l'ascension est très vertigineuse, et très dangereuse. Honnêtement, j'ai du mal à comprendre qu'elle soit ouverte à tous, sans contrôle des capacités et du matériel de chacun. Le nombre très élevé d'accidents mortels qui y ont eu lieu semble me donner raison…

Pour vous rendre au départ de la randonnée, prenez le service de navette du parc jusqu'à l'arrêt "The Grotto". À partir de là, après le pont suspendu au-dessus de la rivière Virgin, suivez le West Rim Trail, qui longe la rivière sur la droite. Après 1 km environ, l'ascension commence par une série de virages très resserrés dans la montagne ; on comprend tout de suite qu'ici, avoir le vertige n'est pas une option. Toutes les personnes que je croise ont des chaînes ou des crampons sur leurs chaussures. Après deux-trois glissades où je me rattrape in extremis, je comprends pourquoi j'aurais dû en avoir aussi. Le paysage est déjà splendide, et la vue sur la vallée est à couper le souffle. Au fur et à mesure que l'on monte le sentier, on traverse des petits canyons, des forêts de pins et d'impressionnantes falaises rocheuses. C'est ici que vous verrez vos premiers aigles et vautours : sublime ! Au bout de 2 km, les choses sérieuses commencent, avec une série de lacets très resserrés et pentus, juste avant l'intersection avec le sentier Angels Landing, qui se fait sur une crête à pic. La quasi-majorité des grimpeurs s'arrêtent ici. J'y croise beaucoup de personnes livides, certaines en pleurs, qui ont renoncé à mi-chemin : "N'y va pas, c'est un truc de dingue, tu as 600 m de vide de chaque côté et le chemin est large de 1 m maximum sur certaines portions ! En plus, tu n'as pas de crampons, c'est ultra-glissant !" Bref, rien qui me rassure. Je m'élance au début du chemin : une section de 1 km avec des lacets très escarpés, des marches grossièrement taillées dans la roche et quelques chaînes en acier de temps en temps pour vous aider à vous accrocher sur la falaise. Une via ferrata, mais en pire et sans équipement ! C'est à ce moment précis que la ranger qui contrôle les permis arrive pour me demander si je m'en sens vraiment capable. Elle me dit qu'aujourd'hui, à cause de la neige et de la glace, personne n'a réussi à aller au sommet.

Je pèse le pour et le contre, et, forcément, je me lance. Le paysage est vraiment sublime, mais on est directement dans le vide, les pieds glissent et, surtout, il n'y a aucune sécurité ! Je fais très souvent des via ferrata chez moi dans les Alpes, et j'adore ça, mais le fait de n'être relié à aucun harnais ou mousqueton change complètement la donne. Je me concentre et avance très doucement, en faisant des tout petits pas, sur celle qu'on nomme "The Spine" : la colonne vertébrale. Je reste concentré durant toute la montée sans trop réfléchir ni regarder les 600 m de vide de chaque côté de cette étroite arête rocheuse. À plusieurs reprises, je croise des touristes chinois et italiens qui sont bloqués, allongés sur le sol, transis de peur. J'essaie de ne pas paniquer, et en aide quelques-uns à redescendre. Au bout d'environ 1 heure 15, sans avoir vraiment regardé plus loin que le bout de mes pieds, j'arrive au sommet. La vue est tellement incroyable et j'ai tellement repoussé ma peur du vide, que je suis envahi par l'émotion.

Du sommet, je peux observer des formations géologiques uniques, des parois rocheuses abruptes, et j'ai une vue imprenable sur le fleuve Virgin qui serpente à travers le canyon. À l'est, je contemple les monts emblématiques de Zion : le Great White Throne, The Organ, ainsi que la gorge appelée The Narrows. À l'ouest, je peux admirer les montagnes de la chaîne de Pine Valley, et j'ai une vue panoramique sur le reste du canyon de Zion. Seul au sommet, j'ai l'impression d'être suspendu dans les airs. C'est une expérience incroyable et vertigineuse qui me permet de me sentir vraiment vivant, comme très rarement je l'ai ressenti dans ma vie. Assez de poésie : il commence à faire froid, le sol devient de plus en plus glissant, et il me reste la descente à faire. Si vous pensiez avoir eu le vertige lors de la montée, vous n'avez encore rien vu : la descente est pire !

Enfin de retour au centre des visiteurs, j'ai la forte sensation d'avoir vécu un moment absolument magique et inoubliable, mais je ne conseillerai bien évidemment pas l'expérience à tout le monde !

À GAUCHE : © ANTHONY VERLAINE ; À DROITE : © LEOCHEN66 / STOCK.ADOBE.COM

FEUILLE DE ROUTE

Départ	Arrêt des navettes “The Grotto”
Arrivée	Sommet d’Angels Landing
Distance	8,7 km aller-retour
Comment s’y rendre	En avion jusqu’à Las Vegas ; le centre des visiteurs du parc national de Zion est ensuite à 2 heures 30 de voiture.
Quand s’y rendre	Toute l’année.
Les indispensables	Impératif pour une ascension hivernale : des crampons à verglas !

Quatre autres aventures aux

États-Unis

Sentinel Rock, vallée de Yosemite, parc national de Yosemite

Le John Muir Trail

Activité	Randonnée
Difficulté	Intermédiaire
Pays	États-Unis
Lieu	Sierra Nevada, Californie
Durée	Deux à trois semaines

Nous partons pour l'un de mes lieux préférés au monde : la Californie ! Long de 340 km, ce sentier qui traverse les magnifiques montagnes de la Sierra Nevada porte le nom d'un naturaliste et défenseur de l'environnement américain, John Muir (1838-1914), qui joua un rôle important dans la préservation de la région. L'itinéraire commence aux Happy Isles, des îles situées dans un parc national que j'aime beaucoup : Yosemite. Il y a pire endroit pour débuter une longue marche ! Une fois sorti du parc, vous traverserez toute la Sierra Nevada et terminerez votre randonnée au sommet le plus élevé des États-Unis continentaux avec ses 4 421 m : le mont Whitney.

Durant les deux-trois semaines de marche qu'il vous faudra pour venir à bout de ce trail, vous croiserez des paysages magnifiques, notamment des lacs aux eaux cristallines, des forêts de pins et de séquoias géants, des prairies alpines et des cols escarpés offrant des vues à couper le souffle. Je garde un souvenir très ému du passage dans le Sequoia National Park, avec ces arbres géants d'une beauté sans égale à mes yeux. Ils peuvent atteindre une hauteur de plus de 80 m et un diamètre de plus de 7 m à leur base, et certains ont vécu plus de 2 000 ans ! Vous pourrez aussi observer de nombreux animaux : des cerfs, des coyotes, des marmottes, des lynx roux et beaucoup d'aigles royaux et de pygargues à tête blanche. Il n'est pas rare de croiser des ours noirs sur le sentier dans toute la région montagneuse de la Sierra Nevada, c'est pourquoi il est important de prendre toutes les précautions nécessaires. Et, si vous avez de la chance comme moi, vous pourrez même observer des loutres de rivière, l'un des animaux les plus mignons que j'aie pu croiser !

Les randonneurs doivent obtenir un permis d'accès, délivré uniquement par les parcs nationaux de Yosemite, Kings Canyon et Sequoia. Ceux-ci sont bien évidemment limités pour protéger l'environnement fragile de la région, donc il est important de planifier cette aventure très à l'avance. Mais, croyez-moi, elle offre une expérience unique et inoubliable de découvrir la beauté sauvage de la Sierra Nevada, et permet de se reconnecter à la nature de manière profonde, chose nécessaire.

Parc national de Bryce Canyon

Le Hayduke Trail

Activité	Randonnée
Difficulté	Très difficile
Pays	États-Unis
Lieu	Utah et Arizona
Durée	Six à huit semaines

En tant qu'amoureux des parcs nationaux états-uniens, je ne pouvais pas ne pas vous parler de l'autre sentier de randonnée que j'adore pour visiter ces parcs : le Hayduke Trail ! Il est nommé d'après George Washington Hayduke, un personnage fictif du roman écrit en 1975 par l'écrivain Edward Abbey, *The Monkey Wrench Gang* (*Le Gang de la clef à molette*). Dans ce roman, Hayduke est un militant écologiste passionné qui s'oppose aux pratiques de l'industrie minière et pétrolière dans l'Ouest américain.

Long de 1 300 km, le sentier débute dans l'Utah, dans le sublime parc national de Canyonlands, et se termine en Arizona, dans l'une des merveilles naturelles du monde : le Grand Canyon ! Le parcours suit un itinéraire assez sinueux à travers des zones sauvages très peu peuplées, avec une variété de biotopes fascinante : déserts arides, canyons profonds, montagnes accidentées, formations rocheuses spectaculaires, dunes, arches naturelles, rivières, lacs et forêts.

Vous traverserez aussi l'incroyable parc national de Zion (également l'un de mes préférés), le parc national de Bryce Canyon et celui des Arches. Les paysages rencontrés sont souvent désolés et inhospitaliers, mais ils sont incroyablement beaux et uniques.

Durant votre traversée, vous aurez probablement la chance, comme moi, d'observer une grande variété d'animaux tels que des cerfs mulets, des antilopes d'Amérique, des coyotes, des lynx roux, des mouflons d'Amérique, des ours noirs, des pumas, des lézards, des serpents à sonnette, des aigles royaux ou encore des faucons pèlerins. Pour ne pas avoir de mauvaises surprises comme j'ai pu en avoir par exemple avec des coyotes un peu trop gourmands qui ont attaqué mon sac de nourriture, vous devrez prendre certaines précautions et stocker vos provisions la nuit dans un bidon hermétique.

Il faut bien prendre en compte que le Hayduke Trail est considéré comme l'un des sentiers de randonnée les plus difficiles et les plus sauvages des États-Unis, et qu'il nécessite une bonne expérience en randonnée. Selon les conditions météorologiques et votre forme physique, en général, il faut de 6 à 8 semaines pour le parcourir dans son intégralité. Mais toute personne avec un peu d'entraînement et de la motivation pourra relever les défis de cette randonnée exigeante mais inoubliable, et profiter de ses vues à couper le souffle !

Vue de l'Appalachian Trail, dans le Maine

L'Appalachian Trail

Activité	Randonnée
Difficulté	Très difficile
Pays	États-Unis
Lieu	Chaîne des Appalaches
Durée	Entre cinq et sept mois

Histoire de découvrir ce qu'offrent les paysages de la côte Est des États-Unis, je vous propose de suivre le fantastique sentier des Appalaches. Ce trail s'étend sur plus de 3 500 km à travers cette fameuse chaîne de montagnes. L'aventure débute tout au sud du pays, sur le mont Springer, en Géorgie, et se termine tout au nord, sur le mont Katahdin, dans le Maine. Inauguré en 1937, il fait toujours partie aujourd'hui des plus longs sentiers de randonnée pédestre au monde. En effet, il traverse 14 États : Géorgie, Caroline du Nord, Tennessee, Virginie, Virginie-Occidentale, Maryland, Pennsylvanie, New Jersey, État de New York, Connecticut, Massachusetts, Vermont, New Hampshire et, enfin, le Maine !

Étant donné sa longueur, il demande beaucoup de temps, en général entre 5 et 7 mois en marchant environ 20 à 30 km par jour ! Cela dépend néanmoins de nombreux facteurs, comme votre condition physique, la durée de vos étapes quotidiennes, les conditions météorologiques, l'itinéraire choisi, etc. Comme les autres randonnées que je vous ai indiquées, ce sentier traverse plusieurs parcs nationaux, notamment celui des Great Smoky Mountains dans le Tennessee et la Caroline du Nord (le parc national le plus visité des États-Unis), ou bien encore le parc national de Shenandoah en Virginie, qui abrite de magnifiques cascades et des forêts denses. Étant donné sa vaste couverture géographique, comme vous pouvez l'imaginer, la variété des paysages l'est tout autant : dans le Sud, vous traverserez les forêts de pins et de chênes de la Géorgie et de la Caroline du Nord, et découvrirez des sommets spectaculaires comme la Blood Mountain et le Clingmans Dome. En arrivant dans la région des Appalaches centrales, le trail traverse cette fois des zones à la fois montagneuses et parsemées de collines verdoyantes, avec des rivières qui serpentent entre ses vallées. Il passe aussi par des sommets emblématiques tels que Roan Mountain, Max Patch et Dragon's Tooth. Enfin, dans sa partie septentrionale, le sentier traverse les montagnes du New Hampshire et du Maine, avec là aussi de célèbres sommets comme le mont Washington et le mont Katahdin. Ici, les paysages se font de plus en plus somptueux, avec notamment la traversée des forêts de feuillus du Vermont et du New Hampshire, ainsi que les paysages marécageux et les lacs captivants du Maine.

Durant cette aventure, vous rencontrerez aussi de nombreux animaux comme des ours noirs, des coyotes, des cerfs, des renards, des ratons laveurs, des porcs-épics, des écureuils, des tamias, des lynx roux, des reptiles comme les vipères à cornes et les serpents à sonnette, et, avec de la chance, vous pourrez même apercevoir des pumas ! Le sentier des Appalaches est également réputé pour être un véritable paradis pour les ornithologues, avec plus de 300 espèces d'oiseaux pouvant être observées tout au long de l'année, notamment des pygargues à tête blanche, des faucons, des chouettes, des hiboux, des pics, des mésanges, des geais bleus, des merles et même des colibris dans les États du Sud ! Vous l'aurez compris, il s'agit encore d'une aventure extraordinaire pour toute personne ayant le temps et la volonté de se dépasser et de se reconnecter à la nature pendant plusieurs mois.

La Pacific Coast Bike Route

Activité	Cyclisme
Difficulté	Difficile
Pays	États-Unis
Lieu	Côte Ouest
Durée	Plusieurs semaines à plusieurs mois

Pont de Bixby Creek, Californie

Vous avez probablement déjà entendu parler du fameux sentier de randonnée nommé le Pacific Crest Trail, mis en avant notamment par le film *Wild* en 2014. Sachez que vous pouvez effectuer une traversée continentale assez similaire, mais à vélo, le long de sublimes paysages côtiers, d'État en État. Cette route, qui fait environ 2 000 km de long, suit principalement la célèbre Highway 101 et la Highway 1. L'itinéraire commence traditionnellement à Vancouver, en Colombie-Britannique, au Canada, et se termine à la frontière entre les États-Unis et le Mexique, dans la ville de Tijuana. Je vous conseille personnellement de finir votre périple ailleurs qu'à Tijuana, qui est probablement l'une des villes les moins intéressantes que j'aie pu voir de ma vie. Selon votre niveau ou le temps que vous souhaitez passer lors des étapes, la durée de l'aventure varie entre plusieurs semaines et plusieurs mois.

La Pacific Coast Bike Route est considérée par beaucoup comme l'un des plus beaux itinéraires de cyclotourisme au monde, et je vous le confirme ! Tout au long de ce périple, vous rencontrerez une grande variété de paysages, notamment de sublimes falaises, des plages de sable blanc paradisiaques, des forêts sauvages et de somptueuses montagnes, des vignobles aux succulents cépages, des parcs nationaux impressionnants, sans compter les villages traditionnels de pêcheurs ou les grosses métropoles animées comme San Francisco et Los Angeles. Les vues sur l'océan Pacifique sont spectaculaires et omniprésentes, offrant des couchers de soleil à couper le souffle. Selon votre parcours et votre envie, je vous conseille d'explorer les montagnes Olympic, dans l'État de Washington, mais aussi la baie de Monterey et le pont de Bixby Creek, en Californie. Sur la côte sauvage et isolée de l'Oregon, où l'on voit partout des dunes de sable, il faut absolument aller admirer les célèbres rochers de Haystack Rock. Autres coups de cœur : les majestueux séquoias du parc national de Redwood et les magnifiques parcs nationaux de Joshua Tree, Death Valley et Channel Islands, en Californie.

Notez que la traversée de la Pacific Coast à vélo nécessite tout de même une bonne préparation physique et mentale, car plusieurs cols et sommets difficiles à gravir se présentent tout au long du parcours, et les conditions météorologiques sont évidemment très différentes entre le Canada et le Mexique. La côte Ouest des États-Unis est connue pour sa météo très changeante et vous rencontrerez sans aucun doute du brouillard, de la pluie et du vent, et ce, en toute saison. De mon côté, j'ai traversé trois fois San Francisco durant mes aventures, et je n'ai jamais réussi à voir entièrement le Golden Gate Bridge, toujours caché par la brume !

Amis cyclistes, malgré les efforts que vous devrez produire tout au long de cette épopée, vous serez émerveillés par les splendides paysages naturels de la côte Ouest des États-Unis, et, croyez-moi, vous vivrez une expérience de voyage absolument unique et inoubliable.

MEXI

QUE

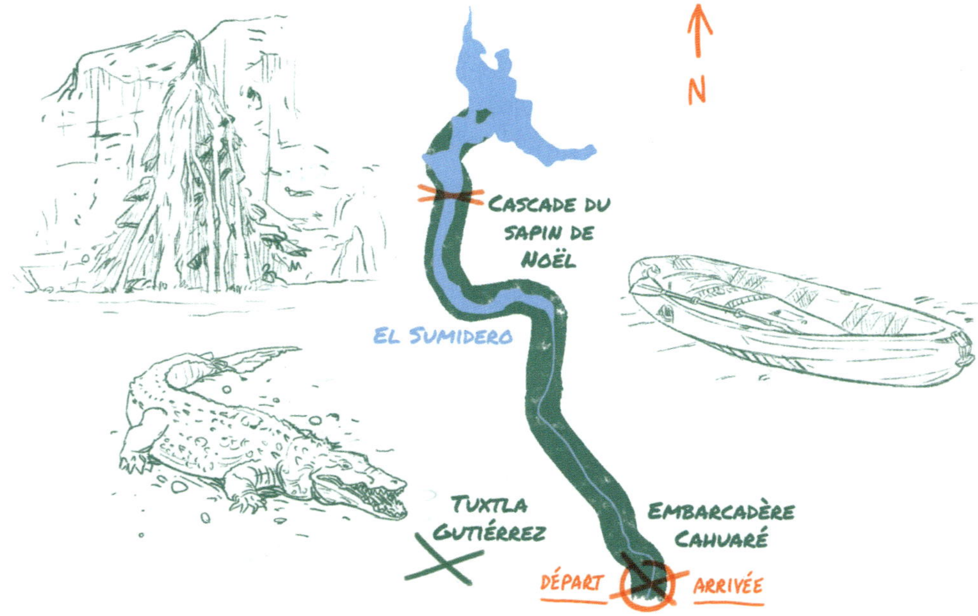

Pagayer dans le canyon du Sumidero

Activité	Kayak
Difficulté	Facile
Pays	Mexique
Lieu	État de Chiapas
Durée	Une journée

Le Mexique est l'un de mes pays préférés, aussi bien pour sa cuisine à tomber par terre et pour la richesse de son histoire depuis les civilisations anciennes que pour la gentillesse de ses habitants, sans oublier l'incroyable diversité de ses paysages. Pour cette aventure, je vous emmène justement découvrir un lieu assez peu connu, et qui pourtant, croyez-moi, vaut vraiment le détour : le canyon du Sumidero.

Il se situe dans le magnifique État de Chiapas, dans le sud-est du Mexique, à la frontière avec le Guatemala. Loin du Yucatán touristique, cet État est l'un des plus sauvages du pays, avec des forêts tropicales très denses et des montagnes escarpées. Le Chiapas est également connu pour ses nombreux sites archéologiques et sa richesse culturelle maintenue par des traditions remontant à l'âge d'or de la civilisation maya.

Depuis l'aéroport international Ángel Albino Corzo, situé à environ 45 km de la charmante capitale du Chiapas, Tuxtla Gutiérrez, on peut prendre un taxi pour se rendre au canyon, à 14 km de là.

Une fois sur place, j'achète quelques *tamales*, une pâte de maïs farcie de légumes et de fromage, enveloppée dans une feuille de bananier et cuite à la vapeur, et un *pozol*, la boisson traditionnelle locale à base de maïs et de cannelle, puis je me mets à la recherche de mon embarcation. Le loueur auprès de qui je loue mon kayak me dit à plusieurs reprises de ne surtout pas tomber à l'eau, et insiste sur ce point. Je ne sais pas trop pourquoi, mais je me dis que je verrai bien sur place. Une fois dans le kayak, je m'élance sur le fleuve Grijalva, qui parcourt sans aucun doute l'un des sites les plus impressionnants du Mexique.

Le canyon du Sumidero a été formé il y a environ 35 millions d'années par un processus géologique complexe d'érosion ; il mesure plus de 1 000 m de profondeur sur 14 km de long. Je suis tout de suite saisi par l'immensité du lieu : on se sent vraiment tout petit sur le kayak ! Alors que je navigue sur cette eau bleu-vert, entouré de bateaux remplis de touristes, j'entends d'énormes bruits d'explosion : ce sont des pierres qui chutent de tout en haut jusque dans le fleuve. Je prie pour qu'ils ne se rapprochent pas trop de nous ! Assez vite, je me retrouve seul au monde au milieu de ces impressionnantes falaises. Certaines formations rocheuses sont vraiment originales, et j'essaie d'imaginer des animaux et des objets en les contemplant. Les grottes se succèdent au fil de l'eau, comme la Cueva del Hombre, occupée par une petite chapelle où les habitants ont placé une statue de la Vierge de Guadalupe, célébrée chaque année le 12 décembre. Étant donné la chaleur humide qui règne dans le canyon, la brume rafraîchissante me parvenant des cascades environnantes n'est pas un luxe et me fait beaucoup de bien. Malgré les conseils du loueur, je décide de m'arrêter sur une berge pour me baigner, mais, plus je me rapproche, et plus je vois que cela ne serait effectivement pas une bonne idée : la plage est couverte de crocodiles lézardant au soleil. Mieux vaut remettre la baignade à plus tard ! Je préfère partir à la recherche des singes hurleurs, autres animaux emblématiques du canyon dont j'entends les cris, qui peuvent porter à plusieurs kilomètres à la ronde. Mon kayak amarré près d'un arbre surplombant le fleuve, je reste au moins une heure à observer ces magnifiques singes se déplacer avec agilité de branche en branche. Comme ceux que j'ai pu voir dans d'autres pays d'Amérique centrale, ils ont un très beau pelage, épais et touffu, alternant entre le brun foncé et le noir. Ce que j'aime le plus chez eux, hormis leur hurlement, c'est leur queue préhensile qui leur permet de s'accrocher aux branches tout en décortiquant des mangues juteuses avec leurs quatre membres. Lors de votre traversée du canyon, vous pourrez aussi sans aucun doute observer des pélicans, des aigles royaux et des vautours tournoyant au-dessus de vous dans le ciel bleu.

Alors que je pagaye, je suis assez surpris par le nombre d'orchidées sauvages qui poussent le long des falaises. Avec leurs couleurs variées, elles donnent encore plus de magie au lieu. Difficile de croire que, comme on me l'a raconté, les habitants de la région ont longtemps considéré le canyon comme un endroit maudit, conçu par les dieux pour les punir : ils auraient envoyé des éclairs et créé des tempêtes pour creuser le canyon et ainsi inonder la région, causant la mort de nombreux habitants. Un autre récit, plus historique, raconte que des centaines d'habitants se seraient jetés des falaises, au XVIe siècle, pour ne pas se rendre aux Espagnols. Quoi qu'il en soit, aujourd'hui le canyon est perçu comme la merveille naturelle qu'il est, et ce lieu extraordinaire est devenu un symbole de la beauté de la région ; il est maintenant classé au Patrimoine mondial de l'Unesco.

Vous l'aurez compris, le Mexique recèle une multitude de sites magnifiques ; certains sont très visités, comme ceux du Yucatan, et d'autres beaucoup moins connus, comme ce canyon qui est pourtant, selon moi, l'un des joyaux naturels les plus précieux du Mexique !

« La plage est couverte de crocodiles lézardant au soleil. Mieux vaut remettre la baignade à plus tard ! »

À gauche : singe-araignée dans le canyon ;
à droite : cascade "du sapin de Noël"

À GAUCHE : © SAULE / STOCK.ADOBE.COM ; À DROITE : © GIULIO / STOCK.ADOBE.COM

FEUILLE DE ROUTE

Départ	Embarcadère Cahuaré
Arrivée	Cascade du "Sapin de Noël"
Distance	21 km
Comment s'y rendre	En avion jusqu'à Tuxtla Gutiérrez, puis en taxi ou en bus depuis l'aéroport international Ángel Albino Corzo jusqu'au parc national du Canyon du Sumidero.
Quand s'y rendre	Idéalement de décembre à avril, durant la saison sèche.
Les indispensables	Un chapeau et de la crème solaire, car le soleil est vraiment fort dans le canyon. Apportez donc aussi beaucoup d'eau, ainsi qu'une paire de jumelles pour observer les singes, les crocodiles et les oiseaux, et un vêtement imperméable, car le temps est très changeant dans cette région et les averses peuvent être très violentes. Prévoyez de l'argent en espèces pour acheter des souvenirs aux marchands sur leurs bateaux.

MEXI

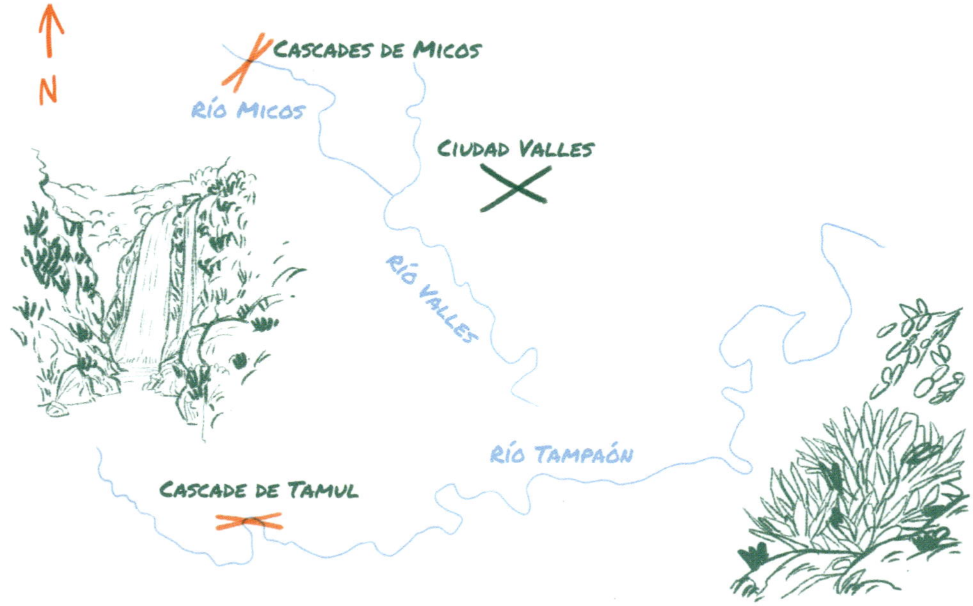

Nager dans les cascades de la Huasteca Potosina

Activité	Sports d'eaux vives
Difficulté	Intermédiaire
Pays	Mexique
Lieu	Huasteca Potosina
Durée	Au moins trois jours

Pour cette nouvelle aventure mexicaine, j'ai décidé de vous emmener découvrir mon endroit préféré au Mexique : la Huasteca Potosina ! Ce lieu exceptionnel est situé à 400 km au nord-est de Mexico, dans l'État de San Luis Potosí. La région est très peu connue des touristes étrangers, et pourtant, c'est probablement là que j'ai vu les cascades et les eaux bleues les plus incroyables de ma vie ! Cette fois, je ne vous propose donc pas une traversée ou une boucle, mais plutôt plusieurs aventures sur différentes zones magnifiques de cette région.

Pour la première aventure, je vous propose de descendre en rappel la cascade de Tamul, absolument époustouflante : avec sa couleur bleu ciel, je peux dire que c'est la plus belle cascade que j'aie vue de ma vie ! Impressionnante, elle tombe de plus de 100 m de haut jusque dans une piscine naturelle entourée de falaises et de montagnes verdoyantes. Elle est située sur le Río Tampaón, près du village de Tanchachín, où vous devrez vous rendre en voiture depuis Ciudad Valles. Pour la rejoindre, il faut marcher environ deux à trois heures à travers les montagnes et la jungle de la Huasteca. La randonnée n'est pas simple, et vous allez beaucoup transpirer, mais l'arrivée dans l'une des piscines naturelles et à la cascade en vaut la peine ! Une fois sur place, avec votre propre matériel ou assisté d'un guide, vous effectuerez la descente en rappel la plus dingue de votre vie pour atteindre le pied de la cascade, avant de nager dans la piscine naturelle, en vous extasiant sur ses eaux cristallines et sur la végétation luxuriante qui l'entoure. Vous en resterez bouche bée !

Ensuite, je vous conseille la descente en rafting sur le Río Tampaón. Là aussi, il vous faudra vous y rendre en voiture depuis Ciudad Valles. Cette rivière offre des rapides de classe III et IV, et le paysage environnant est spectaculaire, avec des falaises très escarpées et des formations rocheuses uniques. Je me rappellerai toujours cette aventure, que j'ai faite en compagnie d'un groupe de dix Mexicains ne sachant pas nager ! Je vous laisse imaginer la scène lorsque le raft s'est retourné et que j'ai été obligé de secourir la moitié des personnes. Elles étaient toutes persuadées de se noyer malgré leur gilet de sauvetage…

Enfin, pour la dernière aventure – mais pas des moindres –, je vous propose de pratiquer le canyoning dans les cascades de Micos. Vous devrez sauter au-dessus d'une dizaine de sublimes cascades pour atterrir dans des piscines naturelles au eaux cristallines, 10 m plus bas. Une aventure inoubliable ! Ces cascades se situent au nord de Ciudad Valles. Depuis cette ville, vous aurez également accès facilement à d'autres chutes superbes dans cette région sillonnée de nombreuses rivières.

À ce sujet, je dois vous raconter une anecdote qui m'a beaucoup marqué durant ce voyage et qui est assez significative de la beauté des lieux. Alors que je passe devant la réception de mon hôtel, je vois une Française faire un véritable scandale, allant jusqu'à renverser les fleurs sur le comptoir. J'interviens alors, pour essayer de calmer la situation, et lui demande ce qu'il se passe. Je n'oublierai jamais sa réponse. Elle accusait les employés d'avoir versé des colorants bleus dans la rivière devant l'hôtel ! Elle venait juste d'arriver dans la région, et n'avait pas pris conscience que toutes les rivières y étaient naturellement aussi incroyablement bleues…

« Vous devrez sauter au-dessus d'une dizaine de sublimes cascades pour atterrir dans des piscines naturelles au eaux cristallines, 10 m plus bas. »

FEUILLE DE ROUTE

Départ/arrivée Ciudad Valles

Comment s'y rendre En avion jusqu'à Mexico, puis en voiture jusqu'à Ciudad Valles (7 heures). Il est aussi possible de prendre un vol interne jusqu'à la ville plus proche de Tampico, mais je ne le recommande pas vraiment, car la situation sécuritaire de la ville s'est extrêmement dégradée.

Quand s'y rendre Idéalement de juin à début septembre, pour profiter au maximum de l'écoulement des cascades et se rafraîchir.

Les indispensables Un maillot de bain et un appareil photo/caméra pour immortaliser ces merveilleux moments.

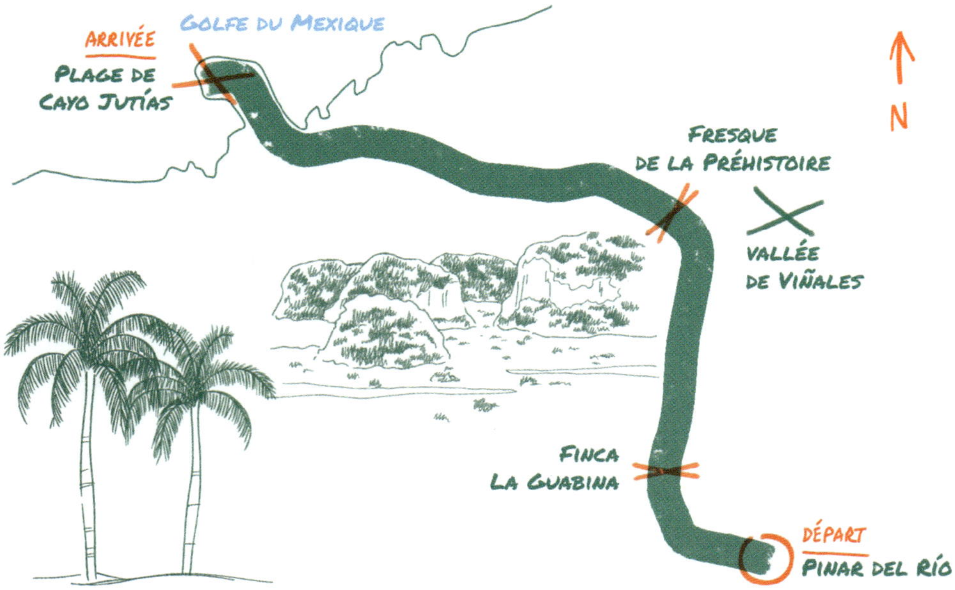

Chevaucher le long de la route du tabac

Activité	Équitation
Difficulté	Facile
Pays	Cuba
Lieu	Vallée de Viñales, province de Pinar del Río
Durée	Cinq jours

Cette aventure à cheval nous mène à l'extrême ouest de Cuba, à 180 km de La Havane. Mon idée est d'explorer la fameuse route du tabac de la région de Pinar del Río et la vallée de Viñales, inscrite au Patrimoine mondial de l'Unesco. Arrivé sur place, il me faut une journée entière pour trouver des chevaux que j'estime bien traités et suffisamment nourris. Après de longues discussions avec des *vaqueros* (les cow-boys cubains), je réussis à trouver la Finca La Guabina, une ferme équestre qui pratique l'agriculture écologique et qui est reconnue pour ses chevaux élevés dans de bonnes conditions. Les chevaux cubains Criollo sont majoritairement l'Appaloosa et le Pinto Cubano, d'une stature assez petite mais très endurante, et bien adaptés aux terrains accidentés de la région : exactement ce dont je vais avoir besoin ! Pour compagnon d'aventure, je choisis un bel étalon Appaloosa que j'appellerai Che.

Les deux premiers jours seront consacrés à explorer la vallée de Viñales et ses paysages karstiques uniques : la région est en effet parsemée de buttes rocheuses arrondies, appelées "mogotes". Dès les premiers kilomètres, je suis saisi lorsque, au milieu de nulle part, elles surgissent de manière très abrupte, formant un environnement totalement atypique. Elles me font penser à d'autres paysages que j'ai connus, comme les dunes géantes du désert du Namib, les îlots de la baie d'Ha Long ou le fameux Pain de Sucre, à Rio. La plupart du temps, les *mogotes* sont couvertes de palmiers et d'une végétation tropicale luxuriante, dominant les plantations de tabac, ce qui donne à la vallée un aspect vraiment paradisiaque.

Lors de votre passage dans la vallée de Viñales, vous passerez forcément devant l'immense *Fresque de la Préhistoire*, un immense tableau peint directement sur la paroi d'un *mogote*, censé représenter l'évolution de la vie sur Terre. Commandée par Fidel Castro et peinte par le peintre cubain Leovigildo González Morillo en 1961, elle mesure 120 m de haut et 180 m de large. Croyez-moi, vous ne pourrez pas la louper ! Et, si c'est le cas, estimez-vous heureux. En effet, je crois avoir rarement vu quelque chose d'aussi laid, défigurant totalement une colline.

« Les champs verdoyants qui s'y étendent à perte de vue dégagent une odeur vraiment particulière que je n'ai jamais sentie ailleurs. »

Outre les *mogotes*, la vallée de Viñales possède une autre caractéristique : ses fameux champs de tabac. Elle est en effet mondialement connue pour être le lieu de production des meilleurs cigares au monde (rien que ça !), et notamment le fameux Monte-Cristo. Lors de mon périple à cheval, je croise de nombreux agriculteurs qui cultivent le tabac et en récoltent les feuilles à la main ; l'un d'entre eux souhaite absolument m'expliquer le processus de fabrication du cigare cubain. La première étape est le choix, très important, de la semence : les agriculteurs locaux utilisent ainsi des graines sélectionnées depuis des siècles. Environ trois mois après le semis, les feuilles de tabac sont récoltées et suspendues dans des séchoirs traditionnels, les "casas del tabaco". Ces séchoirs permettent une ventilation naturelle et un séchage lent des feuilles. Les feuilles sont ensuite triées par qualité, et commence alors le long processus de fermentation, une étape-clé pour développer les saveurs et

LE CIGARE CUBAIN

Même si d'autres pays, comme la République dominicaine, le Nicaragua et le Honduras, ont également développé une industrie du cigare de renom et produisent des cigares de qualité supérieure, Cuba est toujours considéré comme *le* pays qui produit les meilleurs cigares au monde en termes de qualité, de réputation et de tradition. Ici, ils sont appelés "puros". La qualité des cigares cubains est le fruit d'une combinaison de facteurs parmi lesquels on retrouve sans aucun doute le climat parfait pour cette culture, le sol très fertile de l'île, les variétés de tabac spécifiques cultivées uniquement à Cuba et le savoir-faire séculaire transmis de génération en génération. On essaiera certainement de vous vendre des cigares dans la rue lors de votre passage à Cuba, mais ne vous y trompez pas : en dehors des magasins de cigares agréés par l'État, il y a peu de chance que les cigares que l'on vous propose ne soient pas des contrefaçons. Je vous aurai prévenu…

les arômes caractéristiques des cigares cubains. À l'issue de cette fermentation, les feuilles de tabac, prêtes à être roulées, seront sélectionnées par les maîtres assembleurs de cigares, appelés "torcedores", en fonction de leurs caractéristiques de saveur, de force et de texture, pour constituer l'enveloppe (la cape) et les différentes parties du cigare (tripe et sous-cape), en fonction du goût souhaité et de son format. Le *torcedor* qui m'expose ce processus me propose évidemment de rouler moi-même mon cigare, car ici, chaque cigare est roulé à la main, ce qui en fait une œuvre d'art unique. Je comprends rapidement qu'il s'agit d'un vrai métier pour lequel je ne suis pas très doué. En guise de glu pour fermer et coller le cigare, il me donne du miel de sa ferme. Je trouve cette technique assez significative de ce que j'ai pu percevoir de Cuba : tout est 100% local et les Cubains sont de véritables maîtres dans l'art de la débrouille ! Vient le moment fatidique où je dois fumer ce cigare avec mon hôte : je tire trois fois dessus et comprends rapidement aussi que fumer le cigare comme Che Guevara n'est pas à la portée de tout le monde !

Après avoir exploré les paysages surprenants de la vallée de Viñales, Che et moi nous dirigeons vers la côte Nord et ses plages paradisiaques, plus particulièrement celle de Cayo Jutías, une magnifique étendue de sable blanc bordée d'une eau cristalline. Il faut compter environ 5 à 6 heures de cheval pour s'y rendre depuis Viñales. Les trois prochains jours seront dédiés au farniente et à l'exploration de la côte, à chevaucher le long de sublimes plages et de criques pittoresques, à observer les formations coralliennes grouillantes de vie, et à profiter de panoramas côtiers spectaculaires. Je garde un souvenir particulièrement ému des baignades rafraîchissantes, parfois imprévues, dans l'eau de mer : je découvre à l'occasion que les chevaux aiment jouer avec les vagues tout autant que moi ! Che préfère marcher dans l'eau plutôt que sur le sable fin ; la sensation est très agréable, mais, comme il avance le corps à moitié immergé, je me retrouve souvent dans l'eau, renversé par une vague un peu plus puissante que les autres. Cela semble beaucoup amuser Che.

Après ces cinq merveilleuses journées d'exploration de l'ouest de l'île, ponctuées de rencontres authentiques, il est l'heure pour moi de retourner à La Havane, où je me suis inscrit pour les deux prochaines semaines à des cours de salsa cubaine et de boxe dans des gymnases mythiques de la bouillante capitale. Tout un programme, mais c'est une autre histoire !

FEUILLE DE ROUTE

Départ/arrivée	Pinar del Río
Distance	Environ 80 km
Comment s'y rendre	Depuis La Havane, en taxi collectif ou en bus jusqu'à Viñales.
Quand s'y rendre	Idéalement de décembre à avril.
Les indispensables	Un chapeau et de la crème solaire, un antimoustique, un adaptateur de prise électrique car les prises à Cuba sont de type A et B avec une tension de 110 V. Des dollars américains, pour simplifier le change. Un maillot de bain pour les sublimes plages et une tenue adéquate pour votre aventure équestre !

GUATEM

ALA

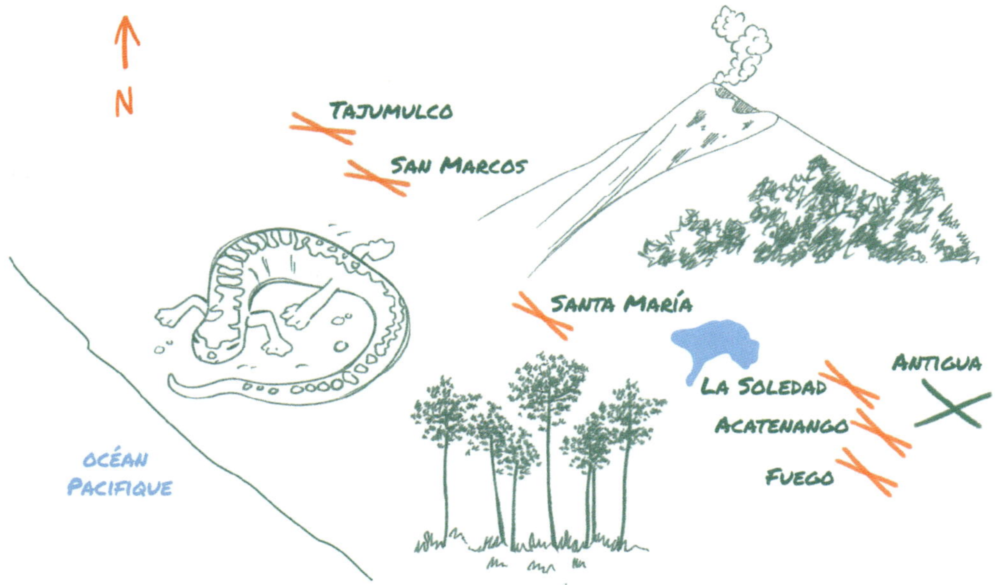

Gravir les volcans actifs du Guatemala

Activité	Randonnée d'ascension
Difficulté	Intermédiaire à difficile
Pays	Guatemala
Lieu	Ouest du pays
Durée	Un à deux jours

Depuis l'enfance, je suis passionné par les volcans. Les documentaires du "Poète du feu", Haroun Tazieff, que je regardais en boucle, gamin, n'y sont probablement pas étrangers. C'est impressionnant d'imaginer que, dans les profondeurs de la Terre, un géant endormi s'éveille soudainement ; une forge incandescente, où s'entremêlent le feu et la lave bouillonnante ; un chaos à la beauté sauvage rare, un mélange de destruction et d'une force sans âge. Malgré l'effroi qu'ils suscitent et la fureur qui s'en exhale, savoir que les terres qu'ils dévastent se régénèrent ensuite et deviennent fertiles et vivantes comme nulle part ailleurs est fascinant ; l'activité volcanique est un rappel vibrant de la vie et de la puissance de la nature. J'ai eu la chance d'observer des éruptions volcaniques incroyables en Indonésie, à Hawaii, en Islande, ou même plus près, en Italie ; aujourd'hui, j'ai décidé de vous emmener grimper à la découverte de volcans très actifs, dans un pays qui ravira les vulcanologues amateurs : le Guatemala !

En raison de l'activité volcanique instable, il est impératif de partir avec des guides locaux et de se renseigner sur les conditions au moment de votre départ. Pour m'être retrouvé dans des situations très tendues et même avoir cru mourir durant mes aventures volcaniques (avec tremblement de terre et émanations toxiques imprévues), je ne peux que vous rappeler que la sécurité est primordiale lors de l'exploration des volcans.

Notre première ascension est celle de l'Acatenango, situé à seulement 50 km à l'ouest de la ville d'Antigua, à la sublime architecture coloniale. Avec une altitude de 3 976 m, c'est le troisième plus haut volcan du Guatemala. Sa particularité est d'offrir l'une des vues les plus spectaculaires sur le volcan voisin, le fameux Fuego, dont je vous parlerai aussi. Le départ se fait généralement depuis le village de La Soledad, situé à une altitude d'environ 2 300 m. Je préfère vous prévenir, il ne s'agit pas d'une ascension facile, et votre endurance va être mise à rude épreuve durant les 5 à 6 heures de montée ! Au début, le sentier s'élève à travers de superbes forêts de pins et de chênes, très rafraîchissantes. Peu à peu se dévoilent de magnifiques panoramas sur la vallée en contrebas, et sur les volcans environnants.

Le Fuego

L'Acatenango

La dernière partie est beaucoup plus raide et technique, et nécessite une vigilance particulière, mais, une fois au sommet, vous serez récompensé par une vue à couper le souffle sur le cratère fumant et les éruptions du Fuego voisin ! Pour profiter du spectacle, installez-vous pour la nuit – notez bien que, certes, vous êtes sur un volcan, mais vous êtes surtout en altitude, et les nuits sur l'Acatenango peuvent être très froides, donc il est essentiel d'apporter des vêtements chauds et un bonnet. Une fois bien installé, ouvrez bien grand vos yeux pour observer ce spectacle magique. Vous en serez marqué à tout jamais, j'en prends le pari !

Maintenant, parlons du Fuego. Pour les plus téméraires qui voudraient partir sur ses pentes, certains guides proposent de se rapprocher au maximum de son cratère, situé juste à côté de l'Acatenango. Ne partez surtout pas avec n'importe quel guide, renseignez-vous bien auparavant ! Oui, l'expérience est absolument incroyable, mais terriblement dangereuse aussi. Les éruptions du Fuego sont souvent accompagnées d'émissions de gaz, de cendres et de lave, créant un spectacle ahurissant et terrifiant, d'autant plus la nuit, lorsque les coulées de lave illuminent le ciel sombre. Même si des ascensions de volcans en activité sont ouvertes au public, il faut toujours garder en tête que le volcan peut se réveiller à n'importe quel moment. Il est impossible de prédire l'activité volcanique avec une précision certaine. Par exemple, l'éruption du Fuego en 2017 a été malheureusement dévastatrice : sans prévenir, elle a brutalement généré d'énormes nuées ardentes, des coulées de lave et des projections de cendres qui ont dévalé ses pentes, atteignant rapidement les villages situés en contrebas. Sa soudaineté et sa violence ayant laissé peu de temps pour une évacuation complète, elle a entraîné la mort d'au moins 190 personnes. Ces catastrophes doivent nous rappeler à quel point il faut rester humble et prudent face à la force de la nature.

Le troisième volcan guatémaltèque dont je désire vous parler est situé, lui, dans la Sierra Madre de Chiapas, et n'est rien d'autre que le point culminant du pays et d'Amérique centrale, avec une altitude impressionnante de 4 220 m. Étrangement, le Tajumulco, pour le nommer, n'est pas très fréquenté par les touristes, malgré une ascension relativement facile. En effet, la plus grande difficulté vient uniquement de son altitude. Un endroit magnifique et peu visité : parfait, c'est exactement ce que je recherche !

Pour cette aventure, je vous propose de partir deux jours et de bivouaquer au sommet du volcan pour y observer le coucher et le lever du soleil. Le départ se fait depuis la petite ville de San Marcos, située à proximité. Le sentier de randonnée démarre dans une végétation de haute altitude, avec des champs et des prairies, puis, au fur et à mesure que l'on progresse, traverse de magnifiques forêts de pins et laisse place à des paysages plus alpins. Comptez au minimum 6 heures pour effectuer l'ascension. Le sentier est relativement bien marqué, mais je vous recommande tout de même de faire appel à un guide local pour obtenir des informations toujours intéressantes sur le volcan et la faune locale.

Comme sur les volcans précédents, les conditions météorologiques sont très changeantes en altitude, et il est donc important d'être préparé, avec des couches de vêtements chaudes et un coupe-vent. Une fois arrivé au sommet, vous ne serez pas déçu : une vue panoramique vous y attend, à 360° sur tout le Guatemala et les autres volcans : le Fuego, l'Acatenango et le Santa María. Le coucher du soleil sur l'océan Pacifique donne une dimension magique à l'expérience, et le bivouac sous le ciel étoilé est tout simplement inoubliable.

Si vous cherchiez un pays pour observer la magie sans égale des volcans, n'hésitez plus : foncez au Guatemala ! L'ascension de ses volcans n'est pas simple, mais c'est un défi gratifiant qui vous permettra de repousser vos limites et de vivre une aventure inoubliable sur le toit de l'Amérique centrale.

« Il faut toujours garder en tête que le volcan peut se réveiller à n'importe quel moment. »

FEUILLE DE ROUTE

Départ/arrivée	La Soledad ou San Marcos
Comment s'y rendre	En avion jusqu'à la ville de Guatemala, puis en taxi collectif ou en bus jusqu'à Antigua (1 heure de route) ou San Marcos (4 heures). Depuis Antigua, comptez 30 minutes pour rejoindre La Soledad.
Quand s'y rendre	Idéalement pendant la saison sèche, de novembre à avril.
Les indispensables	Un chapeau, des lunettes de soleil adaptées et de la crème solaire. Un sac à dos 40 l, des chaussures de marche à tige haute et des bâtons de randonnée. Un matelas de sol pour observer les étoiles et les éruptions volcaniques à la belle étoile !

Le Fuego

COSTA R

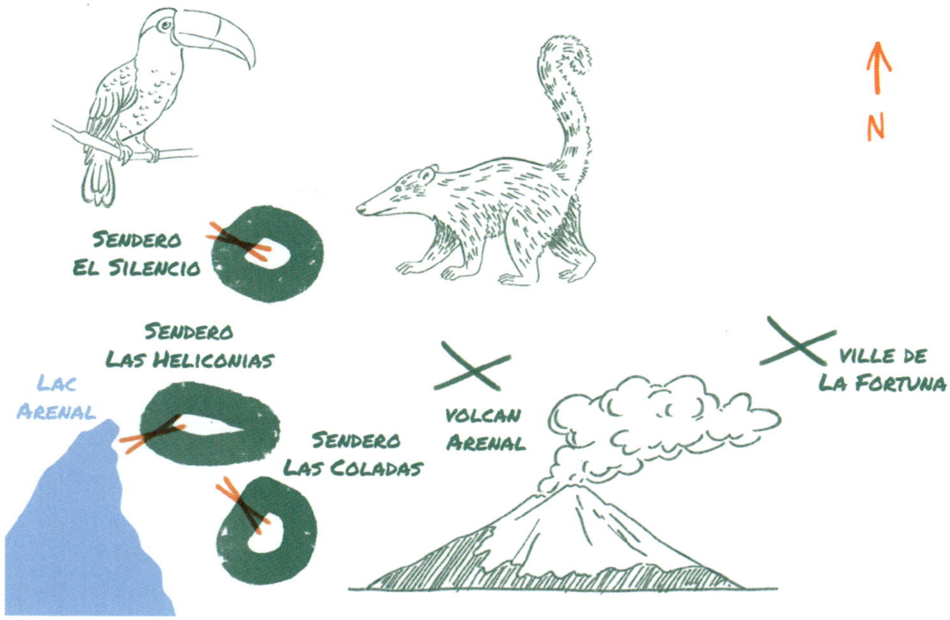

Chercher le quetzal resplendissant autour du volcan Arenal

Activité	Randonnée
Difficulté	Facile à intermédiaire
Pays	Costa Rica
Lieu	Volcan Arenal
Durée	Cinq jours

La réputation du Costa Rica en tant que destination verte par excellence est méritée. Doté d'une remarquable biodiversité, ce pays est parfait pour les amoureux de la nature. Lors de cette aventure costaricaine, je vous propose de partir à la recherche d'un oiseau absolument mythique pour tous les amoureux des civilisations anciennes d'Amérique centrale : le légendaire quetzal !

Quand j'étais petit, j'étais fasciné par le dessin animé franco-japonais *Les Mystérieuses Cités d'or*, qui suivait les aventures d'un jeune garçon nommé Esteban, parti en Amérique latine à la recherche des légendaires cités d'or, avec l'aide de ses amis Tao et Zia. On y voyait souvent apparaître le fameux quetzal. Emblématique de l'Amérique centrale, ce magnifique oiseau, qui mesure environ 35 cm et a une envergure de 65 cm, est célèbre pour ses plumes brillantes et très colorées. Il en existe de nombreuses espèces, mais la plus connue, et celle que je veux voir aujourd'hui, est le quetzal resplendissant. Comme souvent dans la nature, mâles et femelles ont des plumages très différents. Le mâle est bien plus coloré, et utilise ses plumes pour attirer les femelles : sa tête est d'un vert brillant incroyable, sa poitrine est rouge vif et sa longue queue est d'un bleu métallique éclatant, presque irréel. Une véritable merveille de la nature qu'aucun créateur de mode ne pourrait dessiner !

Cette espèce rare se trouve généralement dans les forêts de montagne. Les quetzals sont des oiseaux arboricoles qui passent la plupart de leur temps perchés sur les branches des arbres à la recherche de nourriture. Ils sont pourtant extrêmement difficiles à apercevoir, ce qui rend le défi encore plus intéressant à mes yeux. Des individus ont été aperçus dans la région du volcan Arenal, même si on les trouve souvent à une altitude plus élevée. C'est pour cela que je vous suggère, pour cette aventure, de découvrir les pentes de ce sublime stratovolcan de 1 670 m de haut.

Ce volcan, l'un des plus actifs du Costa Rica, est situé en pleine forêt, à environ 90 km au nord-ouest de la capitale, San José.

Pendant 5 jours, j'ai donc emprunté tous les sentiers possibles autour du volcan Arenal en partant chaque jour de la ville de La Fortuna. Différents chemins autorisés parcourent la forêt tropicale luxuriante entourant le volcan. Mon préféré est de loin le Sendero Los Tucanes, long de 11 km, qui monte presque jusqu'au sommet du volcan et permet d'observer les anciennes coulées de lave. Il s'agit probablement de la randonnée la plus difficile du parc national du volcan Arenal, mais je pense que c'est aussi la plus belle. Notez néanmoins que cette randonnée nécessite un guide local avec une autorisation spéciale du parc, et que certains des sentiers peuvent être fermés en raison de l'activité volcanique. Vous ne verrez probablement pas le quetzal depuis ce sentier, mais la vue sur le volcan en vaut la peine !

Vous aurez plus de chances d'apercevoir l'oiseau mythique sur le Sendero Las Coladas (2 km) qui passe à travers la forêt tropicale dense, tout comme le Sendero Las Heliconias (2,5 km) ou le Sendero El Silencio (8 km). C'est sur celui-ci que le dernier jour de mes recherches, après beaucoup d'attente et un torticolis, j'ai enfin eu l'immense bonheur d'observer le quetzal resplendissant, comme sorti tout droit d'une autre planète ! J'en suis encore ému en écrivant ce texte des années plus tard…

Sa dernière éruption majeure a eu lieu en 1968, et il est en sommeil depuis 2010. Néanmoins, il est toujours considéré comme dangereux, et il n'est donc pas possible de grimper jusqu'à son sommet, ni de bivouaquer dans le parc.

Si vous n'avez pas la chance d'observer l'oiseau tant espéré, sachez que la forêt autour du volcan regorge d'espèces d'animaux endémiques du Costa Rica. Tout d'abord, les grands singes hurleurs, dont on entend les cris de loin, et à longueur de journée. D'autres mammifères, beaucoup plus calmes, portent également très bien leur nom : les paresseux ! Ils sont en effet

LES PLUMES DU QUETZAL

Les civilisations anciennes d'Amérique centrale, comme les Mayas et les Aztèques, voyaient dans les plumes de quetzal un symbole de royauté et de divinité. Insignes de prestige et d'honneur, elles étaient souvent offertes aux chefs de tribu lors de cérémonies importantes. Elles étaient aussi utilisées pour décorer les temples et les autels, pour créer des objets précieux et symboliques, en ornement de vêtements ou de coiffes des nobles et des prêtres pour leurs rituels et cérémonies religieuses. Très précieuses en raison de leur rareté et de leur beauté, elles étaient souvent réservées aux élites et aux classes supérieures, et l'élevage des quetzals était interdit.

Aujourd'hui, la chasse et le commerce des plumes du quetzal sont heureusement illégaux dans tous les pays où l'oiseau vit, et il est protégé par la législation internationale. Le quetzal est également considéré comme une espèce menacée en raison de la destruction de son habitat naturel et de la fragmentation de ses populations. Ses plumes ne doivent être obtenues que par des moyens éthiques et durables, comme la collecte lors de la mue naturelle de l'oiseau.

extrêmement lents et passent la plupart de leur temps dans les arbres. Leur fourrure, épaisse et longue, est souvent couverte d'algues et de champignons, ce qui les aide à se camoufler dans les arbres pour se protéger des prédateurs. Les algues fournissent une source de nourriture aux insectes et parasites, qui sont en retour consommés par les paresseux. Il m'est arrivé de voir au Panama et au Costa Rica des paresseux entièrement verts ! Un véritable écosystème. Vous pourrez aussi peut-être apercevoir de sublimes toucans, plus faciles à voir que le quetzal. Avec leur long bec coloré, ils sont une autre merveille de la nature, de même que les minuscules colibris qui butinent le nectar des fleurs, toutes plus belles les unes que les autres. Et comment ne pas parler de l'autre animal emblématique du Costa Rica, le coati ? Ce petit mammifère qui ressemble à un raton laveur vous fera fondre, sans aucun doute !

Mais qui dit jungle, dit aussi animaux moins sympathiques et bucoliques. Durant ma recherche du quetzal, j'ai ainsi observé nombre de serpents, d'araignées et d'insectes en tous genres.

Plusieurs espèces de serpents vivent dans la région, dont certaines sont très venimeuses, comme le serpent corail, extrêmement coloré, reconnaissable à ses bandes rouge vif, jaunes et noires, et le serpent fer-de-lance, responsable de la majorité des morsures mortelles dans le pays. Celui que j'ai le plus souvent aperçu, peut-être à cause de sa couleur, est la vipère de Schlegel, d'un jaune très vif, également venimeuse. Il faut donc faire très attention où l'on pose les pieds et les mains ! Concernant les araignées, certaines sont vraiment grosses et spectaculaires, comme la tarentule tigrée et l'araignée-crabe géante. Passionnantes à observer également : les fourmis coupe-feuilles, qui transportent des charges incroyablement lourdes ! Vous les verrez sans aucun doute traverser votre sentier en file indienne avec des feuilles sur le dos. Les fourmis sont parmi les insectes qui me fascinent le plus depuis mon enfance et la lecture du best-seller de Bernard Weber, *Les Fourmis*. J'ai même une fourmilière dans mon appartement, à Annecy ! Enfin, le Costa Rica est également connu pour son immense variété de papillons colorés, notamment le superbe morpho bleu géant que j'ai pu observer avec des yeux émerveillés, en compagnie de lucioles, durant ma baignade dans les sources d'eau chaude du Tabacón, naturellement chauffées par l'activité géothermique. Un moment incroyable !

FEUILLE DE ROUTE

Départ/arrivée	La Fortuna
Comment s'y rendre	En avion jusqu'à San José, capitale du Costa Rica, puis en voiture (4 heures) jusqu'à La Fortuna, ville la plus proche du volcan Arenal.
Quand s'y rendre	Selon les guides locaux que j'ai pu interroger, le meilleur moment pour observer les quetzals resplendissants dans la région est la saison sèche, de décembre à avril.
Les indispensables	De la crème solaire et un chapeau pour le soleil, des vêtements respirants pour supporter l'humidité de la jungle, une lotion antimoustique et anti-insectes, de bonnes chaussures de marche fermées et beaucoup d'eau.

GUYA

NE

Partir en immersion dans l'Amazonie

Activité	Survie-dépassement de soi
Difficulté	Très difficile
Pays	Guyane française
Lieu	Amazonie
Durée	Dix jours

Pour les dix prochains jours, je vous emmène participer à un stage de survie-dépassement de soi que j'organise notamment dans l'un des endroits les plus sauvages et les plus intenses qui existent sur notre planète. Nous partons… en France ! Eh oui, rappelez-vous que la France partage des frontières terrestres avec le Brésil et le Suriname ! Cet endroit sauvage qui abrite une biodiversité exceptionnelle, c'est l'Amazonie, en Guyane française, où l'on trouve l'une des plus grandes étendues de forêt tropicale au monde.

Notre aventure se fera à pied et en kayak. Pour le départ, je vous donne rendez-vous au lac de Petit-Saut, à Sinnamary, situé à 2 heures au nord de Cayenne et à environ 1 heure dans les terres, après avoir passé la fameuse base de lancement de fusées de Kourou. Tous les participants répondent bien présent, et je peux lire sur leur visage autant l'excitation que l'appréhension ; tout le monde est prêt à vivre une aventure inoubliable. Avant de partir dans la forêt, lors de la première journée de formation, je vais principalement leur montrer ce qu'il ne faut jamais faire et les informer sur les dangers potentiels ; je vais également tester leurs réflexes lorsque quelque chose grimpe sur leur corps. Cette dernière partie est la plus difficile à ancrer dans le cerveau des participants : il ne faut jamais frotter avec sa main ou tenter d'écraser tout être vivant qui aura décidé de grimper sur vous, c'est une très mauvaise idée et cela peut même s'avérer fatal dans la jungle !

Une fois que tout le monde a assimilé les bons réflexes, nous embarquons sur nos kayaks. Depuis le lac de Petit-Saut, nous allons descendre le fleuve Sinnamary jusqu'à atteindre son embouchure, après environ 6 à 7 heures ; puis nous allons le remonter, à pied et en kayak !

Alors que je commence à pagayer, je me laisse porter par la sérénité du lac et par les bruits de la jungle qui nous parviennent, notamment le chant des oiseaux tropicaux. Les eaux calmes du lac s'étendent devant moi, reflétant les magnifiques paysages de la forêt tropicale environnante et de l'ancienne forêt

Fleuve Sinnamary

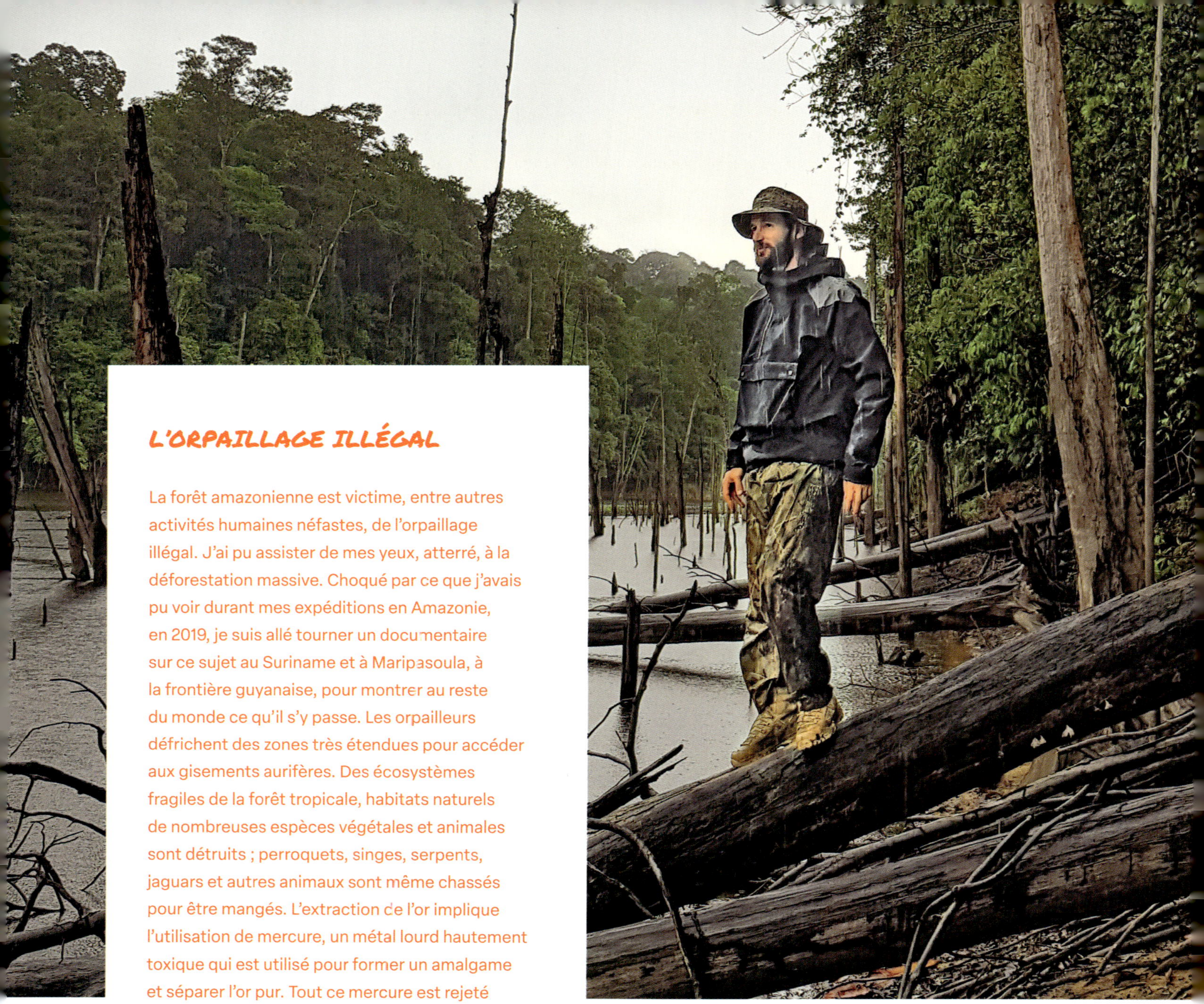

L'ORPAILLAGE ILLÉGAL

La forêt amazonienne est victime, entre autres activités humaines néfastes, de l'orpaillage illégal. J'ai pu assister de mes yeux, atterré, à la déforestation massive. Choqué par ce que j'avais pu voir durant mes expéditions en Amazonie, en 2019, je suis allé tourner un documentaire sur ce sujet au Suriname et à Maripasoula, à la frontière guyanaise, pour montrer au reste du monde ce qu'il s'y passe. Les orpailleurs défrichent des zones très étendues pour accéder aux gisements aurifères. Des écosystèmes fragiles de la forêt tropicale, habitats naturels de nombreuses espèces végétales et animales sont détruits ; perroquets, singes, serpents, jaguars et autres animaux sont même chassés pour être mangés. L'extraction de l'or implique l'utilisation de mercure, un métal lourd hautement toxique qui est utilisé pour former un amalgame et séparer l'or pur. Tout ce mercure est rejeté dans les cours d'eau environnants, provoquant une pollution dramatique qui s'accumule dans la chaîne alimentaire, affectant les poissons, les mammifères aquatiques et les populations qui dépendent de ces ressources pour leur survie. J'ai pu voir du cyanure flotter dans les rivières où jouaient les enfants de la tribu autochtone où j'étais logé… Tout ce massacre de notre environnement pour un métal auquel on a décidé d'accorder de la valeur doit selon moi remettre en question les bijoux que nous portons : à quel prix ?

immergée. Des millions de troncs d'arbre engloutis émergent de la surface du lac et offrent un sublime jeu de réflexion dans l'eau : une véritable merveille pour les yeux. Nous descendons le fleuve. Plus nous pagayons vers la jungle, plus la végétation luxuriante des rives se resserre autour de nous, créant un couloir de verdure impressionnant. Le soleil brille au-dessus de nos têtes ; filtrés par le feuillage des arbres, des motifs de lumière dansent sur l'eau. Petit à petit, la surface de l'eau devient de plus en plus agitée, avec des poissons curieux qui viennent tester le goût de nos pagaies, notamment de gros aymaras à la mâchoire impressionnante. Mais il n'y a pas que les poissons qui se dévoilent au fur et à mesure de notre progression : les caïmans qui se prélassent au soleil le long des berges, et quelques gros serpents, dont un anaconda de plusieurs mètres, nous rappellent que nous sommes bien arrivés en territoire sauvage ! À partir de cet instant, les coups de pagaie sont bien moins appuyés et chacun fait attention à ne pas chavirer, pour éviter de mauvaises rencontres aquatiques. Pour ma part, comme à chaque fois que je pénètre en Amazonie, je suis submergé par un sentiment de liberté et de connexion avec la nature. Je me sens tout petit face à l'immensité de la jungle qui nous entoure, mais, en même temps, je me sens totalement libre et immergé dans cet environnement préservé. Alors que le soleil commence à descendre à l'horizon, j'invite mon groupe d'aventuriers à s'arrêter pour construire notre premier carbet.

Les carbets sont des constructions traditionnelles en Amazonie, souvent utilisés par les populations autochtones et les aventuriers comme abris temporaires lors d'une exploration dans la forêt. Nos carbets sont très sommaires : il s'agit simplement d'une structure en bois que nous allons construire au-dessus de notre hamac pour nous protéger des éventuelles pluies, mais aussi des chutes d'insectes et d'araignées. Plus la nuit tombe, plus les sons de la jungle emplissent l'espace et je peux lire l'appréhension sur le visage des néo-aventuriers. Chacun se prépare à passer la nuit dans son hamac. C'est à ce moment-là que survient un incident qui ne va pas vraiment les rassurer. Comme toujours à l'heure du coucher, j'effectue ce rituel : j'éteins ma lampe frontale pour éviter d'être assailli par des millions d'insectes, je me déshabille entièrement, mets mes affaires dans un sac que j'accroche sous mon hamac, et, seulement une fois installé confortablement dans celui-ci, les moustiquaires fermées, je rallume ma frontale. Ce moment est normalement le plus agréable et reposant de la journée : je suis enfin à l'abri de toute sollicitation tactile extérieure, et nu au frais dans mon lit, après une journée à suer à grosses gouttes sous le poids des 100% d'humidité ! Normalement... parce que cette fois, au moment où je rallume ma frontale, je me retrouve nez à nez avec une énorme mygale juste sur mes parties intimes, avec ses immenses crochets et ses pattes velues d'une longueur impressionnante. Elle devait probablement être dans mes cheveux au moment où je suis entré dans mon hamac, je ne vois pas d'autre explication ! En tant que personne censée rassurer le reste du groupe, je devrais rester calme et ouvrir délicatement ma moustiquaire pour la faire sortir en douceur. Mais, à situation improbable, réponse inattendue ! Sous l'effet de la surprise et de l'effroi, je pousse un hurlement et saute hors de mon carbet pour me débarrasser de la mygale, sous le regard de mes compagnons terrifiés par cette vision de moi nu et hurlant en pleine nuit dans la jungle. Des années après, ils se moquent toujours de moi lorsque nous en reparlons !

Après l'aventure nocturne avec la mygale (appelée "matoutou" en Guyane), nous passons les 9 jours suivants à remonter le fleuve Sinnamary. Souvent, étant donné que les rapides sont trop violents et que nous sommes à contre-courant, nous devons faire passer nos embarcations à travers la jungle épaisse en nous frayant un chemin à coups de machette. Chacune de ces traversées est exténuante, mais nous profitons tous les jours de nos explorations pour nous émerveiller devant les beautés que le poumon de la planète nous offre.

Lors de nos marches lentes dans la forêt tropicale, nos sens sont en alerte, prêts à accueillir tout ce que l'Amazonie peut nous offrir. Chaque pas que nous faisons promet de révéler un mystère et contient l'excitation d'une rencontre. Le bourdonnement intense des insectes sonne en continu dans nos oreilles et les rayons du soleil luttent pour percer le feuillage dense qui se dresse en des multitudes de strates au-dessus de nous. Tous les stagiaires commencent à prendre leurs marques dans cet

© ANTHONY VERLAINE

environnement hostile, sans pour autant baisser la garde. Ce serait une grave erreur, étant donné que le moindre faux pas ici ne pardonne pas.

Une multitude d'animaux vit autour de nous. Lors de l'une de ces traversées où nous progressons ainsi, je m'arrête net. Mes yeux s'écarquillent alors que je viens de repérer un sublime boa émeraude, ce serpent d'un vert éclatant, se prélassant paresseusement sur la branche basse d'un arbre. Sa peau scintille sous les rayons filtrés du soleil. Je reste immobile, captivé par la vision de cette créature majestueuse. Avec une grâce silencieuse, il glisse sur une liane voisine et disparaît. Nous avançons aussi en permanence sous les cris puissants des singes hurleurs qui se balancent d'arbre en arbre. Je fais une pause à chaque fois pour les observer, toujours émerveillé par leur agilité et leur aisance à la cîme des arbres. Nous admirons aussi, éblouis, de nombreux papillons multicolores qui se nourrissent du nectar des fleurs environnantes : leurs ailes vibrantes et gracieuses donnent soudain un air enchanteur à tout paysage. Depuis l'enfance, je suis un passionné de fourmis, et c'est pourquoi je montre souvent au groupe les colonies de fourmis légionnaires, ces redoutables prédateurs qui se déplacent en une colonne sans fin, à la recherche de proies à attaquer et à dévorer. Au Congo, les fourmis ont même dévoré mon hamac durant la nuit, me faisant chuter lourdement ! Il vaut mieux être conscient du pouvoir de leur morsure, que j'ai déjà eu l'occasion de tester, et nous écarter rapidement de leur chemin. Nous avons aussi la chance, à plusieurs reprises, d'observer au crépuscule le spectacle hypnotique des lucioles illuminant la nuit. Une atmosphère magique, transformant la jungle en un tableau féerique qui émeut jusqu'aux plus endurcis de notre groupe.

Au fur et à mesure que les jours passent, nous observons ainsi une multitude de créatures fascinantes, des aras éclatants aux couleurs arc-en-ciel aux grenouilles venimeuses camouflées dans les feuilles. Mais la rencontre la plus émouvante est sans aucun doute celle, inattendue, avec le roi de la jungle : le jaguar ! Elle se produit lorsque nous redescendons lentement le fleuve sans faire de bruit. Il se tient là, majestueux, au bord de la rivière, sa fourrure tachetée d'un doré éclatant brillant sous les rayons du soleil. Ses yeux perçants nous fixent, exprimant à la fois une puissance féline et une sagesse ancienne. Nous nous observons mutuellement sans bouger, comme dans un respect réciproque. Abasourdi par tant de beauté, observant sa présence imposante où se mêlent tout à la fois muscles puissants et allure gracieuse, je me sens vraiment honoré d'être témoin de ce moment très rare. Puis, comme s'il jugeait que notre rencontre avait suffisamment duré, le félin se détourne et s'enfonce silencieusement dans la jungle.

Après dix journées aussi épuisantes que passionnantes, nous arrivons au lac de Petit-Saut. Cette expérience dans la jungle restera à jamais gravée dans ma mémoire, me rappelant la beauté et la fragilité de la nature, et renforçant ma détermination à protéger ces merveilles de la forêt amazonienne pour les générations à venir.

À droite : ibis rouges dans l'estuaire du fleuve Sinnamary

À GAUCHE : © ANTHONY VERLAINE ; À DROITE : © GALAAD973 / STOCK.ADOBE.COM

FEUILLE DE ROUTE

Départ/arrivée	Lac de Petit-Saut
Distance	164 km aller-retour
Comment s'y rendre	Depuis Cayenne, comptez environ 2 heures de route jusqu'au lac de Petit-Saut.
Quand s'y rendre	De mi-juillet à fin novembre pour avoir le meilleur climat dans la forêt.
Les indispensables	Un hamac avec moustiquaire imprégnée d'insecticide. Beaucoup, beaucoup de produit antimoustique. Un antipaludéen et toute la trousse à pharmacie pour soigner les blessures potentielles. Une paille filtrante pour boire de l'eau toute la journée et une machette bien aiguisée. Des chaussures montantes respirantes et imperméables. Et, enfin, une tenue complète imperméable pour se protéger durant les averses de pluie violentes et régulières.

BRÉ

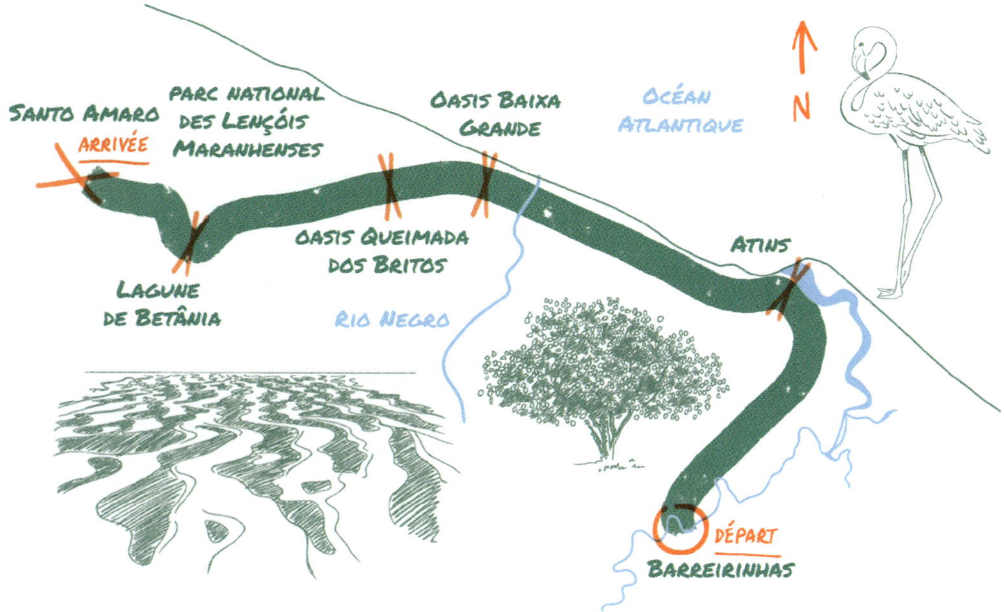

Arpenter le désert blanc des Lençóis Maranhenses

Activité	Randonnée
Difficulté	Intermédiaire
Pays	Brésil
Lieu	Lençóis Maranhenses, État du Maranhão
Durée	Trois à cinq jours

Imaginez-vous, marchant dans un désert écrasé par la chaleur, gravissant difficilement une dune de 40 m de haut, et, une fois arrivé au sommet, découvrant, au pied de la dune, une lagune aux eaux turquoise transparentes vers laquelle vous courez pour y plonger. Imaginez-vous maintenant répétant cela à l'infini, et vous aurez une idée de ce qui vous attend dans les incroyables Lençóis Maranhenses ! C'est dans cette immense étendue blanche semblant tout droit sortie d'un film de science-fiction que je vous emmène pour cette nouvelle aventure à pied.

Le parc national des Lençóis Maranhenses, situé au bord de l'océan Atlantique, au nord-est du Brésil, est composé de vastes dunes de sable blanc qui s'étendent comme une couverture (*lençóis* signifie “draps” en portugais) sur plus de 155 000 hectares, offrant un paysage unique et spectaculaire. Son écosystème fragile repose sur les nombreuses lagunes d'eau douce qui sont formées au pied des dunes par les précipitations abondantes durant la saison des pluies, entre janvier et juin.

La ville de Barreirinhas, à 260 km de São Luís, est le point d'accès le plus simple pour se rendre au parc national. Il est courant d'y passer une nuit pour se reposer avant de débuter l'expédition. La durée de la traversée complète des Lençóis Maranhenses varie en fonction de l'itinéraire choisi ou des conditions météorologiques, mais, en général, 3 à 5 jours sont nécessaires. J'ai choisi d'effectuer cette expédition avec un guide local expérimenté, qui connaît bien la région et pourra me parler de la flore et de la faune du parc, sujets qui me passionnent.

Au départ de Barreirinhas, tôt le matin, je suis gagné par l'atmosphère d'aventure et je ressens l'excitation qui donne tout son sens à ma vie de baroudeur. Très vite se découvrent de vastes étendues de sable blanc façonnées par les vents et les marées, prenant des formes douces et arrondies ondulant à perte de vue, qui me rappellent bien sûr les dunes que j'ai pu admirer lors de mes traversées du Namib ou du Sahara. À la différence qu'ici, l'eau est omniprésente ! À longueur de journée, je marche pieds nus dans un sable fin et doux qui s'enfonce

LA PÊCHE DANS LE DÉSERT

Aussi surprenant que cela puisse paraître, ici les pêcheurs ne pêchent pas que sur la côte, mais aussi dans le désert ! Bien que les dunes soient situées dans une région semi-aride, elles reçoivent une quantité d'eau suffisante, durant la saison des pluies, pour que la vie s'y développe, notamment de nombreux poissons, qui attendent les pluies dans des terriers restés humides, ou encore enfouissent leurs œufs pour qu'ils éclosent dès que l'eau arrive. Le guide qui m'accompagnait m'a raconté que lors d'une saison des pluies particulièrement intense, certaines des lagunes se sont remplies d'eau à un niveau très élevé, créant une situation d'abondance sans précédent. Les habitants ont alors organisé une grande compétition de pêche dans les lagunes, avec les touristes. Oui, une compétition de pêche dans un désert ! La nature n'arrêtera jamais de me surprendre…

sous mes pas, créant une sensation de légèreté très agréable. Contrairement aux autres déserts que j'ai pu traverser, ici le sable ne me brûle pas les pieds et j'ai l'impression de glisser sur les vagues du désert devant une mer de sable sans fin. Dès que j'ai un peu trop chaud, je pose mon sac à dos et plonge dans une nappe d'eau douce d'un bleu cristallin. Ces lagunes, qui se fondent harmonieusement dans le paysage, sont des piscines paradisiaques où je pourrais passer la journée. Certaines sont petites et chaudes, d'autres sont immenses et beaucoup plus rafraîchissantes. Je me laisse flotter sur le dos pendant des heures, à admirer le ciel bleu sans nuages et la réflexion des dunes sur la surface calme de l'eau. Je n'avais plus ressenti ce bien-être depuis mes baignades dans les cenotes du Mexique, ces gouffres remplis d'eau où j'ai pu passer des journées à réfléchir au sens de la vie. C'est une sensation de tranquillité absolue et un moment de véritable communion avec la nature. Lorsque le soir arrive, j'installe ma tente sur les dunes, et, lorsque le soleil se couche, le ciel s'illumine de couleurs magnifiques, les teintes orangées se mêlant aux bleus profonds et aux pourpres intenses des lagunes.

Comme vous pouvez l'imaginer, ici, il n'y a aucune pollution lumineuse la nuit, et des millions d'étoiles paradent dans le ciel clair, offrant un spectacle céleste d'une beauté irréelle. Les matins aussi sont enchanteurs, car au lever du soleil, les premiers rayons dorés frôlent les dunes et les lagunes, redonnant vie et relief aux paysages.

Comme dans presque tous les déserts que j'ai traversés, je suis émerveillé de voir des végétaux résistants et robustes comme la *vassourinha* (une plante médicinale) et le *juazeiro* (un arbre) émerger entre les dunes, parsemant de touches de vert ce tableau déjà merveilleux. Je suis toujours fasciné de voir comment la vie trouve chaque fois des moyens ingénieux de s'adapter à un environnement hostile. La faune des Lençóis Maranhenses est, elle aussi, adaptée à ce milieu désertique : les poissons des lagunes, qui jouent avec les saisons, mais aussi de nombreux oiseaux que j'observe planant au-dessus de moi à longueur de journée et qui fréquentent les lagunes, comme le héron, la spatule rosée et le flamant rose. De fait, les Lençois se trouvent entre l'océan Atlantique et le *cerrado* du nord-est du Brésil, une région de savane, ce qui contribue à la riche biodiversité des lieux. On y trouve aussi des oasis, des îlots de verdure où vivent des communautés. Eh oui, les humains aussi s'adaptent, ici notamment, en déplaçant leurs maisons au gré des mouvements des dunes ; il n'est pas rare que certaines soient englouties. Un grand moment de ma traversée a d'ailleurs été la rencontre avec les familles de pêcheurs vivant dans ces villages isolés, qui m'ont accueilli chaleureusement et ont partagé leur connaissance de la vie en pleine nature dans cet environnement unique.

À progresser dans ce désert dune après dune, et à rencontrer ses habitants, on mesure la chance que l'on a de pouvoir découvrir un tel joyau naturel, mais aussi la nécessité qu'un écosystème aussi exceptionnel soit préservé.

FEUILLE DE ROUTE

Départ	Barreirinhas
Arrivée	Santo Amaro
Distance	91 km
Comment s'y rendre	Depuis Rio de Janeiro, le plus rapide est de prendre un vol jusqu'à l'aéroport international de São Luís, la capitale de l'État du Maranhão. De là, vous pourrez prendre un taxi ou un bus collectif jusqu'à Barreirinhas (4 à 5 heures de route).
Quand s'y rendre	La meilleure période est entre juin et septembre, lorsque les lagunes sont au maximum de leur niveau d'eau.
Les indispensables	Un chapeau, des lunettes de soleil adaptées et de la crème solaire. Un maillot de bain et une serviette de plage. Beaucoup de lotion antimoustique : ils sont assez coriaces dans la région ! Rangez tout cela dans un sac à dos de 40 l et n'oubliez pas votre matelas de sol pour observer les étoiles, le soir, du haut des dunes…

PÉ
Arhuaycocha
4.420 m.s.n.m.

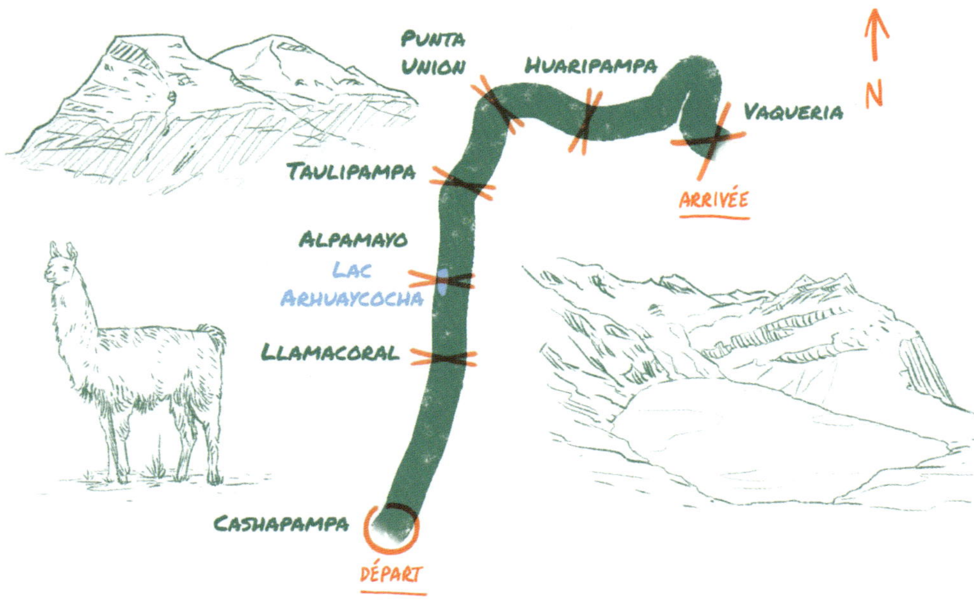

Effectuer le trek de Santa Cruz dans la cordillère Blanche

Activité	Randonnée
Difficulté	Intermédiaire
Pays	Pérou
Lieu	Parc national de Huascarán, cordillère Blanche
Durée	Quatre jours

Départ pour les Andes péruviennes ! Plus précisément pour le trek de Santa Cruz, l'un des plus populaires de la cordillère Blanche. Cette randonnée de 55 km, qui s'effectue sur 4 jours et 3 nuits en moyenne, traverse le magnifique parc national de Huascarán. Classé au Patrimoine naturel de l'humanité par l'Unesco, et réserve de biosphère depuis 1977, ce parc abrite plusieurs sommets impressionnants, dont le Huascarán, le plus haut sommet du Pérou avec 6 768 m d'altitude. Comme vous pouvez l'imaginer, les paysages sont époustouflants, et vous aurez l'impression d'être (presque) seul au monde ! La randonnée n'est pas particulièrement difficile et le sentier est bien balisé. En revanche, étant donné l'altitude élevée, il est important de s'imposer un temps d'acclimatation de quelques jours avant le départ, au risque d'être atteint du mal des montagnes, une sensation vraiment horrible que j'ai malheureusement bien connue au Pérou et en Bolivie, lors de mes aventures au-dessus de 5 000 m.

Après un périple de plusieurs heures en *colectivo* depuis Huaraz, mêlant mal des montagnes et mal des transports, me voici enfin arrivé au petit village de Cashapampa, perché à 3 300 m d'altitude. L'entrée du parc national est payante, environ 60 soles (15 €) pour effectuer la traversée sur 4 jours. Je suis très excité à l'idée de me lancer sur ce sentier qui serpente en altitude à travers de vastes prairies verdoyantes et des champs de coca. D'ailleurs, comme chaque fois que je marche en altitude en Amérique du Sud, je mâche des feuilles de coca, une pratique utilisée depuis toujours par les Andins pour améliorer l'apport en oxygène dans le sang. Et, comme chaque fois, au bout de quelques minutes, je me dis que le goût est véritablement infâme et qu'on ne m'y reprendra pas.

Dès le départ, la vue sur les sommets enneigés qui se dressent devant moi est spectaculaire. Mais, au fur et à mesure que j'avance, malgré mon entraînement toute l'année et mon acclimatation au Pérou depuis plusieurs semaines, je commence à ressentir l'effort physique de la montée en altitude et à subir le mal des montagnes qui ne me lâchera pas durant toute cette première journée : maux de tête, nausées, vision rétrécie, etc.

Col de Punta Unión

« Après avoir quitté le camp, je continue mon ascension au milieu de paysages à couper le souffle, avec des vallées glaciaires et des lacs d'altitude d'un bleu profond hypnotisant. »

rendent cette randonnée plus difficile. Heureusement, la beauté des paysages me motive dans ma progression !

Sur le chemin, je rencontre d'autres randonneurs, mais, dans l'ensemble, je suis seul la plupart du temps, ce qui n'est pas pour me déplaire. De nombreux camps permettent de passer la nuit tout le long du trek ; certains sont plus rustiques que d'autres, mais, dans la majorité, ils sont très rudimentaires. En milieu de journée, j'atteins le camp de Llamacorral, situé au bord d'une très belle rivière, assez tumultueuse. Je monte ma tente et, épuisé par le mal des montagnes, je m'endors très tôt, la tente complètement ouverte pour avoir un peu d'air frais et contempler les pics enneigés qui dominent l'horizon. Il faudra attendre le lendemain pour admirer mon premier coucher du soleil !

Le deuxième jour, j'ai programmé mon réveil pour assister au lever du soleil, éblouissant, qui illumine les montagnes environnantes. Comme il fallait s'y attendre, l'eau du lac Arhuaycocha est gelée. En ma qualité de coach en immersion en eau froide, me voilà bien obligé de m'y baigner ! Une fois dans l'eau, la vue sur les sommets et les crêtes qui m'entourent rend l'expérience magique. Rien

LE MAL DES MONTAGNES

Au Pérou et en Bolivie, le mal des montagnes est connu sous le nom de *soroche*. Il est généralement causé par une exposition soudaine à une altitude élevée, où la pression atmosphérique est moindre, ce qui entraine une diminution de la quantité d'oxygène disponible. À titre personnel, j'ai contracté beaucoup de maladies locales durant mes aventures, et je peux vous dire que le mal des montagnes est probablement l'une des pires sensations qui me soient arrivées durant mes pérégrinations autour de notre belle planète. Les symptômes sont des maux de tête, des nausées, des vertiges, une fatigue excessive, une perte d'appétit, jusqu'à l'incapacité de continuer l'ascension. Peu importe votre condition physique ou votre niveau d'entraînement : il a été prouvé récemment que la génétique joue aussi un rôle dans la prédisposition au mal des montagnes, ce qui peut parfois être très frustrant. Il y a quelques années, je suis allé avec une équipe de tournage à 6 000 m d'altitude pour un documentaire sur les fakirs de la Cordillère des Andes. Alors que j'étais littéralement incapable de faire quoi que ce soit, cloué au lit durant 48 heures, malgré mon entraînement et le fait que je passe la moitié de ma vie en montagne, certains membres de l'équipe qui n'avaient pas fait de sport ou de montagne depuis des années étaient en parfaite santé. Terriblement frustrant ! Le meilleur moyen de vaincre le *soroche* est de passer quelques jours dans une région de basse altitude et de vous rendre progressivement dans des zones plus élevées. L'autre conseil est de manger léger et de boire beaucoup d'eau pour éviter la déshydratation, et d'éviter l'alcool et la caféine, car ils peuvent aggraver les symptômes du mal des montagnes. Enfin, faites comme les locaux et mâchez des feuilles de coca, même si son goût est répugnant !

de tel pour commencer une journée ! Me voilà reparti ; bientôt viennent les premières traversées de ponts suspendus enjambant des gorges vertigineuses, apportant la parfaite dose de chaleur et d'adrénaline pour pimenter l'aventure.

Au milieu de la journée, après plusieurs heures d'effort, j'arrive au point le plus élevé du trek : le col de Punta Unión, à une altitude de 4 750 m. À peu de chose près, la hauteur du mont Blanc ! La vue depuis là-haut est tout simplement incroyable. Les sommets enneigés, notamment l'Alpamayo et le Huascarán, se dressent majestueusement autour de moi et j'ai l'impression de contempler tout le Pérou à 360°. Ici, comme à chaque fois que je me retrouve sur un sommet chez moi, dans les Alpes, ce moment de contemplation et d'émerveillement me rappelle à quel point la montagne est l'endroit sur la Terre où je me sens le plus apaisé.

La descente dans les pierriers après le col est en revanche vraiment très raide et, mes genoux pâtissant de mes quinze années d'aventures autour du monde, je peux vous dire qu'elle se fait bien sentir. J'atteins finalement le camp de Huaripampa en fin d'après-midi, et, avant le coucher du soleil, j'observe avec bonheur les lamas broutant paisiblement dans les prairies voisines. Le soir, avec d'autres randonneurs, nous allumons un feu et nous contemplons les étoiles au-dessus des pics de la cordillère Blanche.

Au matin du troisième jour de mon aventure, je réalise que j'ai marché beaucoup plus vite qu'attendu : je suis très en avance sur le parcours initialement prévu, et aujourd'hui sera donc le dernier jour de mon trek de Santa Cruz ! J'ai même du temps : j'en profite pour admirer de plus près la flore locale et je passe un bon moment à l'affût pour avoir la chance d'observer la faune andine. Malheureusement, je ne verrai pas le très rare puma de la cordillère Blanche, mais je suis assez chanceux pour voir passer de nombreux lamas et alpagas, plusieurs viscaches (un rongeur mi-lièvre, mi-chinchilla), et même un renard des Andes, aussi appelé loup de Magellan ! Dans le ciel, j'admire de magnifiques oiseaux comme le légendaire et majestueux condor des Andes (le plus grand oiseau terrestre volant du monde, avec plus de 3 m d'envergure) et le superbe caracara huppé, un rapace sud-américain à la huppe noire et à la cire orangée caractéristiques. Il ne m'en fallait pas plus pour passer une excellente journée !

Après quelques heures, j'atteins Vaquería, à 3 800 m d'altitude : c'est le point final de mon aventure. Au cours de ces trois jours, j'ai été une fois de plus émerveillé par la grandeur des paysages andins de la Cordillère, où j'ai pu me retrouver en harmonie avec moi-même, loin de l'agitation de la grande ville de Lima. Exactement ce qu'il me fallait avant de repartir explorer les cités incas du sud du Pérou et les géoglyphes de Nazca !

FEUILLE DE ROUTE

Départ	Cashapampa
Arrivée	Vaquería
Distance	55 km
Comment s'y rendre	En avion jusqu'à Lima ; depuis la capitale, comptez environ 8 heures de bus jusqu'à Huaraz, puis 4 à 5 heures de bus ou taxi collectif jusqu'à Cashapampa. Il ne s'agira pas du meilleur voyage en bus de votre vie : la cordillère Blanche et ses merveilles se méritent !
Quand s'y rendre	La meilleure période s'étend de mai à septembre, lors de la saison sèche.
Les indispensables	Un chapeau, des lunettes de soleil adaptées et de la crème solaire, car le soleil tape fort à cette altitude. Des bâtons de marche et des chaussures de randonnée à tige haute pour rester au sec et protégé. Un duvet température confort -10° C minimum, car les nuits peuvent être très fraîches. Des médicaments et des feuilles de coca pour combattre le mal des montagnes !

BOL

VIE

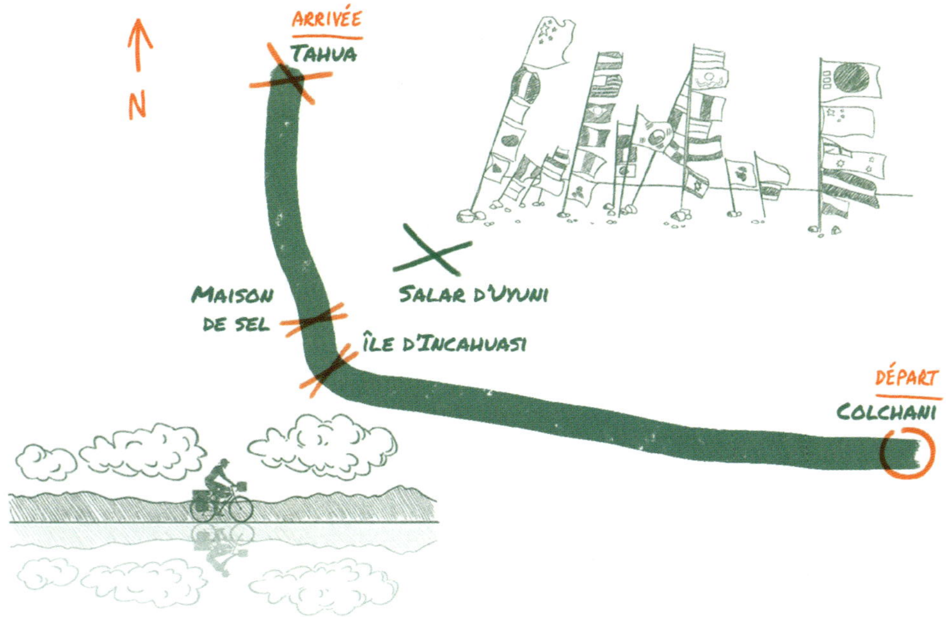

Traverser le Salar d'Uyuni à VTT

Activité	VTT
Difficulté	Intermédiaire
Pays	Bolivie
Lieu	Salar d'Uyuni
Durée	Deux jours

Si j'évoque souvent la sensation d'être sur une autre planète durant mes aventures, je crois que là où je vous emmène aujourd'hui, ce terme prend tout son sens ! Nous partons en effet pour l'une des traversées à vélo les plus esthétiques que j'aie eu l'occasion de vivre : celle du Salar d'Uyuni !

À lui seul, mon périple pour venir jusqu'au Salar a été incroyable : je suis resté bloqué trois jours dans mon hôtel, dans la ville voisine de Tupiza, à cause d'un recensement de population qui a lieu… tous les 30 ans ! Et, attention, en Bolivie, on ne plaisante pas avec les recensements de population : l'armée patrouille dans les rues. Bref, après de longues journées, j'arrive enfin devant ce fameux Salar d'Uyuni qui me fait rêver depuis toujours.

Il s'agit du plus grand désert de sel continu au monde, qui s'étend dans les hauts plateaux des Andes boliviennes sur une superficie de plus de 10 000 km², à une altitude d'environ 3 650 m. Le paysage est époustouflant : la croûte de sel, formée par d'anciens lacs asséchés, crée une surface incroyablement blanche et lisse, et cette étendue plane à perte de vue empêche toute estimation visuelle de distance, créant ainsi d'étonnantes illusions d'optique. De plus, lorsqu'elle est couverte d'une fine couche d'eau après la pluie, elle est semblable à un miroir naturel tourné vers le ciel. Un décor parfait pour les amoureux de photo !

Mon premier objectif sera de rejoindre à VTT l'île d'Incahuasi, à 75 km de là. Dès le premier kilomètre parcouru, je me rends compte que cette aventure sera inoubliable. Mon corps et mon cerveau sont assaillis de sensations contradictoires. J'ai chaud à cause du soleil et de la réverbération, mais froid en même temps lorsque je roule, à cause de l'altitude et du vent. Ébloui et ébahi devant la beauté du paysage, je réalise aussi très rapidement que je roule sur un désert de sel tant mon nez et mes yeux me piquent. Les pneus de mon vélo semblent glisser en douceur sur la surface lisse : c'est étrange et exaltant, mais la navigation est un défi constant, car sans points de repère visibles, je m'appuie uniquement sur ma boussole et l'application de mon téléphone pour m'orienter.

J'ai la sensation d'être totalement isolé du monde extérieur, et je m'imagine sur une planète tout droit sortie de l'univers de *Star Wars*. D'ailleurs, cela m'a amusé quand, quelques années après, une scène de *Star Wars*, épisode VIII a été tournée ici !

Après de longues heures d'efforts, j'arrive enfin devant l'île d'Incahuasi qui s'impose devant moi, surgissant au milieu de nulle part. Recouverte de cactus géants qui peuvent atteindre jusqu'à 12 m de hauteur et donnent au lieu une atmosphère mystique dans ce désert blanc, elle offre une vue panoramique sur le Salar environnant. De l'espèce *Trichocereus pasacana*, les cactus sont vieux de plusieurs siècles ! Forcément, des imbéciles ont gravé leur nom dessus, comme malheureusement dans bon nombre d'endroits historiques incroyables que j'ai pu explorer. Je grimpe vers le sommet de l'île, d'où l'on peut admirer une vue à 360° sur les vastes étendues du Salar d'Uyuni, avec ses reflets bleu argenté. Inoubliable !

Le soleil va bientôt se coucher et la température baisse très rapidement. Mieux vaut ne pas tarder. Je roule jusqu'à mon hébergement, une maison entièrement construite en sel ! Le confort est assez spartiate et mes yeux me piquent toujours autant, mais c'est une belle occasion de rencontrer des habitants de la région et de s'immerger dans l'ambiance magique de cet incroyable désert de sel ! Le soir, j'observe les étoiles, un spectacle si exceptionnel qu'il m'absorbe jusqu'à 3h du matin ! Sans la fatigue de la traversée et de mes précédentes aventures, j'aurais pu rester les yeux ouverts jusqu'au lever du soleil, qui est d'ailleurs lui aussi incroyable.

Le lendemain, il me reste 40 km à parcourir pour rejoindre la ville de Tahua, mais j'ai des courbatures insensées ! Avec l'émerveillement de découvrir le Salar, la veille, je ne me suis pas rendu compte que j'avais tant forcé. L'altitude a aussi dû y jouer un rôle. De plus, le vent a changé, et, dès mon départ, des rafales parfois puissantes m'arrivent en pleine face ! Le défi est amplement compensé par les moments magiques que m'offre le Salar ce matin : un immense miroir après une pluie légère, créant un reflet absolument parfait du ciel et des montagnes environnantes. Un peu plus loin, j'en profite pour prendre des photos amusantes, avec des effets déformant la dimension des objets.

Ça y est, je suis arrivé, j'ai enfin traversé le mythique Salar d'Uyuni ! Cette aventure a défié mon corps et mon cerveau. Mais quel paysage ! Alors que je pédalais, je savais, kilomètre par kilomètre, que je vivais une expérience unique, qui resterait pour toujours gravée parmi mes plus belles aventures.

Ci-dessous : île d'Incahuasi ; à droite : lagunes du Salar

LE LITHIUM DU SALAR

Le Salar d'Uyuni abrite, dans ses eaux souterraines et dans ses sédiments de sel, environ 20% des réserves mondiales de lithium, un élément utilisé dans la fabrication de batteries rechargeables. Cette ressource stratégique est devenue encore plus cruciale dernièrement avec la croissance de l'industrie des véhicules électriques et la demande croissante de batteries lithium-ion pour les appareils électroniques. L'exploitation de ce lithium dans le Salar est très préoccupante, notamment en ce qui concerne l'utilisation de la ressource en eau de la région. En effet, lors de ma présence sur place, j'en ai profité pour visiter l'un de ces centres d'extraction : l'eau salée y est pompée directement dans les aquifères souterrains. Une fois que la saumure a atteint une concentration suffisante en lithium, des produits chimiques tels que le carbonate de sodium y sont ajoutés pour provoquer la précipitation des impuretés indésirables. L'utilisation de cette ressource en eau ainsi que de nombreux produits chimiques est réellement inquiétante pour la préservation future d'une telle merveille de la nature.

FEUILLE DE ROUTE

Départ	Colchani
Arrivée	Tahua
Quand s'y rendre	À la saison sèche (mai à octobre), le Salar est généralement sec, ce qui signifie que la surface du sel est plus solide. Les températures sont fraîches, surtout la nuit, mais les journées sont généralement ensoleillées. À la saison des pluies (novembre à avril), il peut y avoir des précipitations qui recouvrent le Salar d'une fine couche d'eau. Cela crée le fameux effet miroir et le paysage peut être encore plus spectaculaire, mais les précipitations peuvent entraîner la fermeture de certaines routes et rendre l'accès plus difficile.
Distance	115 km
Comment s'y rendre	En avion jusqu'à La Paz, puis environ 10 heures de bus (épiques) jusqu'à Colchani.
Les indispensables	C'est probablement l'endroit sur la Terre où vous aurez le plus besoin d'un chapeau, de lunettes de soleil adaptées et de crème solaire ! À cette altitude, et avec cette réverbération, le soleil ne fait pas de cadeaux. Prévoyez des vêtements chauds et un duvet température confort 0°C minimum, car les nuits peuvent être très fraîches. Et, bien évidemment, beaucoup d'eau et un bon appareil photo !

ARGENTI

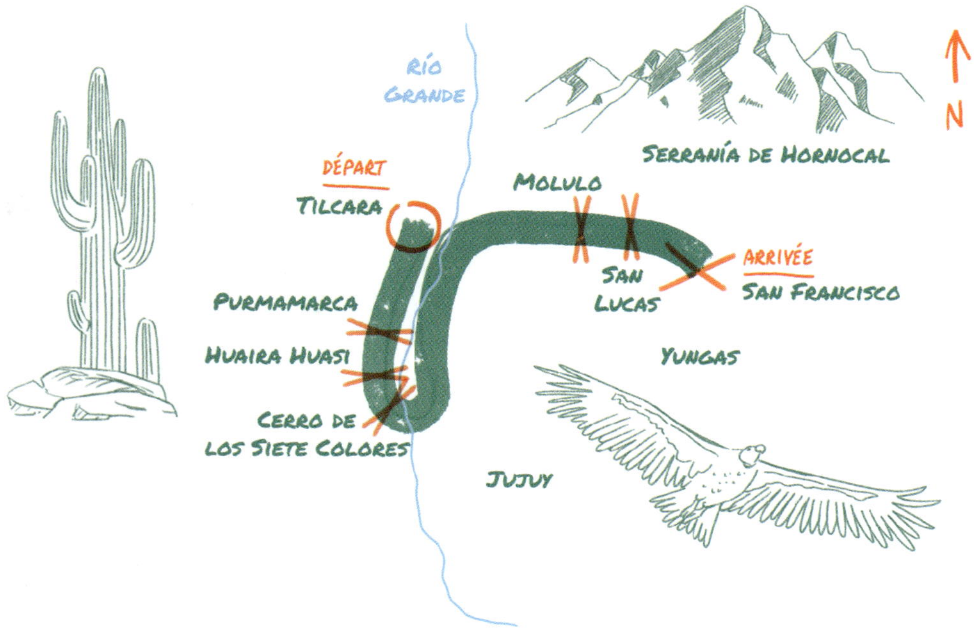

Randonner dans la Quebrada de Humahuaca

Activité	Randonnée
Difficulté	Difficile
Pays	Argentine
Lieu	Quebrada de Humahuaca
Durée	Quatre jours

Le nord-ouest de l'Argentine recèle un canyon spectaculaire assez peu connu, et qui fait pourtant partie des plus beaux paysages naturels que j'aie pu voir lors de mes aventures : la Quebrada de Humahuaca. C'est ici que je nous partons pour une nouvelle randonnée, littéralement haute en couleurs ! Cette vallée, longue de 155 km et située dans la province de Jujuy, est inscrite au Patrimoine mondial de l'Unesco depuis 2003 en raison de son exceptionnelle beauté naturelle et de son importance culturelle. Les raisons de sa splendeur hors normes ? Les minéraux présents dans les superbes formations rocheuses qui la dominent, qui, avec l'érosion et l'altération chimique, créent des variations de couleurs hallucinantes. L'oxyde de fer, notamment, leur donne des teintes rouges, et le manganèse leur apporte des nuances de violet. Cette vallée, située au milieu de paysages désertiques, offre une explosion de couleurs à ceux qui la traversent !

L'itinéraire que je vous propose de suivre, qui est selon moi le must des chemins de randonnée à parcourir dans cette région, quitte le petit village de Tilcara pour rejoindre celui de San Francisco. D'une longueur d'environ 70 km, il est réalisable en autonomie en 4 jours et 3 nuits, mais il n'est pas très bien indiqué, c'est pourquoi il peut être utile d'avoir une application sur votre smartphone.

À Tilcara, vous serez impressionné par la taille des cactus : ils sont absolument géants ! Après quelques photos pour les immortaliser, mon sac est prêt : c'est l'heure de commencer cette aventure. Dès le départ, les choses sérieuses débutent, puisque j'attaque directement avec 1 000 m de dénivelé positif jusqu'à un col situé à 4 180 m d'altitude. Juste avant de passer ce col si durement atteint, un mirador offre une vue incroyable, au loin, sur la Serranía de Hornocal, et sa "montagne aux quatorze couleurs". Quelle merveille ! Cette formation rocheuse étonnante, composée de nombreuses strates colorées en forme de V inversé se succédant sur les parois de ses montagnes, est digne des plus grands maîtres de la peinture ! Contrastant avec les tons ocre et rouge qui dominent le paysage, ces strates

LA QUEMA DEL DIABLO

J'ai eu la chance de passer le Nouvel An dans la Quebrada de Humahuaca, et je suis donc obligé de vous parler de cette tradition étonnante appelée la "Quema del Diablo" (la brûlure du Diable). Cette célébration spectaculaire a lieu chaque année le 31 décembre à minuit pour marquer le passage à la nouvelle année. Toute la communauté se rassemble dans les rues des villages de la Quebrada, avec des poupées de papier ou de paille représentant le diable ou les mauvais esprits ; on y met alors le feu pour symboliser la purification et l'élimination des énergies négatives de l'année écoulée. Alors que l'heure approche de minuit, c'est assez incroyable de voir toutes les rues s'illuminant alors que les poupées s'embrasent. J'ai ensuite été invité par des habitants à danser et à chanter avec eux autour des feux toute la nuit, participant ainsi à un spectacle de lumière dont je me souviendrai longtemps !

Hornocal, la "montagne aux quatorze couleurs"

bien dessinées offrent une mosaïque de couleurs allant du rouge au violet en passant par le jaune et le vert. Leurs motifs géométriques habillant les montagnes de manière fascinante, je ne peux m'empêcher de les contempler pendant de longues minutes malgré le vent glacial qui souffle en haut du col. Pour cette première journée, il m'aura fallu 6 heures pour atteindre le petit hameau de Huaira Huasi, dans les environs de Purmamarca, où je pose enfin ma tente.

Avant le départ, le lendemain, je fais un petit détour par Purmamarca, pour admirer l'incroyable Cerro de los Siete Colores, la "montagne aux sept couleurs", qui fait sa renommée. Apparue il y a environ 75 millions d'années, elle a été formée par un processus géologique complexe qui résulte d'une sédimentation à la fois fluviale, marine et lacustre. Elle offre un spectacle visuel époustouflant avec des nuances vibrantes allant du rose au rouge, du violet au vert, créant une palette de couleurs éblouissantes, se rapprochant de ce que j'ai pu voir lors de ma traversée à pied de la Vallée de la Mort, en Californie, ou rappelant la Terre des Sept Couleurs, à Chamarel sur l'île Maurice. En plus de cela, le ciel, d'un bleu intense, accentue

À GAUCHE : © SUNSINGER / SHUTTERSTOCK ; À DROITE : © ANTHONY VERLAINE

encore les contrastes. Des couleurs plein les yeux, j'entame ma deuxième journée de marche qui sera plus simple que la veille, avec seulement 13 km et 500 m de dénivelé positif. Aucune difficulté particulière, si ce n'est que le chemin est assez vertigineux, passant le long de balcons à flanc de montagne, avec le vide quasiment sous les pieds ! Les paysages sont toujours aussi époustouflants ; j'observe avec fascination de nombreux condors des Andes tournoyant au-dessus de ma tête. Désolé messieurs-dames, je n'ai pas prévu de tomber dans le vide aujourd'hui, je ne serai donc pas au menu de votre repas !

La troisième journée est la plus longue, avec environ 22 km de marche et 1 200 m de dénivelé positif. Le chemin est toujours aussi vertigineux, jusqu'à l'entrée dans des forêts, où le paysage, soudain beaucoup plus bucolique, me rappelle certaines vallées isolées où j'aime me perdre en Andorre. La température, bien plus fraîche et agréable, m'incite à planter ma tente le long d'un apaisant ruisseau.

Pour la dernière journée de marche, au départ de San Lucas, le dénivelé est principalement négatif, ce qui n'est pas ce que je préfère, à cause de mes douleurs aux genoux. La descente se fait en grande partie dans une brume fraîche, puisque nous sommes ici dans les Yungas, une bande forestière au climat humide tropical qui longe la cordillère des Andes. Cette brume est très photogénique et l'ambiance est incroyable. La terre est rouge, la roche est rose et des perroquets sillonnent le ciel au-dessus de moi avec des cris résonnant dans toute la vallée. J'arrive au petit village de San Francisco : fin de la traversée !

Peu de personnes connaissent ce trek dans cette partie cachée de la cordillère des Andes, bien moins connu que le chemin de l'Inca, au Pérou, ou que le trek W au Chili. Et, pourtant, ses époustouflants paysages picturaux valent le détour !

FEUILLE DE ROUTE

Départ	Tilcara
Arrivée	San Francisco
Distance	70 km
Comment s'y rendre	En bus (20 heures) depuis Buenos Aires jusqu'à Jujuy, puis avec un autre bus local jusqu'à la Quebrada. Les bus sont extrêmement confortables en Argentine, surtout ceux appelés *cama* ou *semi-cama*.
Quand s'y rendre	Je recommande soit l'automne (mars à mai) soit le printemps (septembre à novembre).
Les indispensables	Des vêtements chauds et des chaussures pour une randonnée alpine. Une tente légère et un duvet température confort 0°C minimum, car les nuits peuvent être très fraîches. Des jumelles pour observer les condors et les autres oiseaux survolant la Quebrada.

EUROPE

PORTU

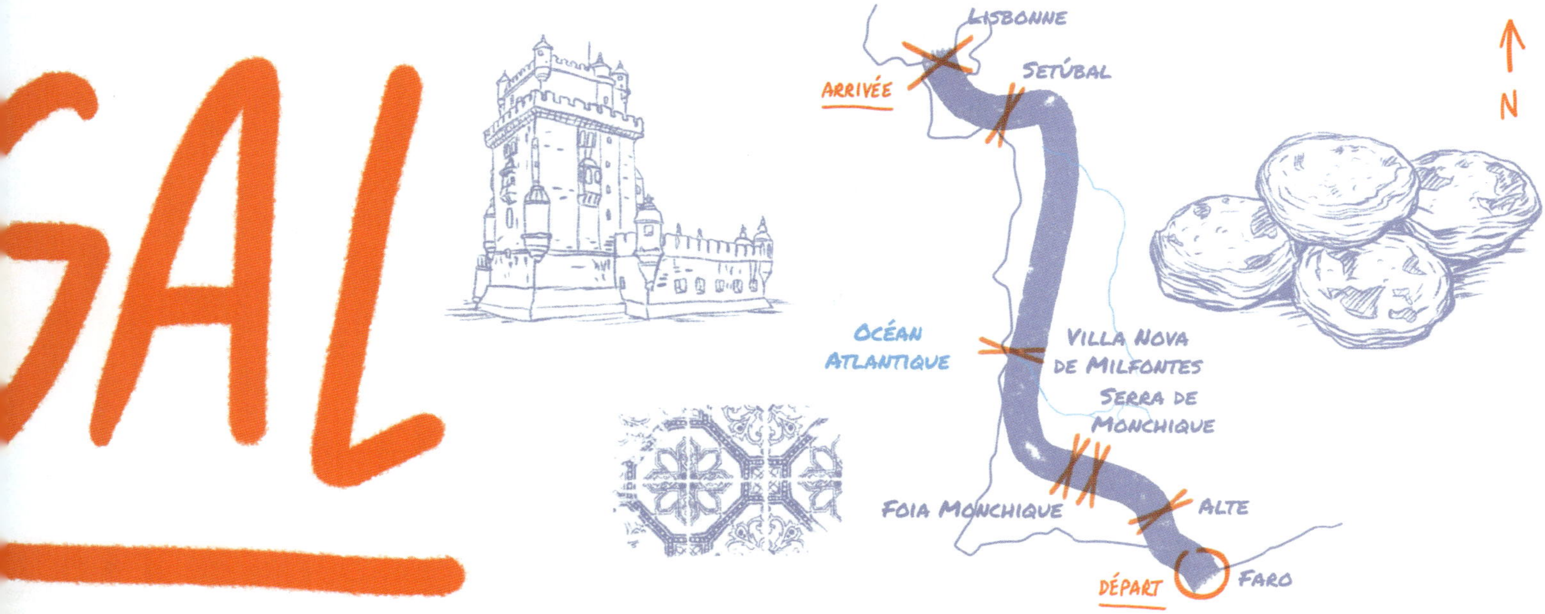

Traverser le Portugal à vélo

Activité	Cyclisme
Difficulté	Intermédiaire
Pays	Portugal
Lieu	Sud du pays
Durée	Cinq jours

J'ai eu la chance de traverser beaucoup de pays à vélo, mais l'une des traversées qui m'a le plus marqué est sans aucun doute celle du Portugal. J'ai eu un énorme coup de cœur pour les paysages extraordinaires de ce pays, les succulents plats que j'ai dégustés et la gentillesse de ses habitants. Je vous raconte tout ça !

L'aventure commence tout au sud du pays, dans l'Algarve, à Faro. J'adore le cœur historique de cette ville, la "Cidade Velha", avec son dédale de ruelles pavées et étroites, bordées de maisons blanchies à la chaux, de petits commerces traditionnels et de cafés accueillants. Les façades des immeubles sont souvent ornées d'azulejos, ces carreaux de céramique colorés typiques du Portugal. Et, moi qui étais comme un dingue après avoir vu deux cigognes à Colmar, en Alsace, je me suis senti bien ridicule lorsque j'ai découvert que la vieille ville de Faro abritait plusieurs centaines de cigognes ! Il y a des nids sur tous les toits de la ville ! Je passe donc ma première soirée au Portugal à admirer ce magnifique oiseau voyageur à qui l'on m'a souvent comparé.

Le lendemain, avant le départ, je prends le temps de me baigner à la superbe plage de sable doré d'Ilha de Faro, aux eaux calmes et cristallines, qui s'étend sur plusieurs kilomètres. Parfait pour commencer une longue journée ! Une fois mon vélo récupéré et mes sacs chargés, je m'élance pour cette traversée depuis la très belle cathédrale de Faro, en direction de l'intérieur des terres. Dès la sortie de la ville, alors que les routes deviennent plus tranquilles, je me trouve entouré de vastes champs verdoyants et de vergers luxuriants. Un doux parfum d'agrumes flotte dans l'air, et je sens que je vais me régaler tout le long du chemin en cueillant à droite à gauche des cerises, des oranges ou encore des figues ! Au fur et à mesure que je me rapproche du village traditionnel d'Alte, où je vais passer la nuit, je commence à apercevoir les collines qui l'entourent ; enfin apparaît l'immense drapeau portugais peint sur la montagne au-dessus du village. Situé en plein centre de la région, très authentique et préservé du tourisme de masse, celui-ci m'accueille avec ses ruelles pavées, ses maisons blanches et des fleurs colorées à tous ses balcons. Absolument charmant ! Mais, attention aux

Côte de l'Alentejo près de Praia do Malhão

Chênes-lièges

LE LIÈGE

Durant ma traversée à vélo, j'ai été impressionné par la beauté des forêts de chênes-lièges, mais aussi par leur très grand nombre. J'ai appris depuis que le Portugal est le plus grand producteur de liège au monde, avec plus de 60% du volume des exportations mondiales ! L'écorce épaisse et rugueuse de ces chênes, composée de cellules de liège, peut être récoltée sans abattre l'arbre, ce qui en fait une ressource renouvelable et durable que je trouve forcément passionnante. Dans l'Algarve, la récolte de liège, connue sous le nom de démasclage, est une pratique traditionnelle séculaire. L'écorce est soigneusement retirée des troncs des chênes-lièges tous les 9 à 12 ans, ce qui permet à l'arbre d'en régénérer une nouvelle. Ici, ce processus est réalisé par des artisans qu'on appelle les "tiradores de cortiça". Autre fait passionnant, l'épaisseur de leur écorce protège les arbres des incendies et des températures extrêmes que connaît la région. Sur le plan économique, l'industrie du liège est d'une importance vitale pour l'Algarve, et pour le Portugal dans son ensemble. Le liège est utilisé dans la fabrication de produits variés, tels que les bouchons de bouteilles de vin bien sûr, mais aussi pour les revêtements de sol, les isolants, et même, de plus en plus, dans l'industrie de la mode.

calçadas, ces fameuses rues pavées typiques du Portugal : elles sont très glissantes, et encore plus avec des chaussures à clips de vélo ! Une fois mes affaires posées à l'hôtel, je fonce découvrir une belle cascade de 16 m de haut située dans les environs, la Queda do Vigário, dont j'ai entendu parler. Même si je n'ai roulé que 60 km aujourd'hui, il fait très chaud en ce mois de mars, et je n'hésite pas une seconde à me jeter dans l'eau glacée, sous les regards éberlués des habitants pour qui l'eau est bien trop froide.

Le deuxième jour, au petit déjeuner, je dévore une tarte à la figue et aux caroubes, une spécialité de l'Algarve. Tout comme l'amandier, le caroubier est un arbre très présent dans la région, et ses fruits sont beaucoup utilisés dans sa cuisine. C'est exactement ce qu'il me fallait comme carburant pour démarrer cette journée qui s'annonce corsée, avec une étape de près de 100 km dans les paysages vallonnés et boisés de l'Algarve !

C'est parti pour une nouvelle étape où je vais pédaler sur des routes sinueuses, gravir des pentes escarpées et être récompensé par des vues panoramiques à couper le souffle. Après avoir quitté Alte, je me dirige vers l'ouest, m'éloignant des plaines agricoles pour entrer dans les montagnes de l'Algarve. À mesure que je progresse, les pentes deviennent plus prononcées et les routes plus sinueuses. Plus j'atteins les hauteurs de la Serra de Monchique, une chaîne de montagnes qui domine la région, plus les pentes dépassent les 10%. Mes mollets sont en feu. La chaleur du sud du Portugal me fait transpirer à grosses gouttes, mais ça ne me dérange pas, car je suis venu pour ça : j'aime souffrir à vélo, et atteindre les cols qui se dressent devant moi est un nouveau défi relevé ! Je me trouve bientôt entouré de forêts denses de chênes-lièges et d'eucalyptus qui bordent la route. Pendant l'ascension, je m'arrête à plusieurs reprises pour admirer la beauté naturelle de ces forêts, respirer l'odeur du liège... et reprendre mon souffle !

L'avantage avec le vélo, c'est que je dépense énormément de calories, et, par conséquent, j'ai encore plus d'appétit que d'habitude ! Et la bonne nouvelle, c'est que la cuisine portugaise est véritablement succulente, et que les spécialités sont très abordables dans les petits villages de la région. Aujourd'hui, je m'arrête donc pour la quatrième fois dans une boulangerie locale pour dévorer des *pastéis de nata* et des pâtisseries à l'amande, l'autre spécialité du pays ! J'arrive enfin dans le charmant village perché de Monchique, où je vais passer la nuit. Ses rues pavées étroites sont bordées de maisons blanchies à la chaux et abritent des cafés pittoresques et des petits commerces ; il est très agréable d'y flâner tranquillement après une journée à pédaler !

Le lendemain, après avoir englouti une nouvelle tarte aux amandes et un jus de figue, je m'élance sur la route pour une très longue étape dans les montagnes, avec beaucoup de dénivelé. Sous un soleil de plomb, après avoir grimpé des pentes allant jusqu'à 13% pendant près d'une heure, j'atteins le plus haut sommet de l'Algarve, le Foia Monchique. Je vous laisse imaginer la joie que me procure la descente exaltante au milieu de panoramas spectaculaires sur les montagnes ! Je me sens tellement vivant et connecté à la nature tandis que je dévale les routes, avec une légère brise me rafraîchissant le visage. Le bonheur ! Alors que je poursuis mon aventure, les paysages changent progressivement. Les collines verdoyantes font place à des plaines ondulantes, parsemées de champs d'oliviers et de vignobles. C'est une belle campagne portugaise, avec ses nuances de vert et de doré et ses odeurs qui me font voyager. Les villages pittoresques et colorés qui la parsèment ajoutent une touche de charme à mon voyage, et, bien évidemment, j'y teste à chaque fois les cafés portugais et les pâtisseries locales. C'est certain à présent, même en roulant 100 km par jour, c'est encore une aventure qui va me faire prendre du poids ! À mesure que je me rapproche de la côte de l'Alentejo, l'air marin se fait sentir. Je suis enthousiaste à l'idée d'atteindre Vila Nova de Milfontes, une ville côtière très réputée pour sa localisation à l'embouchure du fleuve Mira.

Les paysages deviennent de plus en plus captivants, avec des falaises abruptes tombant dans la mer et des plages de sable doré s'étendant à perte de vue. Les vagues se brisent avec fougue sur les rochers, créant une symphonie à la fois puissante et apaisante. La route qui longe la côte offre des panoramas à couper le souffle sur l'océan Atlantique. Je m'arrête tous les

« Aujourd'hui, je m'arrête donc pour la quatrième fois dans une boulangerie locale pour dévorer des *pastéis de nata* et des pâtisseries à l'amande, l'autre spécialité du pays. »

À GAUCHE : © SPRINGFIELD GALLERY / STOCK.ADOBE.COM ; À DROITE : © NORMAN / STOCK.ADOBE.COM

kilomètres pour admirer ces vues spectaculaires ; on dirait un mélange des côtes normandes et des calanques de Marseille. Enfin, j'aperçois la ville balnéaire de Vila Nova de Milfontes au loin. Direction la plage : ni une ni deux, j'enlève mes chaussures et mes vêtements avant de plonger directement dans les eaux rafraîchissantes de l'océan. Après cette journée bien remplie à vélo, quel bonheur de se reposer sur la plage jusqu'au coucher du soleil : ses lueurs orangées embrasent le ciel ! Et, encore une fois, rien de tel pour prendre des forces que de se régaler de fruits de mer bien frais et d'un verre de porto dans un restaurant local !

Le lendemain matin, séance d'étirements. Une bonne heure sera nécessaire pour soulager les courbatures des journées précédentes. Je quitte ensuite Vila Nova de Milfontes, impatient de découvrir la côte de l'Alentejo vers le nord. Les premiers kilomètres sont particulièrement spectaculaires, alors que je longe des plages au sable immaculé et des falaises escarpées qui tombent dans l'océan Atlantique. L'eau est d'un bleu turquoise qui me donne plus envie de nager que de pédaler ! Puis, la route commence à sinuer et à grimper à nouveau, et j'enchaîne les kilomètres sur des tronçons surplombant les hautes falaises et longeant ces sublimes paysages côtiers. À mesure que je m'approche de Setúbal, je quitte progressivement la côte pour me diriger vers l'intérieur des terres. Les paysages changent ; collines verdoyantes et vignobles prennent le relais et ajoutent une nouvelle touche de diversité à mon aventure portugaise. Tout en pédalant, je peux sentir les délicieux effluves des vignobles environnants la ville. Finalement, j'aperçois la ville portuaire animée et dynamique de Setúbal, au loin. Avant d'arriver, je visite le très beau Forte de São Filipe. Cette forteresse historique, située sur une colline surplombant la ville, est un véritable joyau architectural et historique, et offre une vue imprenable sur Setúbal, le fleuve Sado et l'océan Atlantique. Me voici pédalant dans les rues animées, observant les bateaux colorés dans le port et l'activité des habitants. Mais, même si la ville est belle, elle reste quand même une ville, et je préfère pédaler jusqu'au village voisin pour trouver une auberge et me reposer de cette journée très fatigante, des paysages sublimes et variés en tête.

Arrivée à la tour de Belém, à Lisbonne

C'est le dernier jour de mon aventure ! Je prends la route rempli d'excitation à l'idée de continuer mon voyage à vélo vers Lisbonne, que j'aime tant ! Je longe d'abord l'estuaire du fleuve Sado, puis les petites routes de campagne sinueuses me permettent de m'immerger pleinement dans la beauté de l'arrière-pays. Au fur et à mesure que je m'approche de la capitale portugaise, les routes deviennent beaucoup plus animées, et je sens l'effervescence urbaine approcher. Les derniers kilomètres de l'étape sont assez stressants à cause du nombre élevé de voitures et de mon retour à la "civilisation", mais aussi particulièrement excitants, car j'aperçois les premiers signes de la métropole.

J'arrive enfin dans ce que j'appelle Rio de San Francisco : un mélange entre Rio de Janeiro et San Francisco, à cause des deux monuments que j'ai devant moi ! Le premier est le pont du 25-Avril, qui relie les rives nord et sud du Tage ; avec sa couleur rouge, ce pont suspendu me rappelle le célèbre pont du Golden Gate de San Francisco (je suis d'ailleurs allé trois fois à San Francisco, mais je n'ai jamais réussi à l'apercevoir en entier ; il était toujours caché par la brume locale !). Cette version lisboète est haute de 190 m et longue de 2,2 km. Et, se dressant majestueusement sur la rive sud du Tage, à Almada, j'aperçois le Cristo Rei, une statue emblématique du Christ les bras ouverts, qui offre une vue imprenable sur toute la ville. La ressemblance est frappante avec le célèbre Christ Rédempteur de Rio de Janeiro, au Brésil. La statue du Cristo Rei mesure environ 28 m de haut et repose sur un grand piédestal de 82 m de hauteur.

Côte de l'Alentejo, Vila Nova de Milfontes

Pour l'avoir visité plusieurs fois, je peux vous dire que les escaliers internes en colimaçon qui montent au sommet ne sont pas conseillés aux personnes qui ont peur du vide.

Une fois de l'autre côté du Tage, je me dirige avec mélancolie vers la destination finale de mon aventure, la tour de Belém. Ce monument emblématique de Lisbonne, classé au Patrimoine mondial de l'Unesco, a été érigé pour servir de point de défense et de surveillance à l'entrée du port de la capitale, ainsi que pour célébrer les explorations maritimes portugaises. Au fur et à mesure que je m'approche de ce superbe monument, je réalise que c'est la fin de mon aventure. Une fois de plus, j'aurai été conquis par ce pays, par la diversité et la beauté des paysages que j'ai pu traverser à vélo, par ses spécialités délicieuses, mais aussi par la gentillesse de ses habitants. Après cette aventure de 500 km, j'ai les jambes en miettes, mais le cœur rempli de moments inoubliables. Merci le Portugal, et à très bientôt !

FEUILLE DE ROUTE

Départ	Faro
Arrivée	Lisbonne
Distance	500 km
Comment s'y rendre	En avion ou en train jusqu'à Faro.
Quand s'y rendre	Je recommande les mois de mars à mai pour éviter les grandes chaleurs de l'été.
Les indispensables	Tout le matériel du parfait cycliste et des barres énergétiques "coup de fouet" pour les moments difficiles.

ESPAG

NE

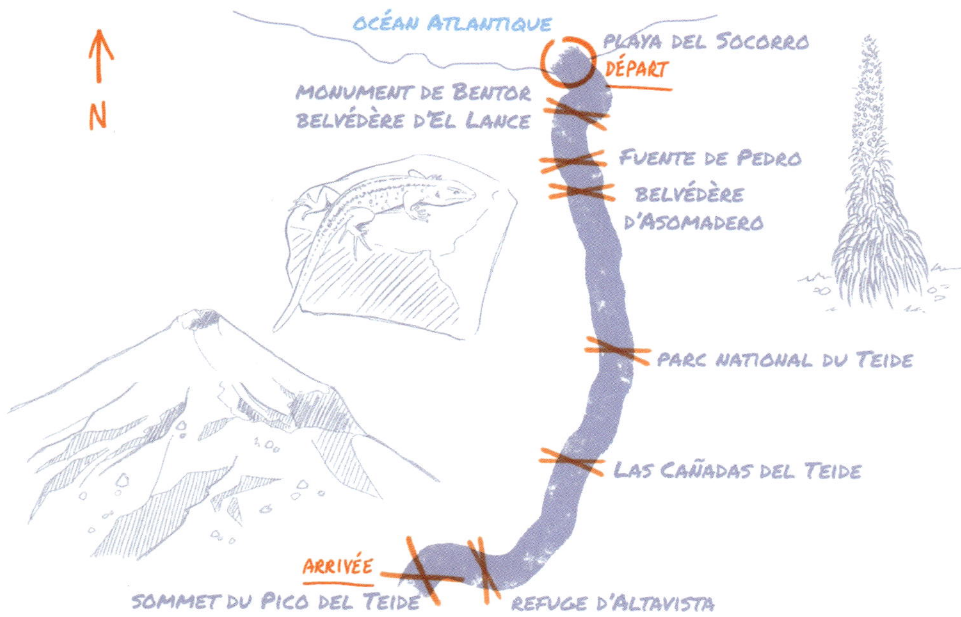

Grimper au sommet d'un volcan depuis la mer

Activité	Randonnée
Difficulté	Difficile
Pays	Espagne
Lieu	Île de Tenerife, Canaries
Durée	Une journée

Chaussez-vous bien, car, aujourd'hui, nous allons réaliser l'ascension de l'un des plus hauts volcans du monde : le Teide ! Après le Mauna Loa et le Mauna Kea, situés à Hawaii, le Teide est la troisième plus haute structure volcanique au monde si on le mesure depuis le fond marin. Et ça tombe bien, car c'est depuis la plage que je vous propose de relever ce défi intense, une ascension non-stop durant une journée entière !

Situé sur l'île de Tenerife, dans l'archipel des Canaries, le Pico del Teide est un stratovolcan, ce qui signifie qu'il est formé de couches successives de lave et de matériaux volcaniques. Culminant à 3 718 m, il s'agit du plus haut sommet d'Espagne et du point culminant des terres émergées de l'océan Atlantique. Bien que le Teide soit considéré comme un volcan dormant depuis plusieurs siècles, il est surveillé en permanence – des mesures de suivi sont en place pour détecter toute activité sismique ou éruption potentielle – car il pourrait se réveiller à tout moment.

La majorité des marcheurs grimpent vers son sommet via le Sentier 7 (Montaña Blanca). Les moins aguerris peuvent prendre le téléphérique du Teide jusqu'à La Rambleta, station d'arrivée, à une altitude d'environ 3 550 m. Reste ensuite, dans les deux cas, à terminer la montée jusqu'au sommet via le Sentier 10 (Pico del Teide). Bien sûr, ce n'est pas du tout ce que je vous propose aujourd'hui ! Si vous me suivez, nous allons partir du point le plus bas de l'île, au niveau de la mer, puis grimper d'une traite jusqu'au cratère, près de 4 000 m plus haut ! Nous allons en fait suivre un trail d'endurance extrême, la Ruta 040, longue de 27,7 km, qui est l'axe le plus direct pour atteindre le sommet. Il n'y a qu'un seul autre endroit sur Terre qui vous permette de faire la même chose : Hawaii. À chaque voyage, je trouve d'ailleurs qu'il y a beaucoup de similitudes entre Hawaii et les îles Canaries.

Notre aventure commence donc très tôt le matin à la Playa del Socorro, sur la côte nord de l'île. Depuis la plage, j'observe un superbe lever du soleil, tandis que les vagues se brisent sur les gigantesques falaises rocheuses qui bordent le littoral. Le sentier commence au milieu d'une bananeraie, où j'ai cueilli mon petit déjeuner un peu plus tôt. Le chemin, qui traverse encore villes et villages, est déjà particulièrement raide et je sens que mes jambes vont souffrir! Après les 540 m d'un dénivelé durant lequel j'ai l'impression que mon cœur va lâcher et que mon corps ne se remettra jamais en route, j'arrive au belvédère d'El Lance, où l'on peut voir le monument de Bentor, le dernier roi des Guanches (les autochtones berbères qui peuplaient l'île avant les Espagnols) qui, plutôt que de se rendre aux troupes castillanes, décida de se jeter dans ce même ravin en 1495. Sept kilomètres plus tard, j'atteins enfin le palier des 1 000 m. Il n'est que 7h30 du matin, mais il fait déjà très chaud et mes mollets brûlent. Cette journée va être interminable!

Un peu plus loin, on arrive à la Fuente de Pedro ; cette fontaine est le dernier endroit qui permet de remplir vos gourdes et CamelBak (un sac à dos d'hydratation). N'hésitez pas à faire provision d'eau, vous en aurez besoin! Quelques centaines de mètres plus loin, j'arrive au belvédère d'Asomadero, à 1 100 m d'altitude – c'est la première fois que je peux enfin apercevoir l'imposant Pico del Teide. Que le sommet semble loin! J'ai quitté les villages pour arriver dans de sublimes forêts de pins canariens. Connues sous le nom de pinèdes de Las Cañadas, elles offrent une oasis fraîche et ombragée où j'aurais bien envie de rester de longues heures. Malheureusement, je sais que le temps dans cet éden sera court et qu'un paysage beaucoup plus dévasté m'attend! Je profite au maximum de l'odeur des pins et des bruits de la nature environnante, un vrai paradis bucolique, avant d'attaquer le monde plus minéral du volcan.

Arrivé à près de 2 000 m, les pins disparaissent soudainement pour laisser place à une végétation de garrigue. Il n'y a plus d'ombre et la chaleur devient accablante, même en ce mois d'avril. Ma montre indique 38°C et il n'est même pas 11h... Très vite, j'atteins l'entrée du parc national du Teide, gardée par une clôture en bois. À partir de là, je parcours les 2 km du Sentier 29 (Degollada del Cedro), puis j'arrive à l'intérieur de Las Cañadas del Teide, la caldeira du volcan, où je commence à marcher dans du sable très fin, semblable à ce que j'ai pu trouver sur la plage ce matin avant de partir. J'ai devant moi un véritable désert! À près de 2 280 m d'altitude, les choses redeviennent sérieuses. La pente recommence à être très forte, et il m'est de plus en plus pénible de progresser en montée dans le sable. Après une autre heure d'ascension abrupte, je parviens au Sentier 7 (Montaña Blanca).

À mesure que je me rapproche du sommet du Teide, les paysages deviennent de plus en plus lunaires. Les coulées de lave et les champs de cendres créent une atmosphère fascinante. J'ai l'impression de vivre *Objectif Lune!* Cet impressionnant paysage est parsemé de rares broussailles au milieu de milliers d'anciennes bombes volcaniques (des fragments de lave projetés) et de formes géologiques singulières. On imagine aisément la violence des éruptions du passé. Espérons que le volcan ne va pas décider de se réveiller aujourd'hui. Si c'est le cas, tant pis pour moi, je n'aurai plus la force de courir après cette montée!

À l'approche de la zone de Los Huevos del Teide, le nombre de bombes volcaniques augmente de plus en plus. La dernière éruption notable date d'il y a 1 100 ans et c'est elle qui a formé le cratère actuel du Teide. En continuant mon chemin à travers

LA RICHESSE DES SOLS VOLCANIQUES

Partout où je vais dans le monde, je constate que les zones volcaniques sont souvent surpeuplées et que les versants des volcans sont souvent couverts de cultures. La terre y est en effet d'une fertilité sans égale ! D'ailleurs, avant l'éruption dévastatrice de 79, des habitants de Pompéi cultivaient des vignes à l'intérieur même du cratère du Vésuve. Si les éruptions éliminent dans un premier temps toute la végétation, les particules s'altèrent en grains minuscules peu de temps après – c'est ce que l'on appelle l'argilisation – et alimentent les sols, représentant un véritable engrais tombé du ciel ! Elles contiennent en effet une variété de minéraux et d'éléments nutritifs essentiels à la croissance des plantes tels que le calcium, le potassium, le magnésium et le phosphore. De plus, les sols volcaniques sont souvent bien drainés, ce qui permet aux plantes de bénéficier d'un apport en eau adéquat. Leur texture, souvent fine et meuble, facilite la pénétration des racines des plantes ; la bonne aération du sol favorise en outre le développement des micro-organismes bénéfiques, tels que les bactéries et les champignons, qui contribuent à la décomposition de la matière organique et à la libération des nutriments. Telles sont les principales raisons qui incitent les agriculteurs, ces professionnels dont nous avons tous besoin trois fois par jour, à travailler même sur les pentes de volcans qui peuvent être meurtriers.

les bombes, j'atteins la base du Pico del Teide, à une altitude de 2 725 m et continue de monter. Cette portion est la pire de la journée ! Tout en zigzags, sur moins de 2 km, mais avec une dénivellation de 550 m ! La chaleur est vraiment suffocante malgré l'altitude, et les premières odeurs de souffre commencent à m'écœurer.

Cela fait près de 12 heures que je suis parti lorsque j'arrive au refuge d'Altavista, à 3 260 m d'altitude. La majorité des marcheurs, épuisés d'avoir grimpé depuis le parking du sentier de Montaña Blanca, s'arrêtent ici pour se reposer et passer la nuit. Ce n'est pas mon projet, et je n'oublie pas mon objectif de faire l'aller-retour durant la même journée. Exténué, je continue mon chemin. Après quelques kilomètres d'ascension sous une chaleur étouffante, j'arrive au Sentier 11 (Mirador de la Fortaleza), qui rejoint le Sentier 10, celui qui mène au sommet du Pico del Teide, à 3 350 m d'altitude. Au cours de mon ascension, les sols prennent des teintes jaunes et rouges, l'odeur de soufre et les fumerolles deviennent de plus en plus fortes, je tousse beaucoup et les yeux me piquent de plus en plus.

Enfin, après quelque 15 heures d'effort, j'atteins le plus haut sommet d'Espagne et de toutes les terres émergées de l'Atlantique ! La vue panoramique est spectaculaire, je vois toute l'île de Tenerife ainsi que les autres Canaries, et même le continent africain, au loin! C'est une juste récompense après cette dure journée d'ascension! Ému par ce sublime coucher du soleil, je dois pourtant me souvenir que je n'ai fait que la moitié du chemin et qu'il me reste tout le trajet du retour à effectuer jusqu'à la plage, à la seule lumière de ma lampe frontale! Mes genoux vont encore me maudire...

FEUILLE DE ROUTE

Départ	Playa del Socorro
Arrivée	Sommet du Pico del Teide
Distance	28 km
Comment s'y rendre	En avion jusqu'à Tenerife puis en bus jusqu'à la Playa del Socorro.
Quand s'y rendre	Je recommande les mois d'avril, mai, juin et septembre pour éviter les plus fortes chaleurs et les foules estivales.
Les indispensables	Des bâtons de randonnée, d'excellentes chaussures de marche avec tige haute et pare-pierres devant, car elles vont extrêmement souffrir durant l'ascension. Une protection maximale contre le soleil pour la tête, les yeux et la peau – le soleil tape très fort à cette altitude et à cette latitude. Beaucoup, beaucoup d'eau : au minimum 6 litres ! Attention : il est nécessaire d'obtenir, en ligne ou sur place, un permis d'accès avant d'emprunter le Sentier 10 qui mène au sommet.

ANDOR

RE

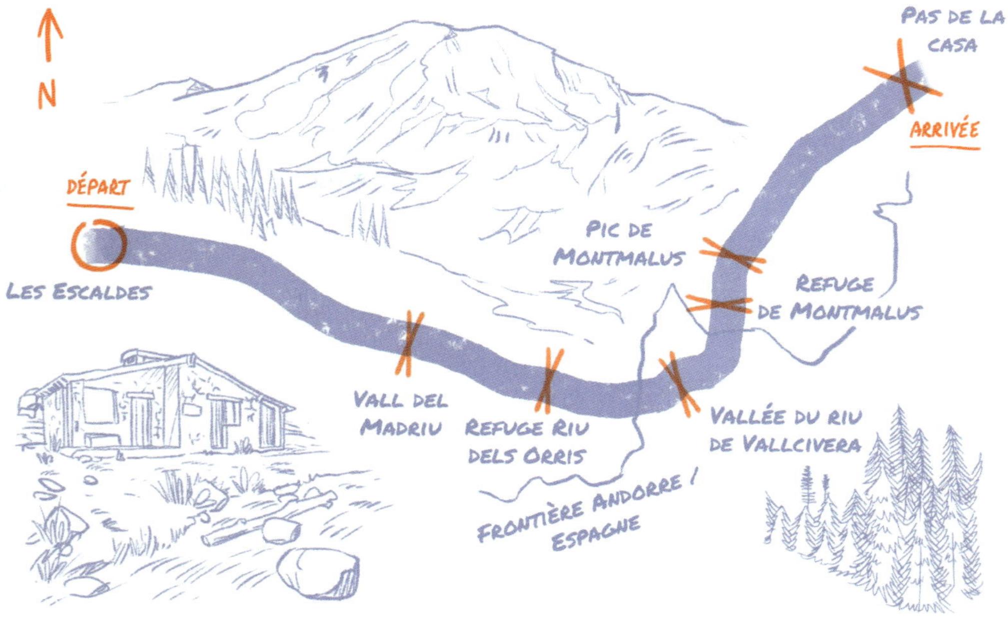

Traverser la principauté des Pyrénées en ski

Activité	Ski de randonnée
Difficulté	Intermédiaire
Pays	Andorre
Lieu	Pyrénées andorranes
Durée	Trois à quatre jours

Chaque année, je passe plusieurs mois dans les grands espaces d'un tout petit pays : la principauté d'Andorre. J'y ai trouvé une tranquillité rare et un parfait terrain de jeu pour pratiquer toutes mes activités outdoor sur les hauts sommets pyrénéens. J'aime particulièrement le fait qu'Andorre attache une très grande importance à la préservation de son environnement naturel. Et, forcément, avec plus de 90% de son territoire recouvert de montagnes, de vallées et de forêts préservées, je ne peux que me sentir bien dans cet environnement !

Andorre est l'un des rares pays au monde à avoir comme forme de gouvernement une "co-principauté" partagée entre le président de la République française et l'évêque d'Urgell, en Catalogne. Malgré le fait que ses chefs d'État soient étrangers, elle jouit d'une grande indépendance et d'une neutralité politique, le pays n'ayant pas participé à des conflits militaires depuis des siècles. Bien qu'une grande partie de la population parle l'espagnol et le français, sa langue officielle est le catalan, une langue que j'ai eu du mal à comprendre lors de mes premières aventures ici !

Le point de départ de ma traversée intégrale de la principauté est Escaldes, une charmante petite ville au cœur des Pyrénées andorranes, située à 1 000 m d'altitude, aux abords de la capitale, Andorre-la-Vieille. Le matin du premier jour, la neige tombe à très gros flocons, il fait -15°C avec le vent, mais je me prépare avec enthousiasme, vérifiant mon équipement, ajustant mes peaux de phoque et réglant mes fixations en mode montée. Mon sac à dos est assez lourd, étant donné que je dois porter des vêtements chauds de rechange, mon duvet pour me réchauffer la nuit, mon matériel de sécurité anti-avalanche ainsi que des provisions suffisantes pour les 3 ou 4 jours que j'ai prévus pour effectuer l'itinéraire. Le premier objectif de cette traversée sera le Vall del Madriu, une superbe vallée glaciaire sauvage et préservée, classée au Patrimoine mondial de l'Unesco, où je viens souvent bivouaquer l'été durant les stages de survie que j'y organise ! Il n'y a pas suffisamment de neige pour skier sur les premiers kilomètres ; le poids de mes skis s'ajoute alors à celui de mon sac. La première partie de l'aventure est raide et exigeante, mais, dès le début, les paysages sont à couper le

LES STAGES DE SURVIE

Chaque été, j'organise des stages de survie-dépassement de soi avec des jeunes de banlieue parisienne qui n'ont malheureusement jamais eu l'occasion de quitter leur quartier ou d'aller beaucoup plus loin que l'Île-de-France. Le but ? Leur faire découvrir tout ce que la nature et la montagne peuvent nous offrir et pourquoi il faut respecter l'environnement, mais aussi leur prouver qu'ils sont bien plus forts et pluriels que ce qu'on a pu leur laisser croire depuis toujours. Les deux premiers jours sont souvent assez difficiles, et beaucoup de participants essaient de me tester pour découvrir les limites de cet inconnu complètement fou qui veut les emmener survivre en montagne sans nourriture ni téléphone. Le moment où je confisque les cartes SIM est toujours le plus tendu d'ailleurs, mais c'est aussi l'un de mes préférés, pour être honnête. Après une dure ascension à travers les sommets, la première nuit à dormir à la belle étoile est souvent source d'angoisse pour eux. Mais, lorsque les étoiles apparaissent et que nous échangeons sur nos vies autour du feu, les carapaces se brisent et l'aventure prend une autre tournure. En moins de 24 heures, ils ont totalement oublié leur téléphone et se rendent compte que c'est la première fois de leur vie qu'ils sont vraiment déconnectés. Dès le deuxième jour, la plupart me remercient et me disent que c'est une sensation incroyable. Après une semaine d'aventures et d'échanges passée à mes côtés, les au revoir sont toujours déchirants, pour eux comme pour moi, mais je suis extrêmement fier d'eux, de voir qu'ils ont su se dépasser, et, pour beaucoup, pu découvrir une nouvelle part d'eux-mêmes qu'ils n'avaient jamais imaginée…

À GAUCHE : © JUAN JO / STOCK.ADOBE.COM ; À DROITE : © JOSEMARIA / STOCK.ADOBE.COM

souffle. Les sapins de la forêt sont sublimement enneigés et je traverse de nombreux ruisseaux gelés, en espérant que la glace tienne sous mon poids. Ça y est, il y a suffisamment de neige : je peux enfin chausser les skis et commencer la longue montée de la vallée ! Après plusieurs heures, j'arrive sur un plateau, où je suis amplement récompensé par une vue panoramique sur les montagnes environnantes, complètement vierges. Voilà pourquoi j'aime tant Andorre : il n'y a personne dans les montagnes et je me sens seul au monde !

Pour la première nuit, j'ai choisi une très vieille maison en pierre perdue sur les hauteurs de la vallée, à 2 260 m d'altitude : le refuge Riu dels Orris. Il peut accueillir seulement deux personnes et est très sommaire, mais, un toit et une cheminée : je n'ai pas besoin de plus ! Je fais brûler du bois que j'ai coupé pour me réchauffer, et, la nuit étant très froide, je regarde la cheminée blotti dans mon sac de couchage. M'endormir avec le feu qui crépite doucement en fond sonore : je suis au paradis !

Après avoir englouti un bon petit déjeuner à base d'avoine et d'amandes pour avoir de l'énergie toute la journée, je m'élance vers ma deuxième destination : une autre vallée magnifique, celle du Riu de Vallcivera, de l'autre côté de la frontière, en Espagne. La montée est longue, car j'avance sur des crêtes oscillant entre 2 800 et 2 900 m d'altitude, mais la vue sur les trois pays, France, Andorre et Espagne, est absolument incroyable ! Avec toute la neige qui est tombée depuis 24 heures, la descente est palpitante : je glisse sur des pentes vierges recouvertes de tonnes de poudreuse, un vrai régal ! Néanmoins, il y a plusieurs coulées d'avalanche dans mon périmètre, donc je reste extrêmement prudent. Si je devais être coincé ici, dans une vallée si reculée, il serait très compliqué pour les secours de venir me porter assistance à temps... Arrivé en bas de la vallée, alors que je reprends ma progression en mode ski de rando, je remarque tout de suite dans la neige fraîche des traces que je ne connais que trop bien : des pas d'ours ! Andorre et cette vallée sont en effet connus pour être le refuge de plusieurs dizaines d'ours bruns. Alors que je suis prudemment les traces, je tombe sur des touffes de poils accrochées à l'écorce d'un arbre, dont le tronc a été lacéré par des coups de griffes. C'est certain, un ours est sorti de son hivernation pour chercher quelque chose à manger ! Comme, une fois de plus, je n'ai pas prévu d'être au menu, je continue ma traversée, direction cette fois le refuge de Montmalus, à quelques heures d'ici, où je vais dormir.

J'aime tout particulièrement ce refuge, qui se trouve dans une vallée isolée, au pied d'un immense et superbe lac gelé, encerclé de pics sur lesquels on peut observer des dizaines de chamois sauter de paroi en paroi tels des funambules des cimes. Après avoir démarré un feu à l'extérieur, je sors deux fromages locaux appelés *pletiu* et *boïga*, que je transporte depuis trois jours et qui ont bien parfumé mon sac à dos ! Emballés dans du papier d'aluminium, je les laisse fondre un peu à côté de mon feu et les savoure avec du pain aux noix en contemplant le ciel très étoilé : encore une soirée au paradis !

« Voilà pourquoi j'aime tant Andorre : il n'y a personne dans les montagnes et je me sens seul au monde ! »

Le lendemain, après une bonne nuit de sommeil, j'attaque la dernière partie de ma traversée, et pas la moindre : il me reste, dans un premier temps, une très grosse montée jusqu'au sommet du Montmalus, situé à 2 781 m d'altitude. Une fois arrivé en haut, en nage malgré le froid, j'éprouve un sentiment que je connais bien, et que je n'aime pas du tout. C'est celui du retour à la civilisation après avoir passé plusieurs jours seul en pleine nature. De l'autre côté de ce sommet s'étend en effet Grau Roig, un secteur de la plus grande station de ski des Pyrénées, Grandvalira. Me voici donc descendant une piste parmi des centaines d'autres skieurs avant d'entamer la dernière grande montée de mon périple : la piste noire la plus longue et raide de la station. À plusieurs reprises, malgré le fait que je sois vraiment sur le côté, je dois éviter la collision avec des skieurs néophytes. Cela me change beaucoup de ma vallée perdue avec les ours ! Me vient alors la pensée que je préfère leur compagnie à celles des humains… Voilà, j'y suis enfin : je redescends doucement vers le Pas de la Casa, probablement l'une des villes les plus laides où j'aie vécu, avec ses innombrables magasins de vente d'alcools et de cigarettes à des prix défiant toute concurrence. Mais je me sens toujours aussi amoureux des sublimes paysages qu'offre ce petit pays, dont les vraies merveilles sont si peu connues.

FEUILLE DE ROUTE

Départ	Escaldes
Arrivée	Pas de la Casa
Distance	Environ 30 km
Comment s'y rendre	En train jusqu'à Andorre-la-Vieille ; de là, un bus relie régulièrement Escaldes.
Quand s'y rendre	Pour cette traversée hivernale en ski, de décembre à avril ; l'itinéraire est réalisable à pied le reste de l'année.
Les indispensables	Tout l'équipement de ski de randonnée, le plus léger et efficace possible. Des peaux de phoque, des crampons et des piolets légers. Il faut impérativement emporter tout le matériel de sécurité : détecteur de victime d'avalanche (DVA), pelle, sonde et trousse de secours pour chacun des participants. Un sac à dos de 40 l, un duvet température confort 0°C minimum et des vêtements techniques et chauds. Et, bien évidemment, toute la panoplie pour se protéger du soleil à ces altitudes !

Pas de la Casa

FRANCE · SU

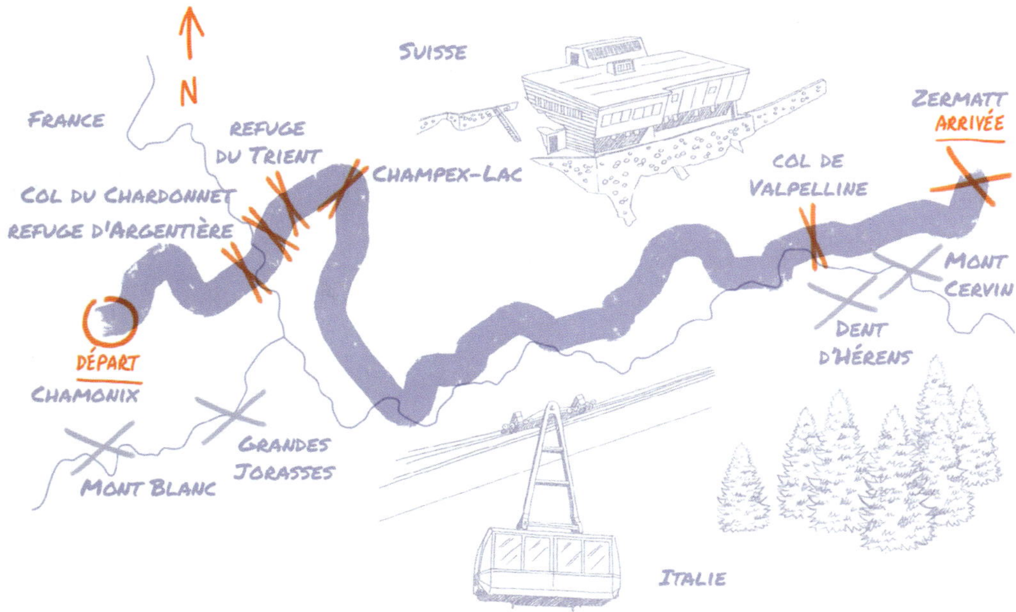

Suivre la mythique Haute Route de Chamonix à Zermatt en ski de rando

Activité	Ski de randonnée
Difficulté	Difficile
Pays	France, Suisse
Lieu	Alpes
Durée	Sept jours

Nous voici partis aujourd'hui pour la Haute Route, un raid en ski de randonnée incontournable pour tous les amoureux de la montagne, reliant les deux capitales mondiales de l'alpinisme : Chamonix, en France, et Zermatt, en Suisse. Débutant à Chamonix, au cœur du massif du Mont-Blanc, cette traversée glaciaire s'achève environ 100 km plus loin, au pied du sublime Cervin, le douzième sommet le plus haut de toutes les Alpes, et aussi l'un des plus connus. Plusieurs itinéraires sont possibles pour cette traversée, mais mon préféré est celui qui part d'Argentière par le téléphérique des Grands-Montets.

Attention, le chemin est long et difficile. À cela s'ajoutent les risques certains liés à la montagne de haute altitude, comme le mal des montagnes, qui vous touchera dès les 3 000 m, les avalanches, les crevasses, ou bien encore les congères… Par conséquent, à moins d'être un skieur chevronné habitué aux longues traversées en terrain glaciaire, je vous recommande vraiment d'effectuer ce raid accompagné d'un guide de haute montagne, pour votre sécurité mais aussi pour votre confort. Le départ se fait donc pour moi au Bureau des guides de Chamonix. Située à une altitude d'environ 1 000 m, la commune est nichée au pied du plus haut sommet des Alpes : le mont Blanc (4 808 m). Avec mon guide, nous empruntons la télécabine de Lognan-Les Grands Montets pour gagner de l'altitude rapidement et atteindre le domaine skiable de la vallée de l'Argentière. Le paysage est déjà magnifique, avec les glaciers des Grandes Jorasses et de l'aiguille Verte qui se dressent devant moi. Une fois sorti des remontées mécaniques, je commence la première descente de la journée en direction du glacier d'Argentière, d'une beauté sans nom, mais que je vois malheureusement fondre à vue d'œil depuis que je suis petit. Puis commence l'ascension, avec pour objectif d'atteindre le refuge d'Argentière, qui se trouve à une altitude d'environ 2 770 m. La montée est progressive, mais comme il s'agit de la première montée de l'aventure, j'ai le palpitant qui bat à 180 ! Nous suivons un itinéraire bien balisé à travers des pentes très enneigées tout en évitant les nombreuses zones de crevasses des glaciers qui nous entourent. La vue se dégage au fur et à mesure que nous gagnons de l'altitude, offrant des panoramas grandioses sur les sommets alpins et les glaciers scintillants sous le soleil. En quelques heures, ça y est, je me sens totalement immergé, seul au monde, en plein cœur de mes chères montagnes. Après plusieurs heures d'effort, nous atteignons enfin le refuge d'Argentière. Nous passons la soirée avec les gardiens et d'autres skieurs partis sur ce même itinéraire, autour d'une raclette bien méritée. Comme d'habitude, je ne sais pas m'arrêter, et je vais le regretter toute la nuit…

Au matin, après une courte nuit, j'admire avec émotion les immenses glaciers, les séracs suspendus et les parois rocheuses qui dominent toute la vallée sous un ciel bleu-rosé. Notre destination est le refuge du Trient, situé à une altitude d'environ 3 170 m. La première partie de la journée, nous descendons du refuge d'Argentière dans une poudreuse incroyable vers le glacier du Tour. La vue sur les aiguilles et les séracs environnants est à couper le souffle. Une fois arrivé au glacier du Tour, j'enfile mes peaux de phoque pour entamer l'ascension du col du Chardonnet, qui se situe à plus de 3 800 m d'altitude. Voici le premier gros défi de cette aventure, et je sais que cela va être difficile.

L'ascension est très raide et demande vraiment une bonne maîtrise des conversions (le positionnement des skis et des bâtons pour évoluer en lacets dans une montée). Nous avançons lentement, mais sûrement, en zigzaguant à travers les pentes enneigées. À cette altitude, j'ai du mal à retrouver mon souffle et le mal des montagnes commence à se faire sentir. Ouf ! Nous arrivons au sommet, où je suis récompensé par une incroyable vue

Mont Cervin

LE CERVIN

Les parois rocheuses du mont Cervin (Matterhorn en allemand) sont escarpées et impressionnantes, et ses quatre arêtes principales se dirigeant vers les quatre points cardinaux lui donnent une remarquable forme pyramidale quasi symétrique. Pointues et s'élevant majestueusement vers le ciel, elles ont été rendues mondialement célèbres par les exploits d'alpinistes. Mais le Cervin est aussi devenu connu dans le monde grâce au logo d'une marque de chocolats suisses de forme également pyramidale que nous connaissons tous. Eh bien, pour des raisons légales, c'en est fini de ce logo ! Comme les chocolats de la célèbre marque ne sont plus exclusivement produits en Suisse, mais aussi en Slovaquie, elle n'a plus le droit d'orner ses emballages du Cervin. Une autre montagne pointue, plus moderne, l'a remplacé. En revanche, le profil de l'ours caché dans le flanc du Cervin a, lui, bel et bien été conservé. Vous ne l'aviez jamais remarqué ? Regardez attentivement la prochaine fois que vous en mangerez…

panoramique sur tous les massifs et sommets emblématiques des Alpes. Je peux voir les Écrins, les pyramides des aiguilles d'Arves, ma chère Chartreuse, Belledonne... C'est absolument merveilleux ! Après avoir descendu le col du Chardonnet, nous entamons la descente vers ce qu'il reste du glacier d'Orny. C'est une partie vraiment technique, avec des pentes raides et des passages étroits entre les rochers. Nous skions avec précaution, en choisissant les meilleures lignes pour éviter les crevasses et contourner les dangers. La dernière montée jusqu'au refuge du Trient est moins intense que celle du col du Chardonnet, mais elle puise vraiment dans mes dernières ressources. Encore une soirée où je vais tout dévorer !

Le lendemain, après une nuit courte une fois de plus, notre objectif est le village alpin de Champex-Lac, en Suisse. Après la descente du refuge du Trient jusqu'au glacier du Trient, nous continuons notre progression à travers une vaste étendue de neige immaculée jusqu'au col des Grands, à 2 900 m d'altitude. L'ascension est progressive, mais les courbatures des jours précédents commencent à piquer. Heureusement que j'ai une bonne playlist dans les oreilles pour me booster dans ces moments-là ! La descente vers Champex-Lac est une véritable récompense pour nos efforts : la poudreuse exceptionnelle à travers des forêts d'épicéas enneigées crée une ambiance totalement féerique. Enfin, nous arrivons dans ce village pittoresque situé au bord d'un superbe lac. Nous y trouvons un hébergement chaleureux pour la nuit, et, forcément, comme nous sommes maintenant en Suisse, une fois de plus affamé après les efforts de la journée, je teste toutes les spécialités fromagères du restaurant. Heureusement que mes journées brûlent pas mal de calories, sinon, à ce rythme, j'aurais déjà pris 10 kg !

Les quatre jours suivants sont à l'image des premiers : de longues ascensions très raides (notamment le col de Bertol et le col de l'Évêque), des descentes techniques, mais jouissives, dans une neige haute et fraîche, des nuits en refuge à me gaver de fromage en bonne compagnie et, surtout, une succession de glaciers et de sommets tous plus extraordinaires les uns que les autres !

Le dernier jour, nous voilà enfin au pied du col de Valpelline, à 3 554 m. La dernière montée de notre traversée est récompensée, une fois arrivés en haut, par une vue sur le Cervin à couper le souffle ! Voir enfin en vrai, et pas seulement sur une tablette de chocolat suisse, cette spectaculaire pyramide de 4 478 m, est un moment inoubliable qui constitue l'apothéose de cette traversée légendaire.

Je ressens quelque chose entre soulagement et mélancolie de savoir la fin de l'aventure toute proche. Le temps est venu pour nous d'amorcer notre descente sur Zermatt en passant au pied de la dent d'Hérens (4 171 m). Je suis ému et heureux : c'est probablement l'une des plus belles descentes des Alpes, voire du monde ! Une fois à Zermatt, nous célébrons bien sûr notre réussite en dégustant une délicieuse fondue suisse, histoire de prendre encore quelques kilos, tout en contemplant sa majesté le Cervin dominant la ville, au coucher du soleil.

FEUILLE DE ROUTE

Départ	Chamonix
Arrivée	Zermatt
Distance	100 km
Comment s'y rendre	En train jusqu'à Chamonix.
Quand s'y rendre	De mi-mai à mi-juillet, les paysages sont encore plus beaux et la Haute Route est relativement peu fréquentée.
Les indispensables	Prévoyez tout l'équipement de ski de randonnée, le plus léger et efficace possible. Des peaux de phoque, des crampons et des piolets légers. Emportez impérativement tout le matériel de sécurité, détecteur de victime d'avalanche (DVA), pelle, sonde et trousse de secours. Un sac à dos de 40 l et des vêtements techniques et chauds. Et, bien évidemment, tout le kit pour se protéger du soleil à ces altitudes !

FRANCE · · ITAL

UISSE
E

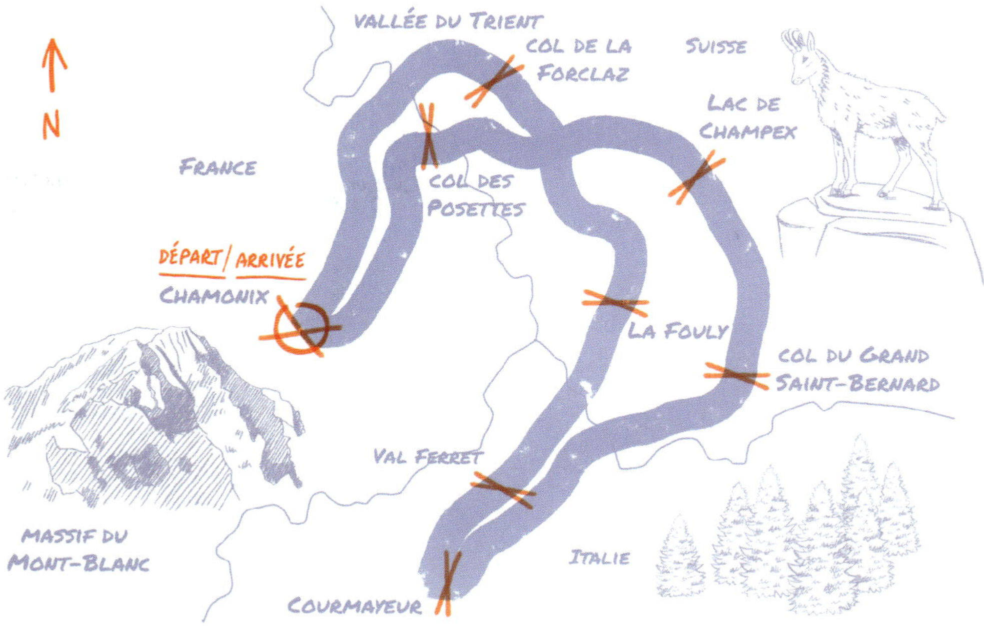

Faire le tour du mont Blanc à cheval

Activité	Équitation
Difficulté	Intermédiaire
Pays	France, Suisse et Italie
Lieu	Alpes
Durée	Huit jours

Pour cette nouvelle aventure équestre, je vous invite chez moi, dans les Alpes, au pied du mont Blanc! Nous partons faire le tour du plus haut sommet d'Europe occidentale. Avec des cols à plus de 2 000 m d'altitude à franchir à cheval et des journées de 7 à 8 heures de cavalcade, préparez-vous pour une autre équipée inoubliable!

L'aventure à cheval est beaucoup moins connue que le fameux tour du mont Blanc à pied ou l'ultra-trail du mont Blanc, et pourtant, quelle épopée! L'itinéraire, qui traverse environ 240 km de sentiers de montagne bien balisés, permet de découvrir les magnifiques paysages des Alpes françaises, suisses et italiennes. Il faut 8 jours en moyenne pour accomplir l'ensemble du circuit, en fonction du rythme et des pauses choisies. Le terrain n'est pas simple et varie tout au long du parcours, alternant sentiers de montagne très escarpés sur lesquels il ne faut pas avoir le vertige, surtout perché sur son cheval, et descentes abruptes très fatigantes, autant pour le cavalier que pour sa monture. J'ai choisi un cheval de Mérens, calme et docile, avec la corpulence parfaite pour cette aventure en montagne, que je renomme immédiatement Dahu, du nom de cet animal montagnard imaginaire que nous aimons faire passer pour réel aux “monchus”, les touristes comme on les appelle ici.

Attention, je précise qu'il est très important de posséder une solide expérience équestre et d'être en bonne condition physique, car les longues heures de randonnée sont épuisantes. À plusieurs reprises, il est recommandé de passer les cols à pied pour ménager votre compagnon de route.

Comme souvent, le soleil brille au-dessus des majestueux sommets alpins comme l'aiguille du Midi ou l'aiguille du Chardonnet qui encerclent Chamonix. C'est ici que débute mon aventure. Après m'être frayé un chemin à travers les bois luxuriants et les prairies verdoyantes de la vallée de Chamonix, où le doux bruit des cloches des vaches résonne dans l'air pur, je monte progressivement vers le col des Posettes, qui offre une vue à couper le souffle sur le massif du Mont-Blanc et les sommets

« Vient ensuite le spectaculaire val Ferret, situé à la frontière de l'Italie et de la Suisse, où les montagnes semblent toucher le ciel. »

environnants. Ce col est l'une des étapes clés du tour du mont Blanc. Il relie la vallée de Chamonix, en France, à la vallée du Trient, en Suisse. À mesure que je m'en approche, la montée devient plus prononcée et les sommets enneigés du massif du Mont-Blanc apparaissent majestueusement, offrant un spectacle époustouflant. Les glaciers scintillants et les parois rocheuses créent un contraste saisissant avec les prairies alpines que je viens de grimper. Une fois là-haut, on peut admirer les sommets emblématiques de l'Aiguille Verte, des Drus et des Grandes Jorasses qui se dressent fièrement à l'horizon, offrant une toile de fond magnifique.

Après avoir franchi la frontière suisse, j'atteins Champex-Lac, entouré de forêts de sapin, et dont le lac aux eaux cristallines reflète les sommets enneigés alentour. À l'arrivée, on est immédiatement séduit par l'atmosphère authentique et paisible de ce charmant village alpin niché dans cet incroyable écrin naturel. Le soir, je m'offre une dégustation des spécialités que proposent les restaurants locaux : une cuisine suisse authentique, sans surprise à base de fromage et de desserts au chocolat. Un vrai régal – même si les prix ne le sont pas !

La prochaine étape est elle aussi mythique, puisqu'il s'agit du col du Grand Saint-Bernard, qui se présente devant Dahu et moi avec une montée vraiment ardue, mais gratifiante. Arrivés au sommet du col, je suis accueilli par l'iconique hospice du même nom, un véritable symbole de l'hospitalité et de l'entraide dans les montagnes. Fondé au XIe siècle, il offrait autrefois un refuge pour les pèlerins et les voyageurs égarés. Aujourd'hui, il apporte une pause bienvenue à mon cheval, avec des installations

LE MONT BLANC

Le 8 août 1786, Pierre Balmat et Michel-Gabriel Paccard réalisent un exploit salué comme une prouesse extraordinaire dans tout le pays : l'ascension du mont Blanc. Repoussant les limites de ce qui était considéré comme possible à l'époque, ils se lancent dans cette aventure audacieuse pour atteindre le sommet, alors considéré comme inaccessible et encore réputé maudit, avec un matériel d'alpinisme extrêmement rudimentaire, une série de cordes et des crampons primitifs. Se frayant un chemin à travers les pentes abruptes et les glaciers, grimpant sans relâche malgré les dangers et les difficultés, ils atteignent finalement le sommet du mont Blanc après de nombreuses heures d'efforts, marquant ainsi la première ascension documentée du plus haut sommet des Alpes. Et d'Europe ? Eh bien non, le mont Blanc n'est pas le plus haut sommet d'Europe ! Avec ses 4 809 m, c'est le plus haut sommet d'Europe occidentale, mais, bien que je sois chauvin et que j'aimerais que cela soit le cas, le plus haut sommet d'Europe est le mont Elbrouz, situé dans le Caucase, en Russie, qui culmine à 5 642 m d'altitude.

idéales pour qu'il puisse se reposer et se restaurer. De mon côté, j'admire au coucher du soleil les paysages à perte de vue.

Le lendemain matin, la descente vers l'Italie, en direction de Courmayeur, est tout aussi spectaculaire. Elle est faite de pentes très escarpées et de sentiers plutôt sinueux qui offrent des panoramas incroyables sur les glaciers environnants; les rayons du soleil se reflètent sur ces immenses murailles de glace, offrant un spectacle étincelant. Comme je suis triste de les savoir en voie de disparition, fondant inexorablement d'année en année… À Courmayeur, je profite de l'ambiance animée et déguste de délicieuses spécialités culinaires. Ici, tout le monde parle parfaitement français, avec un accent à tomber par terre, c'est très étonnant et appréciable à chaque fois que je viens! Avec cet accent, si une Italienne de Courmayeur me demande en mariage, j'aurais du mal à refuser!

Vient ensuite le spectaculaire val Ferret, situé à la frontière de l'Italie et de la Suisse, où les montagnes semblent toucher le ciel. Peut-être les plus beaux paysages de l'aventure! Le murmure apaisant d'un ruisseau accompagne ma progression à cheval et les glaciers étincelants se reflètent dans les lacs alpins tranquilles que je longe, créant des tableaux naturels d'une incroyable beauté. Tout le long de ma traversée, chamois et marmottes s'enfuient à mon passage, montrant à la fois des signes de peur et de curiosité. Depuis mon enfance, je suis bouleversé par l'aisance et la grâce des chamois! L'étape du jour s'arrête dans le pittoresque village de La Fouly, en Suisse.

Le lendemain, après avoir passé le fameux col de la Forclaz, d'où j'admire les sommets suisses et italiens se fondre harmonieusement dans le paysage, mon aventure me ramène à Chamonix. Comme chaque fois, je suis très ému de devoir laisser mon compagnon de route, mais je lui suis aussi extrêmement reconnaissant pour l'aventure exceptionnelle que nous avons vécue tous les deux. En revenant à mon point de départ avec des souvenirs incroyables gravés à jamais dans mon esprit, je suis rempli d'un sentiment d'accomplissement en même temps que celui d'avoir la chance d'être né dans les plus belles montagnes du monde.

FEUILLE DE ROUTE

Départ/arrivée	Chamonix
Distance	Environ 240 km
Comment s'y rendre	Chamonix est à 6 heures de train de Paris, et à 4 heures 30 de Lyon.
Quand s'y rendre	Privilégiez la période de mi-mai à fin septembre pour avoir le meilleur climat et le minimum de neige sur les cols.
Les indispensables	Un casque d'équitation, un pantalon confortable pour monter et des vêtements chauds pour les soirées en altitude. Une bonne paire de lunettes de montagne et de la crème solaire. Prévoyez un peu de vaseline pour éviter les brûlures lorsqu'on monte.

ANGLETE

RRE

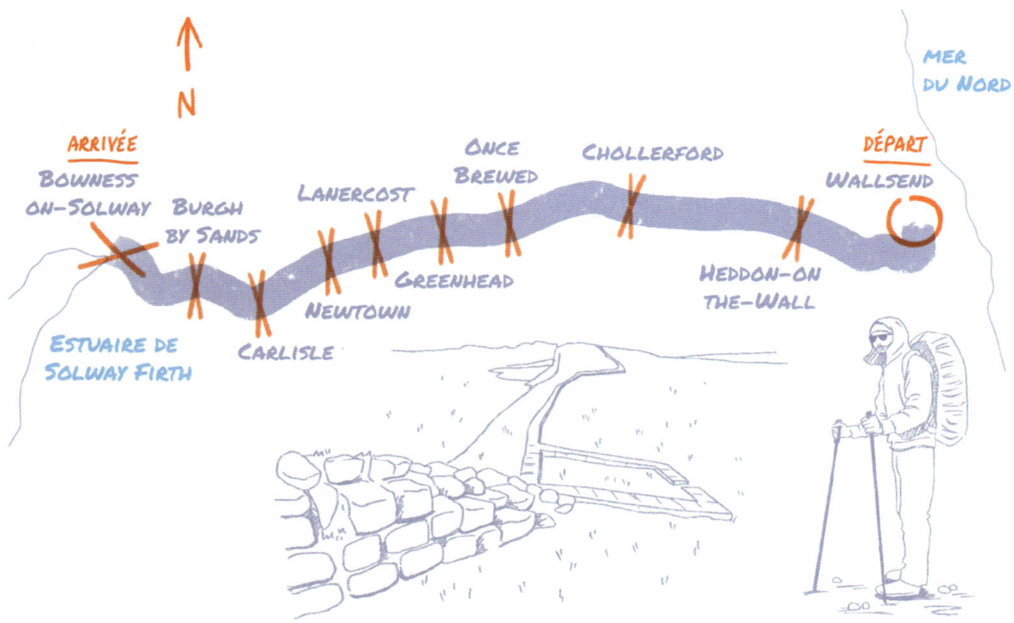

Passer d'une côte à l'autre en longeant le mur d'Hadrien

Activité	Randonnée
Difficulté	Facile
Pays	Angleterre
Lieu	Frontière entre l'Angleterre et l'Écosse
Durée	Une semaine

Pour cette aventure outre-Manche, je vous propose de faire un voyage dans le passé en parcourant le sentier national anglais long de 135 km qui suit le fameux mur d'Hadrien. Construit sous le règne de cet empereur romain au IIe siècle, il est classé au Patrimoine mondial de l'Unesco et est aujourd'hui considéré comme la frontière romaine la mieux préservée au monde. Il y a longtemps que je voulais suivre ce célèbre sentier de randonnée pour admirer les magnifiques paysages du nord de l'Angleterre ! Entourée de collines verdoyantes et venteuses où paissent des troupeaux, dans un paysage qui paraît être la définition même du mot bucolique, cette traversée du pays de la mer du Nord à la mer d'Irlande permet aussi de revenir jusqu'à 2 000 ans en arrière dans une région passionnante, à la frontière avec l'Écosse. Et, bien évidemment, comme nous sommes en Angleterre, il y aura aussi à mon programme des pubs à l'ambiance animée où faire la fête le soir et des petits villages où l'on est accueilli chaleureusement.

Les Romains construisirent le mur d'Hadrien sur la limite nord de leur empire pour contenir les invasions barbares. Conçu comme une fortification très complexe comprenant murs en pierre, fossés, forts et portes fortifiées, il s'étendait sur 117,5 km, avait une hauteur impressionnante de 3 à 6 m et était équipé de tours de guet à intervalles réguliers. Outre sa fonction défensive, il servit également de point de contrôle pour le commerce et les taxes, et fut aussi érigé en un véritable symbole de la puissance romaine. Aujourd'hui, émergeant dans le calme de la campagne anglaise, temples, casernes, postes de guet, forts, tours de garde et autres vestiges anciens, ainsi que des musées, parsèment le sentier. Notez que celui-ci suit d'assez près le tracé du mur, mais pas tout du long comme je l'avais imaginé, seulement sur certaines parties. Étant donné l'histoire très mouvementée du mur, et son ancienneté, il est facile de comprendre pourquoi il n'existe plus dans sa totalité. Autre chose à savoir : la majorité de l'itinéraire s'effectue au milieu de la campagne reculée et passe par de petits villages, mais quelques sections moins sympathiques traversent des villes de la banlieue de Newcastle

et de Carlisle. C'est l'occasion de faire un peu de ravitaillement ! L'itinéraire commence à Wallsend, à l'extrémité est du mur, où se trouve le fort de Segedunum, et se termine à Bowness-on-Solway, près du fort de Maia, à l'extrémité ouest du mur. On peut aussi l'effectuer dans l'autre sens ; de manière générale, mieux vaut en tout cas avoir le vent dans le dos. Les sentiers sont très bien entretenus et le peu d'ascensions en fait une traversée très facile et accessible au plus grand nombre. La section entre Chollerford et Lanercost/Newtown est la partie la plus élevée et sauvage du sentier. C'est là également que le mur est le plus visible, et où l'on trouve plusieurs forts romains importants (Chesters, Housesteads, Vindolanda, Birdoswald) dont l'état de conservation est surprenant.

Dès le départ, contemplant le très beau fort de Segedunum, je suis imprégné de l'histoire romaine de la région. La première journée, une étape de 24 km, se passe principalement en milieu urbain : pas vraiment ce que je suis venu chercher ici ! Enfin, en milieu d'après-midi, la nature reprend le dessus et je traverse enfin des zones boisées et des prairies, avec le mur d'Hadrien comme guide. J'atteins enfin le charmant village de Heddon-on-the-Wall, où je vais passer la nuit. Mais, avant cela, direction le pub le plus animé ! Il est facile de sympathiser avec les habitants en parlant de foot : me voici à danser et festoyer jusqu'à 3h du matin ! La journée du lendemain promet d'être longue…

En quittant Heddon-on-the-Wall, le sentier continue de suivre le mur d'Hadrien à travers d'épaisses forêts de pins et des collines ondulantes, mais sans jamais trop de dénivelé, ce qui change pas mal de mes Alpes ! Je traverse des villages très pittoresques du nord de l'Angleterre où je m'arrête pour reprendre mon souffle, manger un fish and chips et profiter de l'hospitalité locale. Et comment ne pas se sentir transporté dans le temps en voyant les vestiges du fort romain de Rudchester, ou encore ceux du célèbre pont de Chesters, un pont romain très bien préservé ?

Après avoir passé la nuit à Chollerford, je découvre le troisième jour des paysages magnifiques qui me rappellent l'île de Skye, en Écosse. Je me retrouve enfin seul pour la première fois du voyage, alors que le sentier traverse des landes sauvages et des champs de céréales colorés, entourés de nombreux coquelicots et de buissons de baies dont je me délecte, comme les mûres ou les myrtilles. Comme toujours, j'ai du mal à résister quand je vois un animal. Je ne peux pas m'empêcher de passer une grande partie de la journée à observer les nombreux troupeaux dans les champs, surtout les veaux et les agneaux, avec lesquels je joue. En plus, tout au long du sentier, il est facile de franchir les murets et les clôtures grâce à des petites échelles ou des escaliers de bois. J'adore ! Alors que la journée tire à sa fin, j'arrive à Once Brewed, où je dors dans une ferme typiquement anglaise. Encore des animaux ! Me voilà vraiment comblé !

FEUILLE DE ROUTE

Départ	Wallsend
Arrivée	Bowness-on-Solway
Distance	135 km
Comment s'y rendre	En train depuis Londres jusqu'à Newcastle ; de là, des bus rejoignent plusieurs localités du sentier.
Quand s'y rendre	Je recommande les mois de mai et de juin car le sentier est alors beaucoup moins fréquenté. On peut s'y rendre aussi jusqu'en septembre, mais il y a beaucoup de touristes.
Les indispensables	Un sac à dos de 40 l, de bonnes chaussures de rando imperméables et quelques vêtements de rechange. Il vous faut absolument un imperméable couvrant entièrement la tête et le corps en cas de journée de pluie, ce qui est fréquent dans la région. Un coupe-vent est aussi indispensable, car la traversée est très venteuse en toute saison. Pensez à prendre un adaptateur pour le soir dans les auberges car les prises de courant sont différentes.

La quatrième journée est absolument chaotique : une pluie incessante, des bourrasques très violentes et une visibilité maximum de 5 m ! Autant vous dire que je ne croise personne ce jour-là, car, bien évidemment, je suis le seul dingue à m'être élancé sur le chemin ! Arrivé trempé et frigorifié le soir à mon auberge de Greenhead, j'y dévore un camembert rôti au miel et au thym avec des petites patates locales : de quoi se réconforter ! L'étape du lendemain offre un grand changement au niveau des paysages, puisqu'il longe la côte ; les vues sur l'estuaire de Solway Firth se dévoilent enfin devant moi. Je termine cette journée à Burgh-by-Sands, un village côtier qui marque presque la fin de mon aventure.

Le dernier jour de ma traversée, je me sens, comme à la fin de chaque aventure, tout à la fois plein d'excitation et mélancolique de devoir bientôt retourner à la vie "normale". La dernière étape du sentier longe la côte du Solway Firth, offrant des vues sur les falaises et bordant de vastes étendues de sable où les vagues viennent se briser. À l'approche de Bowness-on-Solway, je suis heureux d'avoir vécu cette aventure historique et d'avoir parcouru ce monument mythique dans son intégralité. Prenant le temps de contempler l'océan une dernière fois, je repense à tous les vestiges romains qui m'ont plongé dans l'histoire riche mais peu connue de la Grande-Bretagne romaine, et à la sérénité des paysages qui ont été les témoins de cette époque.

« Cette traversée du pays de la mer du Nord à la mer d'Irlande permet aussi de revenir jusqu'à 2 000 ans en arrière dans une région passionnante, à la frontière avec l'Écosse. »

ÉCO

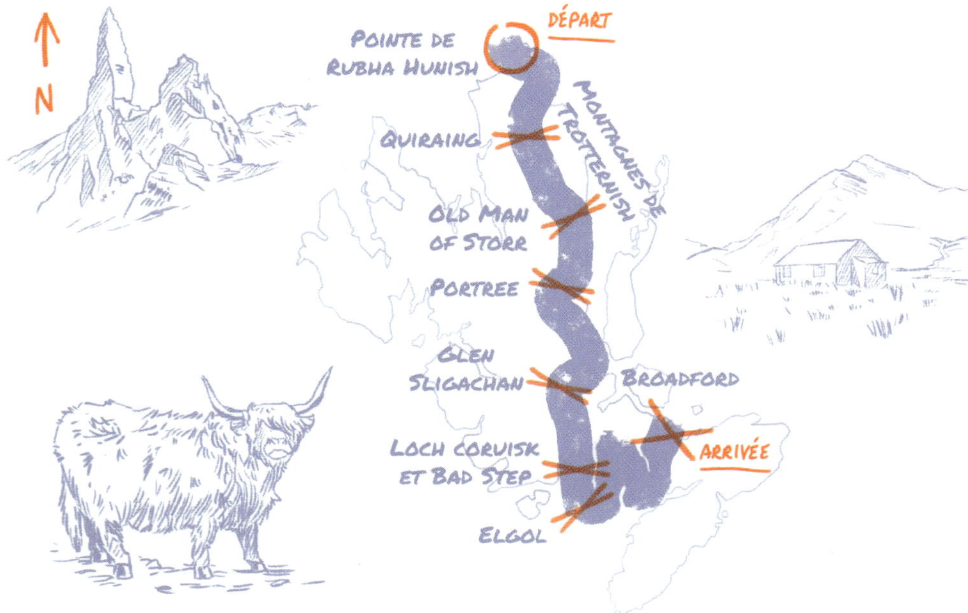

Traverser l'île de Skye à pied

Activité	Randonnée
Difficulté	Intermédiaire
Pays	Écosse
Lieu	Île de Skye
Durée	Sept jours

Il y a quelques années, on a fait appel à moi pour la réalisation d'une campagne de promotion des endroits les plus sauvages et spectaculaires du nord de l'Écosse. En plus de ma rémunération, l'office de tourisme national m'a offert une parcelle de terre dans les Highlands, une manière de protéger cet environnement unique. L'idée est déjà sympa, mais là où ce cadeau devient encore plus original, c'est que chaque propriétaire de ces parcelles a le droit d'adopter le titre de lord ou de lady de Glencoe ! Me voici donc *lord* Anthony Verlaine ! Un lord un peu spécial, certes, dont la seule richesse est sa liberté ; un lord en short et chaussures de rando, voyageant avec une tente trouée et de la nourriture lyophilisée. Tout amusé de ce nouveau titre, j'ai décidé d'aller explorer mes nouvelles terres.

Direction la superbe île de Skye ! Après de nombreuses lectures, un arrêt dans les Highlands et 7 heures de bus depuis Glasgow, j'arrive à Portree, la plus grande localité de l'île, que je vais traverser à pied via le fameux Skye Trail. Ce sentier, long de 130 km, n'est pas balisé visiblement, et il faut savoir que certaines portions sont assez coriaces et glissantes pour les randonneurs néophytes, mais il est réputé pour ses paysages à couper le souffle, entre montagnes imposantes, lochs pittoresques et côtes sauvages battues par les vents. Lorsque la météo est clémente, ce qui est, avouons-le, assez rare sur l'île de Skye, tous les Écossais assurent qu'il offre les plus belles vues d'Écosse. Il est possible de le parcourir dans les deux sens, mais la plupart des randonneurs choisissent de marcher du nord au sud pour profiter des vues les plus emblématiques. Je choisis aussi cette direction. L'aventure commence donc à la pointe de Rubha Hunish, à l'extrême nord de l'île, et se termine à Broadford, une petite ville située sur la côte est. Le sentier est souvent escarpé, rocailleux et exposé aux éléments, ce qui peut rendre la marche exigeante, d'autant plus que par temps humide, la randonnée devient boueuse. Les hébergements étant très chers sur l'île, j'ai décidé de dormir en bivouac.

Après 1 heure de bateau, j'arrive à la pointe de Rubha Hunish. Nous sommes au mois de juin, et, pourtant, je comprends

Old Man of Storr

Loch Coruisk

dès les premiers kilomètres que je ne suis pas venu ici pour bronzer ! Les rafales de pluie et de vent sont quasi incessantes. Heureusement, je m'étais renseigné : je suis un imperméable géant de la tête aux pieds ! Le sentier débute le long de la côte nord de Skye, offrant une vue imprenable sur l'océan déchaîné. Les falaises abruptes et les formations rocheuses spectaculaires m'émerveillent dès les premiers kilomètres. Je marche très prudemment, car certaines sections sont vraiment glissantes et escarpées, et je n'ai pas spécialement envie pour le moment d'aller tester l'eau 80 m plus bas... J'atteins l'étape de Quiraing, célèbre pour ses paysages à la fois sublimes et dramatiques. Tout est vert autour de moi mais loin d'être monotone : c'est un immense camaïeu de verts !

Alors que la pluie s'est arrêtée, je fais la connaissance des insectes qui hantent encore mes nuits, des années plus tard. J'ai traversé une bonne partie des pires biotopes sur la Terre, et j'ai été piqué et mordu par des créatures infâmes aux quatre coins du monde : fourmis "balle de fusil" en Amazonie, scolopendres dans la jungle du Congo, puces de sable au Panama, scorpions en Namibie, méduses en Indonésie... Mais les *midges*, quelle

LES MIDGES

Laissez-moi vous parler de ces maudits *midges* qui m'ont accompagné durant toute cette aventure. Cela n'aurait pas de sens de parler des Highlands ou de Skye sans les mentionner ! Également connus sous le nom de moucherons d'Écosse, ces tout petits insectes volants font à peine la taille d'une tête d'épingle mais sont redoutés de tous en Écosse. Très voraces, ces petits monstres sont particulièrement actifs pendant les mois d'été, généralement de mai à septembre, et sont plus nombreux par temps chaud et humide, ainsi qu'au lever et au coucher du soleil. Bref, vous aurez le temps de faire connaissance avec eux, je peux vous l'assurer ! La raison de cette sinistre réputation ? Leur comportement agaçant et leur propension à se rassembler en essaims denses autour de vous, puis à vous suivre sur des kilomètres. Les femelles sont particulièrement attirées par le dioxyde de carbone, la chaleur corporelle et les odeurs corporelles, bref, exactement tout ce que je dégage quand je marche 10 heures par jour ! Aussi petites soient-elles, leurs piqûres sont très irritantes et provoquent des démangeaisons et des rougeurs dont on se passerait bien volontiers durant une randonnée ! Elles se faufilent partout, et même souvent à travers les filets de protection que l'on peut porter sur la tête : terriblement rageant ! J'ai même vu des personnes qui portaient des filets électrifiés, pour vous dire ! Le seul répit que j'ai eu durant cette aventure était dans les régions côtières et venteuses, où les *midges* ont tendance à être moins actifs. L'une des solutions que j'ai trouvées durant ma randonnée pour me débarrasser d'eux était de les "refiler" à un autre être vivant, mouton, vache... et même parfois être humain (oui !), en m'approchant d'eux, jusqu'à ce que les *midges* décident que le sang de cette nouvelle proie était plus appétissant que le mien... Alors, est-ce que ces *midges* sont insupportables ? Oui ! Est-ce que cela a gâché mon expérience en Écosse ? Non ! Est-ce que je retournerais marcher en Écosse à nouveau ? Sans aucune hésitation !

horreur ! Bien sûr, les piqûres de ces petits moucherons ne sont pas aussi douloureuses que celles des autres animaux que je viens de citer, mais, lorsqu'ils volent tout autour de vous, leur nombre est impressionnant, et surtout, ils sont affamés nuit et jour ! Moi qui me trouvais ridicule d'avoir acheté en prévision ces "filets de main et de tête" à Glasgow, je réalise que c'est probablement l'un des meilleurs achats de ma vie !

Une fois les présentations faites avec mes amis les *midges*, je poursuis ma randonnée à travers les montagnes de Trotternish, en admirant les sommets déchiquetés surplombant tel un Mordor des vallées verdoyantes et pleines de vie. Pour éviter les *midges*, je décide de marcher non-stop jusqu'au coucher du soleil. Au loin, j'aperçois la silhouette de l'incroyable et mythique Old Man of Storr qui se dessine dans le paysage. Ce gigantesque menhir naturel qui domine la mer du haut de ses 55 m est l'emblème de l'île de Skye. C'est décidé, je pose ma tente ici ce soir, car je veux m'endormir et me réveiller avec cette vue ! Je prie pour que la moustiquaire de ma tente soit bien résistante et pas trop trouée. Elle a l'air de tenir le choc ; quelques *midges* tenaces arrivent bien à s'infiltrer, mais je ne me fais pas dévorer ce soir !

L'arrivée sur l'Old Man of Storr au lever du soleil est une expérience magique. Alors que je m'en approche, je suis frappé par son allure à la fois majestueuse et mystérieuse. Les panoramas sur les environs me donnent déjà un avant-goût de la beauté de ce qui m'attend. Entourées d'une végétation luxuriante, de fougères ondoyantes et de bruyères automnales colorées, ses grandes aiguilles de pierre semblent émerger de nulle part et ses formes tourmentées et sculptées par l'érosion naturelle donnent l'image d'une créature de pierre figée dans le temps. Je sors mon drone pour me prendre en photo dans ce lieu magique !

Pour la deuxième étape de ma randonnée, je quitte les montagnes de Trotternish et m'engage dans les Cuillin Hills, réputées aussi bien pour leur beauté sauvage que pour leur terrain accidenté. La montée est exigeante, mais les paysages extraordinaires en valent la peine. À plusieurs reprises, je dois retirer mes chaussures pour traverser des ruisseaux, escalader des rochers et me frayer un chemin à travers les landes. Tout est vert, mais je reste émerveillé par la diversité de la flore et de la faune que je rencontre en cours de route. Je m'arrête plusieurs fois pour admirer des cascades cristallines, mais je suis assez mouillé : pour une fois, je ne saute pas pour me baigner ! Après quelques heures de marche, les *midges* sont de retour. Ils ne m'avaient pas manqué, et le moment de nos retrouvailles est plutôt mal choisi : je viens en toute inconscience de faire une pause pour uriner. S'arrêter et exposer le moindre bout de peau à ces bêtes assoiffées : laissez-moi vous dire que j'ai payé mon erreur en piqûres douloureuses et malvenues ! Ma journée se termine à Sligachan, une vallée pittoresque baignée par une très belle rivière à côté de laquelle j'installe ma tente.

Le troisième jour commence par une traversée du Glen Sligachan. Il pleut abondamment, et le sentier est une véritable pataugeoire qui me fait chuter à plusieurs reprises. Les paysages sont néanmoins époustouflants, avec des montagnes majestueuses de part et d'autre. La pente est forte jusqu'au col, d'où je redescends ensuite en pente douce à travers la lande dorée jusqu'au loch Coruisk. Devant ce paysage sublime, je décide que c'est le bon endroit pour enfiler la tenue que j'ai prévue : un kilt écossais, que je vais bien évidemment porter sans rien dessous, comme le veut la tradition. Après une séance photo complètement solaire digne du film *Highlander*, je repars en direction de la mer de l'autre côté de l'île. Je prends le temps de me détendre un peu sur la plage, en écoutant le bruit apaisant des vagues s'écrasant sur le rivage, et je profite d'un beau soleil, plutôt rare depuis le début de mon aventure. Après 2 heures de pause à réhabituer ma peau au soleil, j'arrive sur l'une des parties les plus

aériennes du Skye Trail, le fameux "Bad Step". La roche y est très glissante et il faut assurer chacun de ses mouvements pour ne pas tomber dans l'océan 30 m plus bas. Une fois ce passage délicat passé, je plante ma tente sur les hauteurs d'une plage et savoure un délicieux coucher du soleil agrémenté d'un arc-en-ciel. Un pur bonheur !

La quatrième journée démarre par la traversée de la rivière Camasunary. Les galets sont très glissants, et mon matériel photo et moi-même frôlons le drame à plusieurs reprises. La pluie tombant violemment, je décide de m'arrêter quelques temps dans un *bothy*, l'équivalent de nos refuges non gardés dans les Alpes. Je m'installe au chaud dans mon duvet pour y dévorer un livre de Sylvain Tesson. Près de 4 heures plus tard, la tempête s'apaisant, je reprends mon périple, direction le sud de l'île de Skye, et plus particulièrement la péninsule de Sleat, par laquelle je fais un détour. Le sentier traverse de nombreuses terres agricoles peuplées uniquement de moutons écossais et de vaches Highland Cattle. Ces vaches écossaises typiques, absolument magnifiques, sont aussi l'une des raisons de ma venue sur Skye. Elles sont facilement reconnaissables grâce à leur pelage long roux-brun. Dense et double, il est constitué d'une couche de poils extérieure grossière et imperméable, et d'une couche de duvet doux en dessous, ce qui leur permet de résister aux températures froides et aux intempéries des régions montagneuses de l'île. Ces vaches sont aussi célèbres pour leurs grandes cornes en forme de lyre, qui peuvent mesurer jusqu'à 1,2 m d'envergure. Après avoir passé près de 2 heures à les admirer et à les photographier, je décide de planter ma tente non loin de leur champ pour pouvoir m'endormir en continuant à les observer.

C'est déjà le dernier jour de mon aventure, et, même si je ne suis pas fâché de quitter les *midges* et la pluie, je suis triste que mon aventure prenne déjà fin. Le sentier jusqu'à Elgol est très étroit et très escarpé, il faut vraiment faire attention où l'on pose les pieds. Une fois passé Elgol, on longe toute la côte sauvage jusqu'à Broadford : battue par les vagues, elle est d'une beauté sans nom. Quelques heures plus tard, me voilà arrivé à la fin de mon aventure. Une traversée certes très humide, mais quel bonheur d'avoir pu découvrir ce petit bijou écossais qu'est l'île de Skye ! Si vous cherchez une aventure à vivre dans ce merveilleux pays, je ne peux que vous encourager à choisir celle-ci ! Vous pouvez me faire confiance, n'oubliez pas que je suis lord !

À droite : Quiraing

« Ces vaches écossaises typiques, absolument magnifiques, sont aussi l'une des raisons de ma venue sur Skye. »

FEUILLE DE ROUTE

Départ	Pointe de Rubha Hunish
Arrivée	Broadford
Distance	130 km
Comment s'y rendre	En train ou en avion jusqu'à Glasgow, puis 7 heures de bus jusqu'à Portree.
Quand s'y rendre	Pour cette traversée, je recommande les mois de mai, juin et septembre ; il y a trop de monde en juillet-août.
Les indispensables	Une tente avec une moustiquaire en bon état ! Des lotions anti-*midges* et des filets pour la tête et les mains. Des chaussures de randonnée étanches et à tige haute, des vêtements imperméables pour le haut et le bas du corps, et des bâtons de randonnée pour éviter de glisser.

IRLA
DU N

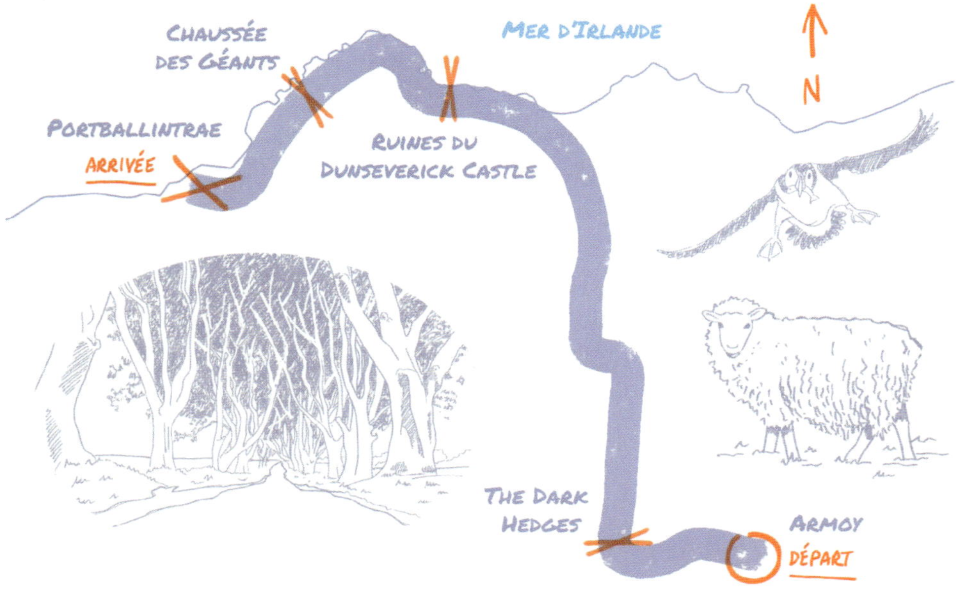

Arpenter la Chaussée des Géants

Activité	Randonnée
Difficulté	Facile
Pays	Irlande du Nord
Lieu	Comté d'Antrim
Durée	Une journée

Je me lève très tôt ce matin, plein d'enthousiasme à la perspective de la journée de randonnée qui m'attend : je vais découvrir la fameuse Chaussée des Géants ! Après un solide petit déjeuner typiquement irlandais à l'auberge où je suis logé, je sors et je prends ma première grande inspiration de l'air frais et salé qui caractérise la région côtière de l'Irlande du Nord où je me trouve. Cela fait des années que je rêve de découvrir la Chaussée des Géants ! Selon la légende, ce site extraordinaire a été créé par le géant Finn McCool pour construire un chemin vers l'Écosse.

Je pars du petit village d'Armoy où les maisons au toit de chaume et les murets de pierre m'offrent un avant-goût du charme de la région. Les Irlandais sont toujours très accueillants, m'indiquant le chemin avec des sourires chaleureux. Je longe des prairies verdoyantes parsemées de moutons qui paissent paisiblement tout en jetant un regard curieux sur ce marcheur étranger qui passe devant eux. Très rapidement, j'arrive au premier endroit que je cherchais : une majestueuse allée de hêtres tortueux bordant une étroite route de campagne. Ces arbres ont été plantés au XVIIIe siècle par la famille Stuart pour impressionner les visiteurs qui arrivaient à leur manoir, Gracehill House. Avec le temps, leurs branches noueuses se sont entrelacées pour former une voûte naturelle spectaculaire que l'on appelle "Dark Hedges". L'allée avec ses arbres sentinelles est devenue célèbre mondialement après avoir été utilisée comme lieu de tournage pour l'une de mes séries télévisées préférées : *Game of Thrones* ! La lumière du soleil filtre à travers le feuillage dense, créant des jeux d'ombre et de lumière. Je demande à des touristes de me prendre en photo pour immortaliser ce moment. Il y a une aura presque surnaturelle ici, comme si ce lieu existait hors du temps. Avant de repartir, je prends une profonde inspiration, savourant l'air frais et légèrement humide, rempli de l'odeur de la terre et des feuilles.

La randonnée se fait entre chemins bordés de haies fleuries et de champs de blé, puis, bientôt, je me rapproche de la côte, et les collines rocailleuses offrent des panoramas à couper le souffle sur la mer déchaînée. Les falaises abruptes dominent l'horizon, leurs parois de basalte noirâtres plongeant dans les superbes eaux turquoise. Le sentier n'est pas toujours facile. Par moments, il devient étroit et escarpé, me forçant à ralentir et à faire attention à chaque pas, et souvent à utiliser mes mains. Mais la récompense, des vues panoramiques incroyables, en vaut la peine. Alors que je longe une falaise particulièrement haute, j'aperçois des points blancs et orange vif tournoyant autour des rochers en contrebas. Intrigué, je m'approche doucement et je réalise avec joie qu'il s'agit de macareux moines, ces oiseaux dont je suis tombé amoureux en Islande! Colorés avec leur gros bec orange vif, ils sont adorables et je passe deux bonnes heures à les observer, captivé par leur agilité et leur grâce lorsqu'ils plongent dans les eaux pour attraper des poissons. Je rejoins ensuite les ruines du Dunseverick Castle, un château dont les ruines se confondent avec les roches déchiquetées de la côte. De là, un sentier longe la falaise jusqu'à la Chaussée des Géants.

Enfin, après une journée de marche, j'aperçois au loin les célèbres colonnes de basalte se dresser comme des orgues naturelles, comme le paysage d'une autre planète, avec leurs formes hexagonales parfaites. Je m'assois un instant pour absorber la beauté de cet endroit magique. La formation de la Chaussée des Géants remonte à l'ère tertiaire, lorsque la région était soumise à une intense activité volcanique. Des coulées de lave basaltique se sont échappées par fissuration de la croûte terrestre, se répandant sur la Terre avant de se refroidir. Les colonnes basaltiques se sont formées au fur et à mesure que la lave refroidie a progressivement rétréci, créant des fractures hexagonales. Les plus grandes mesurent jusqu'à 12 m de hauteur. Les colonnes sont empilées de manière naturelle, créant des structures ressemblant à des marches d'escalier ou à des orgues géantes sur lesquelles je grimpe, sautant de l'une à l'autre comme un enfant.

Je décide de rester jusqu'au coucher du soleil pour voir le paysage changer sous la lumière dorée du soir. Les colonnes de basalte prennent alors une teinte dorée, et l'océan scintille comme des milliers de diamants. C'est un spectacle magique! Ma journée s'achève dans un petit pub du village voisin de Portballintrae, où je suis également accueilli chaleureusement par l'aubergiste. *Sláinte* !

« Enfin, après une journée de marche, j'aperçois au loin les célèbres colonnes de basalte se dresser comme des orgues naturelles, comme le paysage d'une autre planète, avec leurs formes hexagonales parfaites. »

FEUILLE DE ROUTE

Départ	Armoy
Arrivée	Portballintrae
Distance	29 km
Comment s'y rendre	En avion jusqu'à Belfast, puis en bus jusqu'à Armoy.
Quand s'y rendre	De mai à septembre.
Les indispensables	Des chaussures de randonnée et un vêtement imperméable.

ISLAN

DE

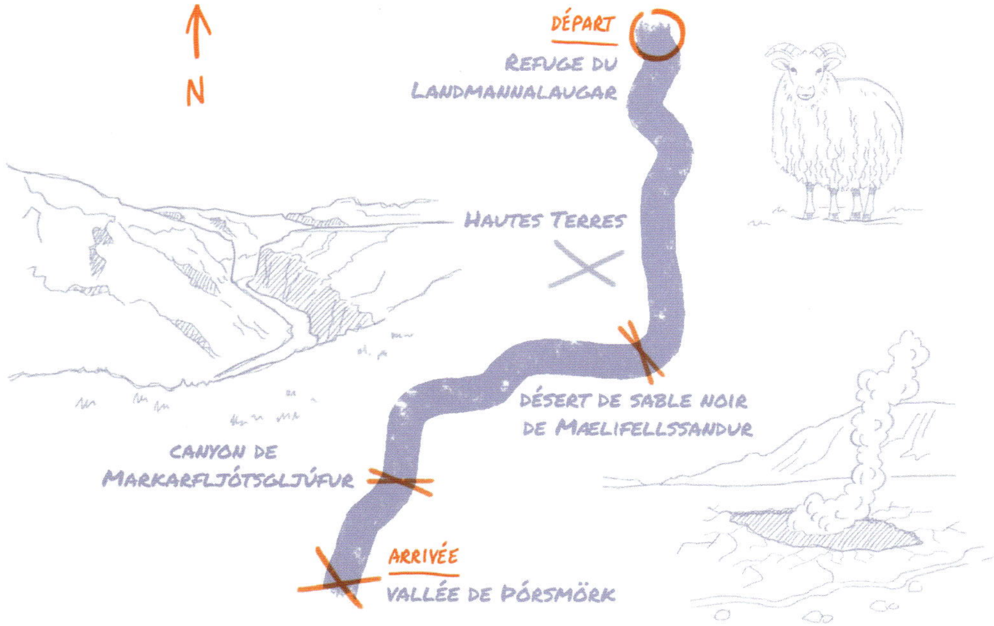

Randonner dans le Landmannalaugar

Activité	Randonnée
Difficulté	Intermédiaire
Pays	Islande
Lieu	Landmannalaugar
Durée	Trois à quatre jours

Il m'est impossible de vous raconter mes aventures en Islande sans évoquer l'un des lieux les plus hallucinants que j'aie vu de ma vie : le Landmannalaugar. Sans exagérer, je pense qu'il figure dans le Top 5 des merveilles que j'ai pu admirer sur notre incroyable Terre ! Ces paysages paraissent même venus d'une autre planète, peinte par un artiste fou. Ici, j'ai vu une multitude de montagnes multicolores variant du jaune au vert en passant par le rouge, l'orange et même le bleu. Absolument incroyable ! J'avais déjà vu des montagnes de ce type au cours de mes aventures dans le nord de l'Argentine, à la Quebrada de Humahuaca, à Chamarel, sur l'île Maurice, ou encore en Bolivie près de la Laguna Colorada, et au Pérou, où la Vinicunca est appelée la "montagne des sept couleurs"... Et, pourtant, rien ne me préparait à ce que j'ai pu admirer ici !

Le Landmannalaugar est une région volcanique située dans les terres, au sud de l'Islande. Elle est accessible par une seule route et uniquement en 4x4, car il faut franchir de grosses rivières pour y parvenir. De nombreux sentiers de randonnée, plus ou moins longs, permettent de découvrir ses paysages à couper le souffle. Sur place, les randonneurs trouvent un refuge et une grande plaine pour poser une tente ; il y a aussi des sanitaires ainsi qu'une rivière d'eau chaude accessible à tout le monde. Il faut savoir que le refuge est une véritable usine de 100 lits très spartiates, empilés et serrés les uns à côté des autres ; vous pourrez dormir dans ce paradis des ronfleurs pour la modique somme de 90€. Pour ma part j'ai préféré la solution tente (20€), et j'ai passé la nuit à côté des moutons le long de la source d'eau chaude.

Le sentier de randonnée qui nous intéresse est le trek de Laugavegur, sans aucun doute l'un des plus célèbres du monde, et pour moi le plus spectaculaire d'Islande ! Il s'étire sur 54 km et relie le Landmannalaugar à la vallée de Þórsmörk, dans les Hautes Terres du centre de l'Islande. On peut le parcourir en 3 à 4 jours en moyenne, en fonction du rythme de marche et des conditions météorologiques. L'itinéraire est balisé par des poteaux en bois jaunes, des cairns (tas de pierres) et des

Laissez-moi vous décrire les paysages incroyables qui vous accompagneront tout le long de ce trek. C'est une véritable symphonie de couleurs, une ode à la terre sauvage qui s'étend à perte de vue. Lors de votre progression, les montagnes se dressent fièrement, revêtues de manteaux chatoyants qui vont du vert émeraude au pourpre brûlant. Chaque sommet que vous gravissez semble raconter une histoire ancienne, gravée dans les strates colorées de ses roches. Ces couleurs résultent majoritairement de la présence de minéraux tels que le fer, le soufre et le cuivre dans ces dernières. Mais le paysage est encore plus fou que cela car, ajouté aux camaïeux de rouge-orangé et aux nuances de gris des parois rocheuses, les tapis de mousse d'un vert vif et les lacs d'un extraordinaire bleu turquoise contrastent de manière saisissante avec le ciel changeant d'Islande.

Ici, l'activité volcanique est toujours palpable. Plus on avance sur le parcours, et plus on croise des eaux géothermiques émergeant du sol, créant des bassins de différentes tailles où les visiteurs peuvent se baigner. Ces bains naturels sont une invitation à plonger dans les bras de la nature elle-même, à sentir la chaleur envelopper chaque fibre de son corps. Je trouve que les sources chaudes émergent du sol avec une grâce totalement mystique. Les vapeurs s'élevant des sources créent un effet mystérieux, surtout par temps froid, mais elles sont réconfortantes en ces terres hostiles où leurs volutes se mêlent aux murmures du vent, créant un ballet entre le chaud et le froid, entre le ciel et la terre… L'odeur de soufre est omniprésente : beaucoup l'associent aux œufs pourris, mais, personnellement,

panneaux, ce qui rend l'orientation relativement aisée malgré les paysages changeants. Vous pouvez, là aussi, dormir soit en tente le long du parcours, soit en refuge. Si vous choisissez la tente comme moi, il vous faut absolument être très respectueux de la nature et ne laisser aucune trace de notre passage !

L'ADN DES ISLANDAIS

L'Islande compte un peu plus de 360 000 habitants, dont plus de la moitié vit dans la région de Reykjavik. La consanguinité est donc une préoccupation nationale en raison de la petite taille de la population et de la tendance historique à des mariages endogamiques. Pour minimiser les risques de relations consanguines, l'Islande a mis en place un système de registres généalogiques et a développé des technologies avancées pour aider à prévenir les unions entre personnes ayant des liens de parenté trop proches. Parallèlement aux registres généalogiques avec une base de données interactive capable de remonter jusqu'à 1 200 ans en arrière (ce serait la plus vieille au monde), le pays a développé une base de données génétiques qui recueille des échantillons d'ADN de la population. Cela permet d'identifier les segments d'ADN partagés entre les individus, ce qui peut indiquer des liens de parenté. L'application de rencontres "ÍslendingaBók" a même été développée pour permettre à deux utilisateurs de vérifier s'ils partagent des ancêtres communs et les avertir s'ils sont trop étroitement liés. Parfait pour mettre l'ambiance avant un premier rendez-vous amoureux ! De mon côté, j'ai vérifié sur l'application : c'est bon, je n'ai a priori pas une goutte de sang islandais…

j'aime beaucoup cette odeur qui me rappelle mes aventures sur les volcans autour du monde. Elle indique que l'on se trouve au cœur de l'activité géothermique de l'île. On se sent tellement petit face à la grandeur de la nature islandaise!

L'itinéraire traverse également de nombreux champs de lave anciens. La dernière éruption a eu lieu ici vers 1480. Ces champs de lave et de cendres sont d'immenses étendues stériles et noires créant un contraste spectaculaire avec les montagnes colorées environnantes. Ils portent les empreintes d'éruptions anciennes, les cicatrices du feu qui danse sous la surface de la Terre. Et, pourtant, même dans leur austérité, et comme partout autour du monde, ces terres couvertes de lave et de cendres sont, par miracle, propices à l'éclosion de la vie. Toutes sortes de végétaux et de mousses poussent ici et forment souvent un fantastique tapis jaune fluo. On a peine à croire que seule la nature a créé ces couleurs.

FEUILLE DE ROUTE

Départ	Refuge du Landmannalaugar
Arrivée	Vallée de Þórsmörk
Distance	54 km
Comment s'y rendre	En avion jusqu'à Reykjavik, puis en 4x4.
Quand s'y rendre	De juin à septembre.
Les indispensables	Emportez impérativement des chaussures de randonnée 100% imperméables. Des bâtons de randonnée, un maillot de bain pour les sources d'eau chaude, un duvet température confort 0°C et beaucoup de nourriture lyophilisée pour alléger votre sac et faire des économies dans ce pays ultra-cher où un sachet de nourriture lyophilisée est vendu en moyenne 25 €.

Vous croiserez aussi de nombreux glaciers et névés; ces vastes champs de glace brillent sous le soleil, et leur blanc contraste lui aussi avec les montagnes colorées et les champs de lave noire environnants. Quel que soit l'endroit où se porte le regard, le paysage est si sublime qu'il ne semble pas réel.

La troisième journée sera la plus longue de votre randonnée, mais aussi la plus époustouflante. Vous traverserez le désert de sable noir de Mælifellssandur, où le vent soulève des tourbillons de poussière. L'isolement de cette étendue désertique permet de réaliser à quel point l'Islande peut être à la fois rude et belle. Plus tard dans la journée, vous atteindrez le canyon de Markarfljótsgljúfur, une profonde gorge dessinée par une rivière furieuse. Ses parois abruptes, sculptées par les éléments et par le temps, sont striées de couleurs qui sont autant de témoignages des minéraux présents dans le sol. On devine un passé très lointain dans ces strates, et j'imagine facilement des dinosaures se promenant ici. Autre folie de la nature: les parois sont recouvertes de cette fameuse mousse jaune fluo qui, à mes yeux, semble irréelle. À tout moment, je m'attends à voir une licorne surgir d'une cascade et s'envoler sur un arc-en-ciel! Marcher dans ces contrées donne le sentiment de se tenir au cœur d'un monde infini. Les paysages de montagnes s'étirant à perte de vue et les variations constantes de couleurs créent une atmosphère de majesté et de solitude. Je ne sais pas pour vous, mais moi, cela me donne envie d'écouter du Bob Dylan en boucle. Une véritable célébration de la force et de la beauté brute de la nature. Je suis au paradis!

La dernière journée du trek vous mènera à Þórsmörk, une vallée magique entourée de glaciers et de montagnes. Et ce sera déjà la fin de votre aventure! Pour moi, ce voyage a été une véritable symphonie visuelle, une danse entre la terre et le ciel, une invitation à se perdre dans la contemplation des miracles de notre planète. Alors que je quitte la vallée, je sais que je laisse derrière moi un morceau de mon cœur, mais je repars riche d'expériences et la tête pleine de paysages qui continueront à me nourrir longtemps après mon départ. La découverte de ce lieu a fait de l'Islande le deuxième plus beau pays que j'aie découvert de ma vie. Vous vous demandez lequel est le premier? Eh bien, je garderai la réponse pour moi, afin de protéger ce pays et faire en sorte qu'il reste toujours à mes yeux le plus bel endroit de la Terre!

ÍSLAN

DE

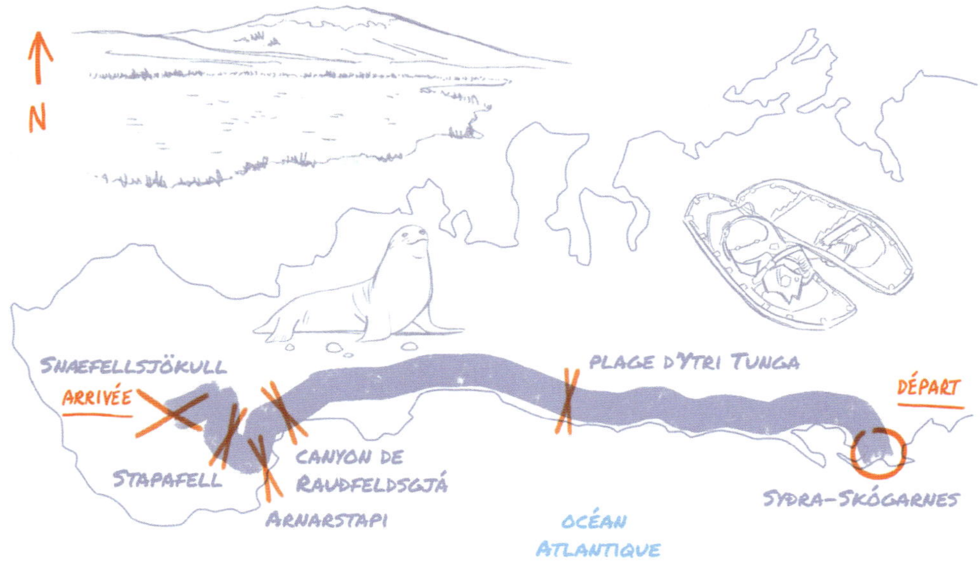

Traverser la péninsule de Snæfellsnes en raquettes

Activité	Randonnée en raquettes et alpinisme
Difficulté	Intermédiaire
Pays	Islande
Lieu	Péninsule de Snæfellsnes
Durée	Quatre jours

Nous repartons maintenant en Islande, mais cette fois, c'est pour une aventure hivernale ! J'ai décidé d'explorer seul une petite région de l'ouest de l'île, au nom forcément imprononçable : la péninsule de Snæfellsnes. Les habitants l'appellent “la Petite Islande” : en effet, ce tout petit territoire semble concentrer tous les paysages du pays. Située juste au nord de Reykjavik, la péninsule s'étend dans l'océan Atlantique et abrite une grande diversité géologique. On y trouve des plages de sable noir, des champs de lave, des montagnes enneigées, des formations rocheuses spectaculaires, des falaises escarpées et même un volcan coiffé d'une calotte glaciaire. Une grande partie de la péninsule est protégée en tant que réserve naturelle, ce qui va me permettre de découvrir des écosystèmes préservés. Ici se rencontrent la nature brute et la culture islandaise : c'est exactement ce que je suis venu chercher ! L'autre raison pour laquelle je souhaite découvrir cette péninsule perdue, c'est parce que ses paysages ont été utilisés comme décors dans plusieurs productions cinématographiques et télévisuelles que j'ai beaucoup aimées comme *La Vie rêvée de Walter Mitty* et *Game of Thrones*. Il n'en fallait pas plus pour me convaincre ! Objectif : atteindre le volcan de Snæfellsjökull, qui occupe l'extrémité ouest de la péninsule !

Je passe ma première nuit à Syðra-Skógarnes, un petit village côtier balayé par les vents glacés de l'Atlantique nord. J'ai préparé mon équipement avec soin : des raquettes robustes pour la neige profonde, un sac à dos chargé de provisions, une tente solide pour les nuits en plein air et des vêtements isolants pour affronter les températures glaciales et la pluie. Et, visiblement, je vais en avoir besoin ! La neige qui tombe ce matin est un mélange de pluie et de glace. Je n'ai pas encore fait un pas que je suis déjà trempé. L'aventure s'annonce mémorable !

Lorsque je quitte le village, à l'aube (donc, ici à cette saison, à 9h30 !), le ciel s'ouvre devant moi dans une toile mélangeant bleu cristallin et tempête de neige éparse. Le soleil, encore timide à l'horizon, projette des teintes rosées sur les sommets enneigés des montagnes autour de moi. Mes premiers pas en

Volcan de Snæfellsjökull

raquettes sont maladroits, mais, au fil des kilomètres, je commence à trouver mon rythme et à m'adapter à cette manière particulière de se déplacer. Je longe des falaises surplombant des plages de sable noir volcanique sur lesquelles les vagues de l'Atlantique déchaîné viennent s'écraser.

Alors que je marche depuis une dizaine de kilomètres, j'assiste à des scènes que je n'ai jamais vues ailleurs qu'en Islande. Ici, les vents sont tellement violents et imprédictibles, que les mouettes tombent littéralement du ciel ! À plusieurs reprises, je vois des oiseaux venant s'abattre au sol juste devant moi, comme projetés par terre par une force invisible ! Je continue ma route qui passe par des vallées enneigées d'une beauté immaculée. Les montagnes majestueuses autour de moi se dressent comme des gardiennes veillant sur ces contrées isolées. On comprend ici pourquoi de nombreux contes islandais personnifient les volcans et les montagnes de l'île, leur donnant des prénoms.

La première nuit en tente est un défi. Monter la structure dans le vent cinglant et la neige tourbillonnante n'est vraiment pas simple, mais, une fois que je suis à l'intérieur, la chaleur de mon sac de couchage m'offre un répit bienvenu ! Après une nuit récupératrice, je chausse les raquettes et reprends ma marche. Au fil de ma progression, je croise de nombreuses formations rocheuses sculptées par le vent et la mer, recouvertes d'une pellicule de neige, qui ressemblent à de magnifiques statues, ou à des formes comme figées dans le temps.

Plus loin, en arrivant sur la plage d'Ytri Tunga, j'aperçois de loin des silhouettes familières que j'ai longuement observées au Canada : des phoques ! Je retire mes raquettes pour observer ce magnifique animal de plus près, sur cette superbe plage volcanique où les vagues déchaînées viennent se briser.

Les petits villages côtiers que je traverse depuis mon départ sont des oasis d'humanité dans cet environnement sauvage.

LES CHEVAUX ISLANDAIS

En tant qu'amoureux des chevaux, je dois vous parler des extraordinaires chevaux islandais. Ayant évolué dans l'isolement géographique de l'île (aucun autre cheval n'y a été introduit depuis plus de 1 000 ans), ils ont conservé leur pureté génétique et leurs caractéristiques uniques. Leur petite taille en est une : ils mesurent en moyenne entre 1,30 m et 1,45 m au garrot. Cela les rend compacts et robustes, ce qui est lié à leur adaptation à l'environnement islandais très rude. Leur double toison en est une autre : en effet, en hiver, ils développent un pelage épais et duveteux qui les protège du froid extrême et, en été, ils le perdent pour révéler une toison plus légère. Cette double toison est une fois de plus une adaptation génétique étonnante à la grande variabilité climatique de l'Islande. Enfin, ils sont connus pour posséder, en plus du pas, du trot et du galop, deux autres allures naturelles ! La première est le "pas islandais" ou *tölt*, un pas à quatre temps, dans lequel à tout moment, au moins un sabot est en contact avec le sol. Cela rend le *tölt* très doux et stable pour le cavalier. L'autre allure s'appelle l'amble. C'est une allure à quatre temps dans laquelle les jambes d'un même côté se déplacent ensemble, mais, contrairement au *tölt*, les chevaux islandais ont également une période de suspension entre chaque étape. Bref, vous l'aurez compris, leurs caractéristiques et leur place dans la société islandaise font des chevaux islandais des créatures exceptionnelles qui me captivent à chaque fois que je vais dans cet incroyable pays !

Les habitants, rares en hiver, m'accueillent toujours chaleureusement, m'expliquant leur mode de vie résilient dans ces conditions extrêmes. Un pêcheur du coin me fait goûter une spécialité locale : le *hákarl* ! Vous avez peut-être déjà entendu parler de ce plat traditionnel islandais, à base de viande de requin fermentée, puis suspendue à l'extérieur pour sécher pendant quatre à cinq mois. L'odeur d'ammoniaque est infâme et le goût est à l'image de l'odeur ! Si vous avez l'occasion de goûter à ce plat lors de votre voyage en Islande, je vous conseille de ne pas le faire ! Après avoir poliment remercié le pêcheur, je me lave les dents, mange un paquet de bonbons entier pour faire passer le goût, et continue ma marche.

Le matin de ma deuxième nuit, la température est glaciale : ma montre annonce -23°C, ce qui explique pourquoi j'ai autant frissonné la nuit dans ma tente ! Le froid me fait me lever et je marche rapidement jusqu'au magnifique canyon de Rauðfeldsgjá. Les 500 derniers mètres jusqu'à l'entrée du canyon sont très raides, et je glisse à plusieurs reprises avec mes raquettes et mon sac bien chargé. J'aperçois déjà l'étroite entrée de la gorge ; un ruisseau complètement gelé passe en son milieu. Avancer sur les pierres couvertes de gel pour pouvoir y pénétrer, en essayant de ne pas glisser, n'est pas une mince affaire ! Sur les côtés du canyon, sous la glace, on devine les parois totalement couvertes de mousse jaune fluo. Le fond du

« En arrivant sur la plage d'Ytri Tunga, j'aperçois de loin des silhouettes familières que j'ai longuement observées au Canada : des phoques ! »

canyon est très étroit et la vue au-dessus de moi est impressionnante. Mais je me rends bientôt compte que d'immenses stalactites de glace tombent du haut de la gorge dans un fracas impressionnant : il faut vite que je sorte de là si je ne veux pas être transpercé de part en part ! En chemin, je m'arrête une bonne heure pour caresser de superbes chevaux islandais.

Je m'achemine vers le volcan de Snæfellsjökull. Ce stratovolcan haut de 1 446 m domine le paysage : par temps dégagé, il est même visible depuis Reykjavik, à 120 km ! Surmonté d'une calotte glaciaire, il est entouré d'un parc national d'une grande beauté. Toujours actif, il est né d'éruptions phréatiques qui ont marqué la région pendant les 800 000 dernières années. La dernière daterait d'il y a 1 700 ans. Dans son roman *Voyage au centre de la Terre* (1864), Jules Verne imagine des personnages qui descendent vers le centre de la Terre en empruntant justement l'un de ses cratères !

Mon dernier bivouac est situé au pied de la montagne volcanique de Stapafell, du côté sud du Snæfellsjökull. Dans la région, cette pyramide de 526 m de haut est considérée par beaucoup de gens comme maudite, car elle abriterait de nombreux elfes malfaisants. L'endroit parfait pour planter ma tente ! Eh bien, figurez-vous que je n'ai vu aucun elfe rôder autour ; en revanche, j'ai eu droit à une valse d'aurores boréales sublimissimes au-dessus de ma tente. Probablement le moment le plus magique de cette aventure islandaise ! Le lendemain matin, après une nouvelle nuit glaciale, je décide de m'offrir un café bien chaud dans le petit village le plus proche : Arnarstapi. Après avoir admiré sur sa côte une superbe arche dont l'un des côtés est percé d'un trou, je me dirige vers mon objectif final : le fameux volcan Snæfellsjökull !

Pour tenter de "découvrir" l'entrée vers le centre de la Terre, et donc grimper en haut du volcan, il m'aura fallu 4 heures avec mon gros sac, mes raquettes et mes crampons pour effectuer le dénivelé de 760 m sur 8 km de randonnée. Attention, la montée se fait par plusieurs sentiers, dont un sur un glacier qui comporte de nombreuses crevasses. Donc, à moins de vous y connaître extrêmement bien en alpinisme, je vous déconseille de vous y aventurer sans un guide local. Arrivé en haut, on domine toute la péninsule, mais aussi les champs de lave et le glacier ! Cette vue inoubliable est la parfaite illustration de mon aventure et un beau résumé de ce pays : un mélange de glace et de feu !

« Les habitants, rares en hiver, m'accueillent toujours chaleureusement, m'expliquant leur mode de vie résilient dans ces conditions extrêmes. »

FEUILLE DE ROUTE

Départ	Syðra-Skógarnes
Arrivée	Volcan de Snæfellsjökull
Distance	80 km
Comment s'y rendre	En avion jusqu'à Reykjavik, puis en bus ou en voiture jusqu'à la péninsule.
Quand s'y rendre	De décembre à mars pour une aventure hivernale.
Les indispensables	Des vêtements imperméables et de quoi vous réchauffer, des chaussures de randonnée 100% imperméables, un duvet température confort -20° C minimum.

ITAL

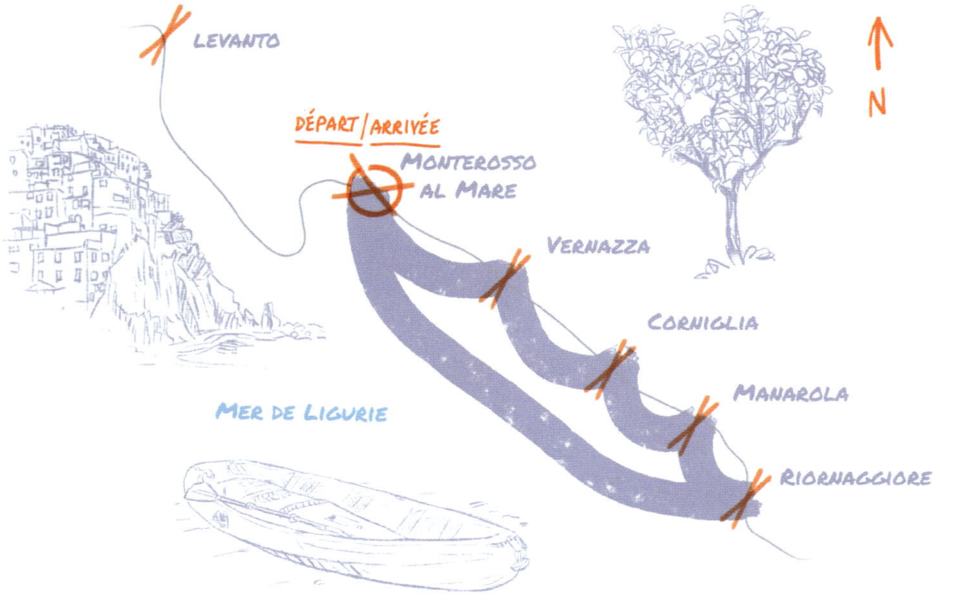

Admirer les Cinque Terre depuis la mer

Activité	Kayak
Difficulté	Facile
Pays	Italie
Lieu	Les Cinque Terre, Ligurie
Durée	Une journée

Les fameux villages des Cinque Terre sont les joyaux de la côte ligure. Chacun des cinq villages (Corniglia, Manarola, Monterosso, Riomaggiore, Vernazza) a son charme propre – hautes maisons aux façades peintes, falaises taillées en terrasses, jardins bordés de murets de pierre entretenus depuis près de deux millénaires... Ils sont mondialement connus grâce aux photos qui ont énormément circulé ces dernières années sur les réseaux sociaux. Vous avez d'ailleurs peut-être déjà visité ces sublimes villages à pied, mais l'avez-vous fait depuis la mer ? Eh bien, aujourd'hui, je vous propose de m'accompagner en kayak pour redécouvrir ces villages sous un autre angle, loin des foules de vacanciers, avec la promesse d'une vue absolument incroyable !

Le départ se fait depuis le village de Monterosso. Même si la côte est touristique, soyez rassuré, durant toute votre aventure en kayak vous ne verrez pas grand monde, la très grande majorité des touristes visitant les villages à pied, à vélo ou en train. Vous serez aussi en sécurité en pleine mer, car des bouées interdisant l'accès aux bateaux sont disposées le long des falaises sur notre itinéraire. Attention, l'Area Naturale Marina Protetta delle Cinque Terre, que vous allez traverser, est entourée de deux zones maritimes protégées, interdites d'accès afin de préserver la biodiversité. Ces deux aires de protection sont signalées par des bouées jaunes et elles se trouvent, en arrivant de Levanto, juste avant Monterosso (Punta Mesco) et juste après Riomaggiore (Capo di Montenero). Une fois ces informations en tête, il est temps de s'élancer à la découverte de ces sublimes villages classés au Patrimoine mondial de l'Unesco.

Monterosso al Mare, mon point de départ, situé à l'extrémité ouest des Cinque Terre, est le plus grand village. Je mets mon kayak à l'eau depuis la superbe plage de sable fin de Fegina. Cet endroit vraiment magnifique est baigné par des eaux cristallines qui me donnent envie de me retourner en kayak dès le début ! Je m'élance et pagaye avec enthousiasme. Depuis la mer, je perçois de nombreux détails qui m'avaient échappé lors de mes précédentes visites – un vrai bonheur ! J'observe

Vernazza

Manarola

plus facilement ce labyrinthe de ruelles étroites, d'arches en pierre et de maisons colorées. J'admire aussi sous un autre angle l'église San Giovanni Battista, avec son imposante façade de style gothique-ligure et son très beau clocher. Enfin, sur la colline surplombant Monterosso, les vestiges de la tour Aurora m'apparaissent dans toute leur majesté – ils offrent aujourd'hui aux touristes une vue panoramique sur la mer mais aussi sur Monterosso et ses environs.

Alors que je me dirige vers le village suivant, Vernazza, je suis émerveillé de découvrir que des vignobles et des plantations de citronniers longent la côte. La mer est assez calme, et je ne suis pas trop remué par les vagues. Il y a 3 km jusqu'à Vernazza depuis Monterosso, et, au fur et à mesure que j'approche du village, j'aperçois les bateaux de pêche colorés amarrés près de la côte, et les filets séchant au soleil. Le port est lui aussi entouré de maisons colorées qui créent un véritable tableau vivant et vibrant. Dans ma tête d'enfant de 4 ans, je me dis qu'on devrait obliger tous les immeubles et maisons du monde à être peints de cette manière. Les teintes vives des façades, avec des nuances de rouge, d'orange et de jaune, se marient parfaitement avec le bleu intense de la mer. Plus j'avance, plus les bonnes odeurs de la cuisine italienne flottent dans l'air, m'incitant à débarquer pour savourer les spécialités locales.

Bon, je suis parti depuis 45 minutes et j'ai déjà dévoré une pizza, des antipasti, et, sans doute, pris 3 kg. Je ne vais jamais arriver à destination sans couler, c'est certain ! L'arrivée en kayak sur Corniglia est différente, car le village est posé en hauteur sur une colline. Au fur et à mesure que j'approche, je découvre les pieds de vigne plantés en terrasses autour du bourg, créant un décor spectaculaire pour mon arrivée en kayak. Corniglia est le seul village des Cinque Terre à n'être pas directement accessible depuis la mer : il faut grimper un long escalier de plus

À GAUCHE : © ANTHONY VERLAINE ; À DROITE : © PANOPHOTOGRAPH / STOCK.ADOBE.COM

de 300 marches pour y accéder. Une fois au sommet, je pénètre dans la vieille ville, avec ses ruelles étroites et ses demeures en pierre. Quand il y a de l'effort, il y a moins de touristes ; j'aime beaucoup l'atmosphère de ce site perché dans laquelle je m'attarde une bonne heure avant de remonter dans mon kayak !

Alors que j'arrive à Manarola, je suis à nouveau émerveillé par les maisons colorées dont l'implantation en cascades sur la falaise, en surplomb de la mer, crée une atmosphère féerique. Je dois absolument m'arrêter pour prendre des photos – ça tombe bien, j'ai pris ma plus belle chemise à fleurs, je vais faire un selfie très coloré ! En accostant, je laisse mon kayak sur la plage, entre les bateaux de pêche qui se balancent doucement au rythme des vagues. Je grimpe jusqu'à la colline de la Vigna del Sole pour admirer la vue panoramique sur Manarola et prendre ma fameuse photo. Le temps d'engloutir un petit *calzone* au passage, me revoilà dans mon kayak en pleine mer pour aller découvrir le dernier village de mon aventure !

En approchant de Riomaggiore, j'admire encore les eaux bleues scintillantes et les falaises abruptes qui entourent le village peint de couleurs vives. J'accoste à nouveau et pars me promener le long de la Via dell'Amore, ce sentier côtier emblématique qui relie Riomaggiore à Manarola. Comme il n'y a que des couples d'amoureux et des cadenas d'amour accrochés partout, je me sens vite très seul et très célibataire, par conséquent je ne m'attarde pas. Après avoir apprécié une fois de plus les incroyables teintes de ce village, j'attrape au vol des *arancini* fourrés à la *mozzarella di buffala*, remonte dans mon kayak et prends le chemin du retour. Mon but est de retourner à temps à Monterosso, mon point de départ, pour profiter d'un sublime coucher du soleil sur le village et ses maisons aux nuances pastel. Douze kilomètres plus loin, mission accomplie ! Les couleurs du village changent au fur et à mesure que le soleil s'enfonce dans la mer, me permettant de vivre une dernière fois une explosion chromatique sur les Cinque Terre !

FEUILLE DE ROUTE

Départ/arrivée	Monterosso
Distance	24 km aller-retour
Comment s'y rendre	En train jusqu'à la gare de La Spezia Centrale, la principale gare d'accès aux Cinque Terre, depuis n'importe quelle ville en Italie. De là, un train local dessert chacun des cinq villages en quelques minutes.
Quand s'y rendre	Je recommande les mois de mai et juin pour éviter la foule.
Les indispensables	Un chapeau et des lunettes de soleil. Un petit sac étanche pour vos affaires personnelles et votre appareil photo.

« Le temps d'engloutir un petit *calzone* au passage, me revoilà dans mon kayak en pleine mer pour aller découvrir le dernier village de mon aventure ! »

ITAL

IE

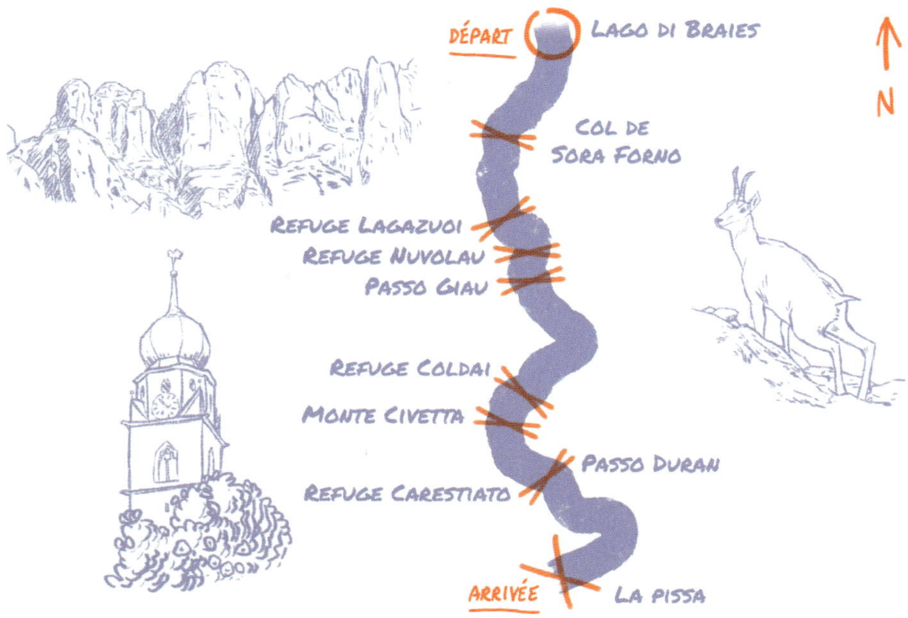

Longer les crêtes des Dolomites à pied

Activité	Randonnée en bivouac, ascension et via ferrata
Difficulté	Intermédiaire
Pays	Italie
Lieu	Dolomites
Durée	Sept jours

Pour cette aventure italienne, je vous propose de m'accompagner à travers les incroyables sommets des Dolomites : sept jours à pied au cœur du Haut-Adige (Sud-Tyrol). Grenoblois vivant à Annecy, amoureux des Alpes françaises depuis toujours, cela me fait un peu mal de l'écrire, mais les Dolomites et les Alpes italiennes sont vraiment superbes ! Il s'agit probablement de la plus belle partie du massif et vous allez en prendre plein les yeux du début à la fin de cette équipée !

L'Alta Via n°1 (Haute Route 1), sans doute le sentier de randonnée le plus emblématique des Dolomites, s'étend sur quelque 120 km et parcourt les spots les plus spectaculaires de cette chaîne des Préalpes. Après avoir grimpé les fameuses Tre Cime di Lavaredo la veille, mon aventure démarre depuis le magnifique Lago di Braies, "la perle des lacs des Dolomites", niché à 1 500 m d'altitude, point de départ de l'itinéraire. Je le longe tout d'abord ; il est d'une beauté époustouflante, avec ses eaux cristallines dans lesquelles se reflètent les majestueuses montagnes environnantes. Son bleu émeraude intense crée un contraste saisissant avec les sommets imposants qui l'entourent. L'atmosphère est empreinte d'une sérénité absolue... Enfin, presque, car il est 9h du matin, nous sommes en plein mois de juillet, et les rives sont déjà arpentées par des randonneurs venus du monde entier !

Après une bonne baignade revigorante, j'attaque la première montée qui démarre à l'extrémité sud du lac. L'ascension est raide, mais les vues sur le miroir d'eau en contrebas sont sublimes. Et, plus je prends de l'altitude, plus c'est beau ! Cela me permet d'oublier que la première montée, le temps que la machine se mette en route, est toujours la plus compliquée. D'autant qu'il fait chaud. Je continue de grimper à travers le vallon de Forno, où je suis accueilli avec bonheur par de nombreux chamois, un animal dont l'aisance sur les parois me fascine depuis toujours ! Après avoir passé le col de Sora Forno, je trouve un petit spot avec une vue incroyable sur les crêtes des Dolomites pour passer ma première nuit.

Lago di Braies

Nuvolau

LES VIA FERRATA ITALIENNES

Si les via ferrata sont désormais considérées comme un équipement de loisirs qui permet de s'aventurer sur les parois des montagnes en étant sécurisé, elles ont aussi connu une histoire dramatique. Pendant la Première Guerre mondiale, en effet, les Dolomites ont été le théâtre d'une bataille acharnée et de combats féroces autant que déterminants entre les forces italiennes et autrichiennes, en raison de leur position stratégique et de leur terrain montagneux difficile, en haute altitude. Les deux camps ont alors eu recours à ces réseaux de "voies ferrées" équipées, connus sous le nom de "via ferrata", pour faciliter les mouvements des troupes et permettre l'accès à des zones autrement inaccessibles en raison de la topographie accidentée. Les via ferrata ont également été utilisées pour acheminer des provisions, des armes et des équipements aux troupes stationnées en altitude. De plus, elles permettaient aux forces militaires de se positionner stratégiquement sur les sommets, les cols et autres points clés des Dolomites pour obtenir un avantage tactique évident. Ces positions élevées offraient ainsi une meilleure vue d'ensemble des mouvements ennemis dans les vallées environnantes, facilitant la surveillance et l'observation. Des positions fortifiées, des tranchées et des postes d'observation ont même été établis le long de ces voies équipées pour repousser les attaques ennemies – vous en verrez des vestiges au cours de la randonnée. Les soldats pouvaient se déplacer rapidement le long des via ferrata pour renforcer les positions clés ou pour mener des contre-attaques au fusil, à la baïonnette et même à l'épée, le tout suspendus dans le vide, uniquement maintenus par un câble. Du combat de haute voltige ! Très loin de l'utilisation qui en est faite aujourd'hui pour nos loisirs, et que nous préférons tous !

Ma deuxième journée commence par une très longue descente qui met mes genoux à rude épreuve dès le matin. L'objectif : rejoindre le Val dai Tamersc avant de remonter pour une très longue ascension jusqu'au refuge Lagazuoi, à 2 752 m d'altitude. Il me faut parcourir près de 2 000 m de dénivelé positif pour rejoindre le plus haut point de mon aventure : la journée va être longue et chaude, en ce mois caniculaire ! Au fond du val, je suis surpris de voir soudainement un grand nombre de touristes. J'en ai vite l'explication : au détour d'un virage, j'aperçois un immense parking de voitures et de bus. Je ne m'attarde pas dans cette foule et enchaîne aussi rapidement que possible la montée vers le col de Falzarego. L'ascension est vraiment très longue et comporte quelques passages assez vertigineux qui peuvent effrayer les personnes sujettes au vertige. Après de longues heures d'efforts, j'arrive finalement à Lagazuoi où j'installe ma tente à proximité du refuge. Le coucher du soleil depuis ce site est magnifique, avec les pics et les lignes de crêtes qui se découpent dans le ciel tout autour de moi, et particulièrement sur l'horizon coloré d'une lumière rouge orangé !

L'objectif de ma troisième journée est le Passo Giau, à plus de 20 km de marche pour 1 600 m de dénivelé positif. Le début de la randonnée est impressionnant et grandiose, car j'évolue en contrebas d'immenses falaises qui dominent toute la vallée. Quelques chutes de pierres me rappellent le danger inhérent à toute longue randonnée en montagne et l'impératif de porter un casque et d'être bien équipé ! D'autant plus que mon aventure du jour sera un peu différente, car je vais emprunter une voie d'escalade et de via ferrata qui mène au Passo Giau en passant par le refuge Nuvolau.

L'Alta Via n°1 se partage ici en effet en deux routes, dont une comporte une via ferrata. Les via ferrata ont été inventées en Italie, ce serait donc dommage d'opter pour une autre voie. C'est parti ! J'enfile mon baudrier et mes vaches (des longes qui permettent d'être sécurisé), et je commence l'ascension ; trois heures de varappe et de via ferrata d'une beauté absolue. Je suis cerné par des pics minéraux et des arêtes de crête. Même s'il fait très chaud sur la paroi, avec le soleil qui tape sur la roche, il s'agit sans aucun doute de mon moment préféré lors de cette aventure. Attention tout de même : le niveau des via ferrata en Italie n'est pas vraiment le même qu'en France. Il y a de nombreux passages très techniques, et parfois extrêmement vertigineux. Superbe, mais pas recommandé à tout le monde !

La quatrième journée est probablement la plus tranquille du trek, avec de nombreuses descentes jusqu'au col de Roan. Autour de moi, les sommets sont moins déchiquetés et la végétation se fait de plus en plus présente. Pour ceux qui connaissent *Le Seigneur des Anneaux*, je passe clairement du Mordor à la Comté ! La chaleur est beaucoup plus supportable et je commence à être entouré par des troupeaux de chèvres et de moutons. Je grimpe sur une pente douce une bonne partie de la journée jusqu'au refuge Coldai, qui surplombe un très joli petit lac où je me baigne avant d'installer ma tente pour la nuit.

Le cinquième jour se passe en bonne partie à l'ombre du mythique Monte Civetta, qui culmine à 3 220 m. La journée étant encore chaude, cette marche jusqu'au refuge Tissi est fort agréable. D'autant plus que le panorama qui s'offre à moi est une fois de plus grandiose ! Par la suite, cela se corse avec une ascension très raide et très étroite jusqu'au refuge Carestiato. Il s'avère rempli de marcheurs italiens parlant très fort et écoutant de la musique tout aussi fort… J'ai un peu l'impression d'être dans la fameuse scène des *Bronzés font du ski*. Je décide par conséquent de m'éloigner au maximum du refuge pour poser mon bivouac, écouter du Bob Dylan et contempler la vue.

Je commence mon avant-dernière journée par une descente jusqu'au Passo Duran (1 601 m) d'où je rejoins le sentier qui monte au Forcella Dagarei (1 642 m), un autre col. Ce matin, j'ai les jambes très lourdes après une semaine de marche, et la montée pique beaucoup ! Je mets ma playlist spécialement conçue pour les "coups de mou", et je repars tout en appréciant les sublimes forêts et ruisseaux du vallon. Je sais que la journée va être longue jusqu'au sommet du Zita Sud, mais j'essaie d'en profiter au maximum, car il s'agit de la dernière ascension de cette aventure. La vue depuis le dernier sommet du trek est splendide. Mon regard embrasse tout l'horizon, et je réalise les efforts que j'ai déployés pour arriver jusqu'ici. Je suis un peu ému, et, plutôt que de descendre jusqu'au refuge Pian de Fontana, je décide de poser mon dernier bivouac ici, sur les crêtes du Zita Sud. Il n'y a bien évidemment aucune surface plate : la nuit sera à la belle étoile ! J'accroche une cordelette militaire autour d'un rocher, puis je la fais passer comme un harnais sous mes bras. Me voici bien accroché : au cas où je serais un peu trop remuant cette nuit, cela m'évitera de me retrouver en morceaux 1 000 m plus bas ! Après avoir observé le coucher du soleil en "savourant" mon dernier repas lyophilisé, je m'endors épuisé en contemplant les pluies d'étoiles filantes dans le ciel. Magique !

Le lendemain matin, la descente finale jusqu'à La Pissa, longue de 1 400 m de dénivelé négatif, parcourue en 4 heures, est un calvaire pour les articulations de mes genoux. Je suis content d'avoir pris mes bâtons de randonnée car, sans eux, cette étape aurait été encore bien plus longue et douloureuse… Et, heureusement, la majorité du trajet se fait en forêt et c'est vraiment très agréable. Voilà, je suis arrivé au terme de l'Alta Via n°1 ! Je dois le reconnaître, les Dolomites et le Sud-Tyrol sont vraiment splendides, avec des paysages extrêmement beaux et atypiques que l'on n'observe nulle part ailleurs, même dans mes chères montagnes de l'autre côté de la frontière. Pas grave : je laisse à nos cousins italiens les plus belles montagnes, et nous nous rattraperons à la prochaine Coupe du monde de foot…!

À gauche : Tre Cime ; à droite : Monte Civetta

FEUILLE DE ROUTE

Départ	Lago di Braies
Arrivée	La Pissa
Distance	120 km
Comment s'y rendre	En avion ou en train jusqu'à Innsbruck ou Venise, puis 2 heures de route depuis Innsbruck ou 3 heures depuis Venise jusqu'au lac de Braies.
Quand s'y rendre	Pour cette traversée en montagne, les mois de juillet, août et septembre offrent les meilleures conditions, en dépit d'une forte fréquentation en juillet-août.
Les indispensables	Des bâtons de randonnée, un casque et une tente légère. D'excellentes chaussures de marche avec tige haute et pare-pierres devant. De bonnes protections solaires pour la tête, les yeux et la peau – le soleil tape très fort à cette altitude. Une gourde de 2 l et de la nourriture lyophilisée. Une paire de jumelles pour observer les animaux et un bon livre pour le soir dans la tente.

ITAL

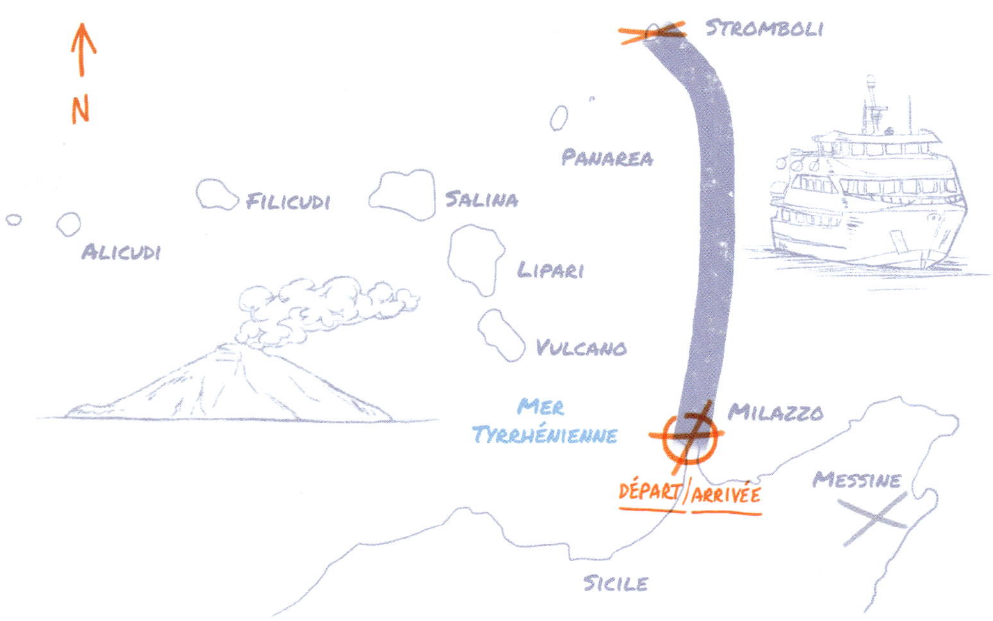

Grimper au sommet de l'un des volcans les plus actifs du monde : le Stromboli

Activité	Randonnée
Difficulté	Intermédiaire
Pays	Italie
Lieu	Îles Éoliennes
Durée	Six heures aller-retour

L'Italie est l'un des rares pays au monde à posséder de nombreux volcans en activité. Aujourd'hui, nous partons dans le superbe archipel volcanique des îles Éoliennes, situé dans la mer Tyrrhénienne. Je vous emmène faire l'ascension de l'un des volcans les plus actifs du monde, surnommé "le phare de la Méditerranée" en raison de ses fréquentes éruptions : le Stromboli ! Il est situé sur l'île du même nom, sur l'immense dorsale volcanique qui relie l'Etna, en Sicile, au cône menaçant du Vésuve, près de Naples. Non loin se trouve Vulcano, l'une des îles de l'archipel, formée par le sommet émergé d'un volcan. S'étirant au large de la côte nord-est de la Sicile, l'archipel tire son nom d'Éole, le gardien des vents dans la mythologie grecque. Il est composé de sept îles principales, dont certaines sont habitées, et d'autres classées comme réserves naturelles protégées. Chaque île possède un caractère singulier ; j'aime naviguer de l'une à l'autre pour en contempler la beauté depuis la mer avant de les explorer.

Revenons au Stromboli. Son activité volcanique typique se caractérise par des projections, souvent régulières, de cendres et de lave, et des exhalations de fumerolles. Son sommet, creusé par plusieurs cratères, culmine à 924 m. Le plus actif d'entre eux est le cratère nord-est, qui est souvent le point d'origine des éruptions dites justement "stromboliennes". Les explosions peuvent ainsi être puissantes et projeter de grandes quantités de matériaux et de lave, et s'avérer périlleuses pour les randonneurs. Si l'ascension n'est pas particulièrement difficile, il faut rester extrêmement vigilant et surveiller les changements de situation, car ce volcan très actif peut parfois créer la surprise. L'accès au volcan est d'ailleurs réglementé et il faut être accompagné par un guide au-delà de 400 m.

Mon aventure a commencé par une excursion en bateau depuis la ville de Milazzo, sur la côte nord-est de la Sicile. Le trajet jusqu'à l'île de Stromboli est toujours une expérience en soi, offrant des vues panoramiques sur la mer Tyrrhénienne et les autres îles volcaniques de l'archipel. Une fois sur l'île, j'ai opté pour un début d'ascension en fin d'après-midi pour éviter les grosses chaleurs de la journée, mais aussi pour profiter de

UN FILM AU STROMBOLI

Je suis un grand fan du cinéma en noir et blanc des années 1930-1940. L'un de mes films préférés du néoréalisme italien est *Stromboli* de Roberto Rossellini, réalisé en 1949, qui a contribué à faire connaître l'île et le volcan dans le monde entier. Rossellini avait choisi la sublime actrice Ingrid Bergman pour le rôle principal et l'équipe de tournage avait installé son campement près du sommet du volcan. Pendant le tournage, le Stromboli a connu une série d'éruptions particulièrement intenses, provoquant des explosions de lave et de cendres très impressionnantes pour les acteurs et les techniciens. L'équipe s'est retrouvée confrontée à la fois à la gestion des risques pour les acteurs, mais aussi à la difficulté de maintenir le matériel en bon état. À plusieurs reprises, le tournage a dû être interrompu, et le film a bien failli ne jamais voir le jour. Malgré ces défis, Rossellini décida d'utiliser ces éruptions comme éléments clés de son film et il intégra les explosions volcaniques dans l'intrigue, faisant du Stromboli lui-même un personnage majeur de l'histoire. Les scènes filmées sur l'île, avec les éruptions en arrière-plan, ont donné à cette œuvre une atmosphère absolument unique et ont renforcé le réalisme de l'histoire. *Stromboli* témoigne de cette époque où les effets spéciaux n'existaient pas, mais aussi du talent du réalisateur, qui a su retranscrire la beauté véritable des lieux sans artifices.

l'incroyable spectacle nocturne qu'offrent les éruptions ! Je pars du port, aux jolies maisons blanches et dont les ruelles étroites descendent en pente douce vers la mer. Malgré l'activité volcanique, l'île est habitée en permanence par quelque 500 personnes qui vivent principalement de la pêche, de l'agriculture et du tourisme. Après avoir dégusté une granita bien fraîche, et vérifié que ma lampe frontale fonctionnait correctement, il est l'heure de commencer l'ascension.

Le sentier de randonnée commence au niveau de la mer et grimpe progressivement à travers une végétation assez luxuriante, comme sur toutes les îles volcaniques. Pendant la première partie de l'ascension, le sentier est relativement facile, et j'en profite pour admirer les panoramas magnifiques sur l'île et la mer en contrebas. Comme à chaque fois que je pars explorer un volcan actif, je sens monter en moi l'excitation au fur et à mesure que je me rapproche du sommet. Cependant, plus je monte en altitude, plus le terrain devient accidenté et rocailleux, et il faut faire attention où l'on pose ses pieds. J'adore toujours ce moment où, durant l'ascension, on passe de la vie luxuriante à l'ambiance plus sombre et dangereuse des sommets volcaniques. Après 2 heures de marche environ, j'arrive finalement au sommet du Stromboli. Ce n'est pas l'altitude qui m'empêche de respirer correctement, mais bien les odeurs de soufre et les émanations de gaz très prononcées à mesure que l'on s'approche du cratère. Porter un masque anti-particules permet de ne pas respirer les cendres.

La vue depuis le sommet est vraiment à couper le souffle. J'aperçois les autres îles Éoliennes au milieu du bleu infini de la mer. Cela étant, je ne suis pas venu pour la vue, mais plutôt pour vivre les éruptions de près ! Une fois le soleil couché, le spectacle nous apparaît dans toute sa force. Chaque explosion est accompagnée d'un grondement surpuissant, suivi d'une colonne de fumée, de lave et de cendres qui s'élèvent très haut dans le ciel. Bien évidemment, je maintiens une distance sûre avec les zones potentiellement dangereuses, car je sais, pour avoir vécu des événements imprévus, notamment sur le volcan Kawah Ijen en Indonésie, à quel point la situation peut se dégrader en un instant !

J'ai pu observer des dizaines d'éruptions autour du monde. Pourtant, je suis toujours aussi ému et fasciné par le spectacle tellurique que nous propose notre chère Terre Mère. Après ces instants captivants passés près du cratère, j'entame la descente, plus courte que l'aller. Je rentre finalement au port, éclairé à la frontale, en sachant que je reviendrai ici, c'est certain !

FEUILLE DE ROUTE

Départ	Milazzo
Arrivée	Sommet du Stromboli
Distance	6 km
Comment s'y rendre	Depuis Catane, on rejoint en deux heures le port de Milazzo, d'où un ferry part pour Stromboli (1 heure 30).
Quand s'y rendre	Je recommande les mois d'avril et de mai pour éviter la foule des vacanciers et la chaleur.
Les indispensables	Un chapeau et des lunettes de soleil. Une frontale chargée, de bonnes chaussures de randonnée avec des guêtres hautes pour éviter que des cendres ne pénètrent à l'intérieur. Un foulard humide ou un masque à oxygène, pour se protéger des émanations trop fortes.

« Comme à chaque fois que je pars explorer un volcan actif, je sens monter en moi l'excitation au fur et à mesure que je me rapproche du sommet. »

SLOVÉ

NIE

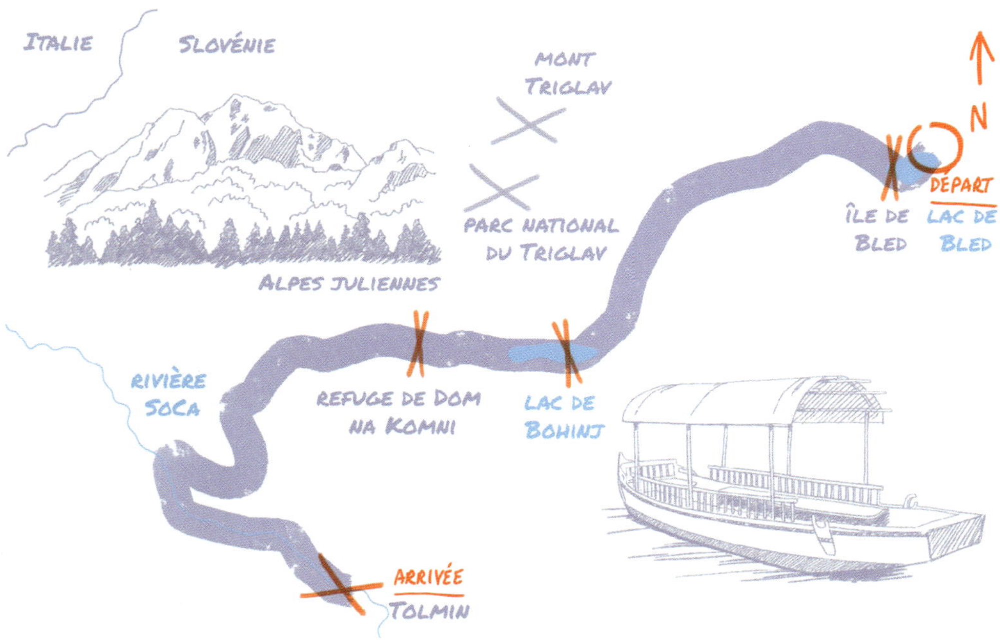

Découvrir les lacs et rivières slovènes en packraft

Activité	Randonnée et packraft
Difficulté	Intermédiaire
Pays	Slovénie
Lieu	Alpes juliennes
Durée	Six jours

Nous partons maintenant dans le nord-ouest de la Slovénie, près de la frontière italienne, pour rejoindre la superbe vallée de la Soča, qui traverse les Alpes juliennes. Au milieu de cette vallée coule la Soča, vedette incontestée des lieux : ses eaux d'une clarté incroyable varient entre le turquoise et le bleu émeraude, créant des reflets saisissants sur lesquels je rêvais de naviguer depuis des années. Ce fleuve prend sa source en Slovénie et se jette 136 km plus loin dans la mer Adriatique en Italie, où il prend le nom d'Isonzo.

Pour découvrir cette vallée slovène et toutes ses merveilles, je vous propose de combiner deux sports outdoor que j'adore, la randonnée et le kayak, en utilisant un packraft ! J'adore ce moyen de transport que j'ai déjà expérimenté dans plusieurs de mes aventures africaines et sud-américaines. Le principe est simple : au milieu de tout mon matériel de bivouac, je transporte dans mon sac à dos un petit bateau gonflable d'environ 2-3 kg, que je gonfle dès que je dois traverser un lac ou descendre une rivière ! Cela me procure à chaque fois une sensation extraordinaire, comme si j'étais sans frontière, libre d'aller où je veux sur notre magnifique planète !

Notre aventure slovène se doit de commencer sur le sublimissime lac de Bled : ce tableau empreint de beauté et de sérénité est probablement l'endroit le plus photographié du pays ! Ses eaux d'un bleu-vert éclatant captent le ciel et les montagnes qui les entourent, reflétant presque parfaitement le château de Bled qui le surplombe. Tout autour, les montagnes des Alpes juliennes se dressent, formant une toile de fond spectaculaire. Au cœur du lac, l'île de Bled émerge tel un bijou enchâssant son joyau : la très belle église de l'Assomption de Marie. Rien de mieux pour le découvrir que d'embarquer sur une *pletna*, la barque traditionnelle du lac ! Après avoir navigué plus de 2 heures au milieu des saules pleureurs, je quitte le décor poétique et éblouissant de ce lieu enchanteur pour commencer ma randonnée. Nous sommes dans le parc national du Triglav, trésor naturel et culturel de la Slovénie. Il est nommé d'après le mont Triglav, le plus haut sommet du pays (2 864 m d'altitude), un véritable symbole national et un objectif de randonnée convoité pour de nombreux Slovènes.

Lac et île de Bled

LES DRAGONS SLOVÈNES

Si la Slovénie abrite une population d'ours bruns estimée entre 400 et 700 individus, vénérés et protégés par la population, un autre animal occupe une place spéciale dans la culture et la mythologie locales. En Slovénie, il y a aussi… le dragon ! Ce symbole emblématique du pays est présent dans de nombreuses histoires et légendes. Le plus célèbre est celui de Ljubljana. Selon la légende, le héros grec Jason, après s'être emparé de la Toison d'or avec les Argonautes, aurait tué un dragon qui habitait le marais près de la rivière Ljubljanica, où se trouve aujourd'hui la ville. Il est depuis devenu un symbole de protection pour la ville et est représenté sur son blason. Le pont des Dragons, orné de sculptures de ces superbes créatures, y est devenu une célèbre attraction touristique. Outre le dragon de Ljubljana, il existe de nombreuses autres légendes de dragons dans différentes régions du pays. Dans la culture slovène, cet animal cracheur de feu est souvent vu comme un symbole de force, de protection et de courage, considéré comme un gardien des terres et des gens, un protecteur contre les forces maléfiques. En traversant le pays, j'ai pu voir des représentations de dragons un peu partout, sous forme de sculptures, de peintures, ou utilisés dans l'artisanat traditionnel. Un festival leur est même consacré, où les gens se déguisent en dragons. Je dois absolument m'y rendre !

Après une très belle marche sous un soleil de plomb, j'arrive à ma deuxième étape qui est le tout aussi magnifique lac de Bohinj. Cet autre trésor naturel de Slovénie, beaucoup moins connu que le lac de Bled, offre une atmosphère plus sauvage et paisible que j'aime tout particulièrement. L'absence de constructions majeures sur ses rives renforce cette sensation de nature intacte, et le fameux mont Triglav, que j'aperçois pour la première fois durant mon voyage, se dresse devant moi, ajoutant une aura de légende au lieu. Allez! Je gonfle mon packraft pour la première fois pour traverser les 5 km du lac. Le packraft est très simple à gonfler, à l'aide d'une poche à air, il ne me faut pas plus de 5 minutes pour être sur l'eau!

Alors que je glisse sur les eaux calmes du lac de Bohinj, un monde de beauté naturelle s'ouvre devant moi. J'ai l'impression de pagayer au cœur d'une peinture vivante. Les saules pleureurs se penchent gracieusement au-dessus de l'eau, créant des reflets dansants uniquement perturbés par les ondulations que je crée. Alors que je me trouve au milieu du lac, une sérénité profonde m'envahit ; seuls les clapotis sous ma pagaie se font entendre, comme une douce mélodie rythmée par ma progression. Dès que j'arrive au bout du lac, je range mon bateau dans mon sac et je saute immédiatement me rafraîchir dans les eaux turquoise! Ah oui, j'ai oublié de le préciser, la Slovénie connaît à ce moment une période de canicule très intense, et, alors que c'est mon premier jour, je suis déjà grillé à point!

Mais la journée n'est pas finie, je suis encore très loin d'avoir achevé ma première étape. En effet, il me reste plus de 1 300 m de dénivelé positif pour atteindre le refuge où je souhaite dormir ce soir! Avec cette canicule, et le fait que je suis chargé comme une mule, l'ascension s'annonce longue! Au fur et à mesure que je grimpe dans la montagne, les eaux azur du lac de Bohinj et tout le panorama du massif du Triglav apparaissent devant moi. C'est une vision paradisiaque, et je me dis que cette vue vaut bien les litres de transpiration que je verse! Après quelques heures, j'arrive enfin au refuge de Dom na Komni, pile à l'heure pour admirer l'incroyable coucher de soleil sur le massif, avec le lac de Bohinj au milieu. J'en suis bouche bée!

« On m'avait dit que sa couleur était sublime, mais je ne m'attendais pas à une telle merveille! »

Après une bonne nuit récupératrice, j'entame une très grosse journée de marche qui me fera traverser le massif du Triglav à travers des paysages très variés. Je marche principalement à l'ombre des sapins et des épicéas, dans la forêt. La lumière tamisée crée des motifs lumineux enchanteurs sur le sol forestier qui m'accompagnent tout le long de ma randonnée, tout comme le bruit apaisant de l'eau des ruisseaux et des cascades qui longent le chemin. À mesure que je gagne en altitude, je franchis de vastes prairies verdoyantes parsemées de fleurs sauvages colorées, formant des tableaux d'une irréelle beauté bucolique. Je croise aussi de magnifiques et impressionnantes couleuvres que j'observe avec fascination. Ici, je ne cours pas les mêmes

risques avec les reptiles qu'en Afrique, alors je prends le temps de les observer de plus près. Après plusieurs heures de marche, c'est le moment d'attaquer la très longue descente jusqu'à la vallée de la Soča. Mes genoux n'apprécient pas! Finalement, après de longues heures, j'arrive enfin, heureux mais épuisé, devant l'incroyable fleuve Soča.

On m'avait dit que sa couleur était sublime, mais je ne m'attendais pas à une telle merveille! L'eau est effectivement d'une beauté bleue hallucinante, qui me rappelle celle que j'ai évoquée, au Mexique, dans la Huasteca Potosina, mais elle est encore plus limpide! C'est l'eau la plus transparente sur laquelle j'ai navigué de ma vie. Elle me rappelle aussi celle des lacs de Plitvice, en Croatie. Après une si longue journée de marche en pleine canicule, je n'ai qu'une seule envie, arracher mes vêtements et plonger instantanément dans cette eau magique! Et pourtant... Mon expérience de montagnard et d'instructeur en immersion en eaux froides me dit qu'il faut se méfier de ce genre de rivière... Et, effectivement, j'y trempe délicatement le pied pour m'apercevoir qu'elle est absolument gelée! Ma montre indique 4°C. Pour le plongeon en pleine canicule, il faudra repasser... Mais, après une séance de méditation et de respiration selon la méthode Wim Hof, je m'immerge totalement dans ces eaux magnifiques. C'est exactement ce dont mon corps avait besoin pour récupérer avant d'affronter la longue descente des rapides de la Soča qui commence le lendemain.

Une fois de plus, je me réveille aux aurores. Depuis ma tente, la vue sur la Soča est sublime. Une épaisse brume recouvre toute la vallée. L'ambiance est absolument irréelle ! Je replie ma tente et, en attendant que cette brume se dissipe pour pouvoir naviguer, je commence à suivre son cours à pied sur 6-7 km, en empruntant des passerelles en bois. Depuis ces dernières, la vue sur cette brume est magique. Une fois qu'elle s'est dissipée, laissant réapparaître le bleu azur de la rivière, j'ouvre mon sac à dos, gonfle mon raft et m'élance tout excité pour ma première vraie descente sur la Soča! L'eau est toujours aussi glacée. Il faut absolument que j'évite de me retourner, sous peine bien sûr d'avoir tout mon matériel de bivouac trempé jusqu'à la fin de l'aventure, mais surtout, bien plus grave avec cette canicule, de risquer l'hydrocution! Après avoir tout bien accroché sur mon packraft, je m'élance! Le bateau est super maniable, mais, étant donné sa petite taille, il se retourne plus facilement dans les rapides. Je dois donc être très prudent, même si aujourd'hui je n'affronterai pas de rapides supérieurs au niveau 3.

Lors de ma descente, tout le paysage de la vallée, avec le Triglav en arrière-plan, se dévoile majestueusement. Seule ombre au tableau : comme, deux semaines avant mon arrivée, le pays a connu les pires inondations de son histoire, qui ont causé de nombreux dégâts, beaucoup de troncs d'arbre barrent encore le cours de la Soča et je dois sans cesse alterner entre marche et descente en raft. Cela s'avère un peu frustrant parfois de gonfler puis ranger son raft dans le sac à dos pour seulement 3 km, mais c'est assez rapide, et ça fait partie du jeu : finalement, c'est à ça que sert un packraft! Les trois jours de ma descente de la Soča jusqu'à la ville de Tolmin seront malgré tout une aventure inoubliable au milieu de paysages sublimes et préservés. Malgré les sensations très fortes que procurent certains rapides très impressionnants, j'ai vraiment envie que ce fleuve n'arrête jamais de couler, tellement je m'y sens bien, porté par ses flots au milieu des forêts slovènes. Malheureusement, je ne peux pas le suivre jusqu'à la mer, et je dois bien m'arrêter. Je remballe une dernière fois mon packraft, et, bien heureusement, j'ai une consolation : ma prochaine destination est l'une de mes capitales préférées en Europe : la magnifique, intimiste et artistique ville de Ljubljana!

À GAUCHE : © MAËLLE ROUSSEAU ; À DROITE : © ANTHONY VERLAINE

FEUILLE DE ROUTE

Départ	Lac de Bled
Arrivée	Tolmin
Distance	Environ 90 km
Comment s'y rendre	En avion ou en train jusqu'à Ljubljana, puis en bus jusqu'à Bled.
Quand s'y rendre	De juin à septembre pour profiter des meilleures conditions de navigation sur la Soča.
Les indispensables	Des chaussures de randonnée, des bâtons de randonnée, un maillot de bain et tout le matériel de packraft. Plusieurs sacs étanches pour protéger votre matériel de bivouac, vos appareils numériques et vos vêtements de rechange.

CRO

ATIE

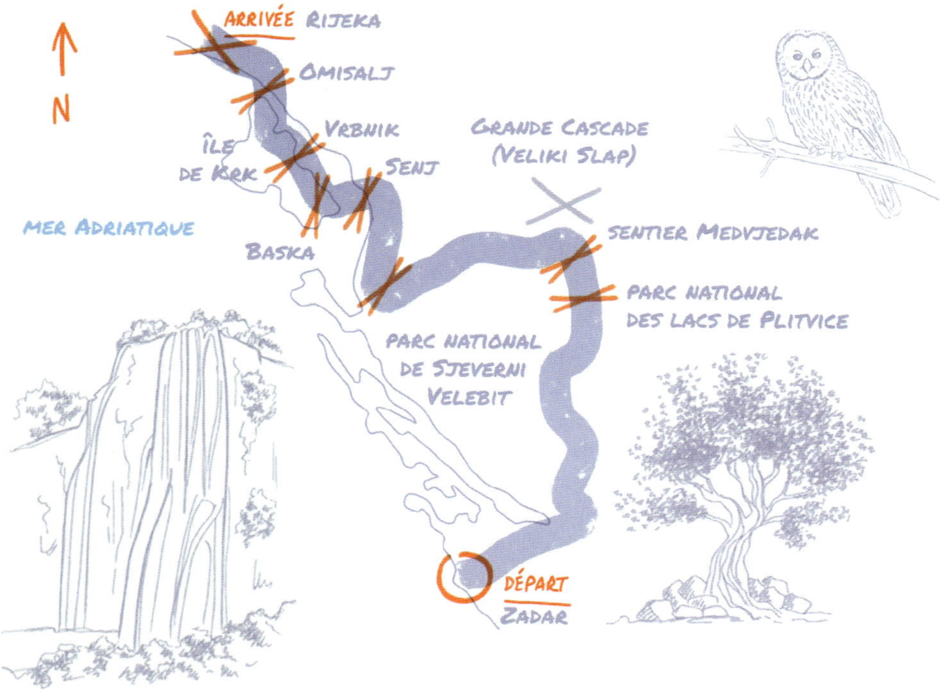

Traverser la Croatie en suivant la Via Dinarica

Activité	Randonnée, cyclisme et kayak
Difficulté	Facile
Pays	Croatie
Lieu	Via Dinarica
Durée	Trois semaines

Cette aventure balkanique épouse les courbes de l'Adriatique en suivant la Via Dinarica, un réseau de sentiers de grande randonnée dont les fameuses voies blanches et bleues traversent les sublimes paysages croates. Notre voyage mêle randonnée, kayak, escalade et vélo, pour profiter au mieux des panoramas splendides des massifs des Alpes dinariques, où la montagne côtoie sans cesse la mer. Également connue sous le nom de Dinarides, cette chaîne de montagnes s'étend sur environ 645 km, traversant la Slovénie, la Croatie, la Bosnie-Herzégovine, le Monténégro, la Serbie et le Kosovo.

Depuis la superbe ville de Zadar, nous remonterons vers le nord, pour terminer notre périple d'environ 500 km à Rijeka. Entourée de remparts médiévaux bien conservés, la vieille ville de Zadar abrite des rues pavées étroites, des places animées, des églises historiques, des palais vénitiens, et la rue principale, Kalelarga, est bordée de restaurants et de cafés.

Après Zadar, cinq jours de marche relativement facile sur des sentiers de moyenne montagne mènent à l'un des sites les plus incroyables du pays : le parc national des lacs de Plitvice. Dans un écrin de verdure s'étendent seize lacs naturels d'un bleu translucide, reliés entre eux par une série de cascades et de cours d'eau. En tout, une centaine de chutes, dont le bruit et les embruns rafraîchissants sont autant de rappels des forces brutes de la nature, s'écoulent dans les lacs, inscrits sur la liste du Patrimoine mondial de l'Unesco depuis 1979. Selon moi, c'est le site incontournable lors d'un premier séjour en Croatie. Il s'agit d'ailleurs du site le plus visité du pays avec Dubrovnik : vous ne serez donc pas seul. Alors, oui, il peut être frustrant de partager ce cadre si paradisiaque avec tant de monde, d'autant plus que, malgré la chaleur, la baignade y est interdite. Et oui, on est un peu loin de l'immersion solo en nature que j'aime tant et pour laquelle je parcours le monde. Mais c'est *le* joyau naturel du pays qui, à lui seul, justifie un voyage en toute saison. Pour éviter la foule, je vous conseille de vous y rendre très tôt le matin, ou de vous éloigner des circuits les plus touristiques pour vous

Lacs de Plitvice

aventurer sur d'autres sentiers moins connus, comme le sentier Medvjeđak, où vous retrouverez un peu de liberté et de silence. Le panorama sur les lacs depuis l'entrée numéro 1, au-dessus des lacs inférieurs, est à couper le souffle! Chaque lac possède sa propre teinte allant du bleu turquoise au vert émeraude, créant un spectacle visuel époustouflant. Les chutes sont elles aussi véritablement impressionnantes, notamment la Grande Cascade (Veliki Slap) avec ses 78 m de hauteur! Et puis, si j'aime autant ce parc national, c'est aussi parce qu'il abrite des ours bruns, des loups, des cerfs, des lynx, des loutres, des chouettes et une multitude d'espèces d'oiseaux que j'aime observer pendant de longues heures lorsque les touristes ont quitté le parc!

Poursuivons notre aventure croate: après deux jours de marche en direction de la mer, et une multitude de magnifiques villages traversés, mon prochain objectif est déjà en vue. J'arrive dans le sublime parc national de Sjeverni Velebit, situé dans la partie centrale des Alpes dinariques, à une vingtaine de kilomètres

Vrbnik

« Le long de l'itinéraire, d'anciennes villes fortifiées comme Vrbnik, ou bien Omisalj, connue pour ses ruelles étroites et ses vignobles pittoresques, méritent vraiment la visite. »

L'ORGUE DE LA MER

Ce voyage est l'occasion de vous parler d'une œuvre d'art qui m'a totalement bouleversé. Conçu par l'architecte croate Nikola Bašić, l'Orgue de la mer (*Morske Orgulje* en croate) a été inauguré en 2005 dans la ville de Zadar. Sous des marches de marbre descendant dans la mer Adriatique, des tuyaux en plastique sont installés, répartis sur une longueur de 75 m. Lorsque les vagues frappent les marches, l'eau est canalisée à travers les tuyaux, créant une mélodie naturelle absolument envoûtante. J'y ai passé de nombreuses heures, du coucher du soleil jusqu'au milieu de la nuit, complètement subjugué par l'idée de transformer les mouvements naturels de la mer en une symphonie sonore unique, où chaque vague génère un son différent en fonction des conditions météorologiques et des marées. Au moment de l'inauguration de l'Orgue de la mer en 2005, un groupe de dauphins est même apparu au large, nageant en harmonie avec les sons ! Ils semblaient captivés par ces sonorités et, depuis cette date, ils sont très souvent observés non loin.

environ de la mer Adriatique. J'aime particulièrement ce parc car il s'agit de la plus grande réserve de biosphère en Croatie, classée par l'Unesco. Là aussi se trouvent, au milieu des forêts de pins, des animaux qui me fascinent, tels que l'ours brun, le loup, le lynx, le chamois ou bien encore de nombreux cerfs. J'ai même eu la grande chance d'observer la sublime chouette de l'Oural ! J'emprunte le sentier Premužić, un chemin de crête de renommée mondiale, et grimpe en quelques heures vers les plus hauts sommets du massif du Velebit. La randonnée est relativement simple, mais les paysages sont absolument superbes et, au sommet, on a une vue à 360° sur le pays et la mer Adriatique ! Ensuite, je décide de rester plusieurs jours dans le parc pour profiter de ses sites d'escalade en falaise. En effet, ici les amateurs d'escalade peuvent profiter des parois rocheuses du parc, dont les voies variées attirent aussi bien les débutants que les grimpeurs expérimentés. Une très belle expérience !

Après avoir quitté le parc, et une cinquantaine de kilomètres à vélo plus tard, j'arrive dans la ville de Senj, où je loue un kayak de mer. L'objectif ? Me rendre sur la somptueuse île de Krk, située juste en face. Après une traversée très agitée de 3 heures en pleine mer, durant laquelle je dois éviter nombre de bateaux de touristes, j'arrive sur cette île incroyable que j'ai décidé de traverser à pied. La plus grande île de Croatie est surnommée la "Golden Island" en raison de ses magnifiques plages aux eaux cristallines et de son ensoleillement abondant toute l'année. Je peux vous dire que, lors de ma traversée, au mois de juin, il valait mieux avoir un bon chapeau, vu le peu d'ombre et la force des rayons du soleil ! Mais l'avantage de traverser une île, c'est que je peux m'arrêter tous les 10 km environ pour sauter dans les eaux translucides baignant les plages que je croise, comme la plage de Vela Plaža à Baska, une superbe plage de sable en pente douce qui s'étend sur plusieurs kilomètres, ou bien encore les plages de Njivice, Malinska ou Punat, toutes aussi belles les unes que les autres ! Bien sûr, j'en profite à chaque fois pour goûter de succulents poissons ou des produits de la mer frais qui sont la spécialité de l'île, comme le poulpe rôti à l'ail, dont je raffole ! Le long de l'itinéraire, d'anciennes villes fortifiées comme Vrbnik, ou bien Omisalj, connue pour ses ruelles étroites et ses vignobles pittoresques, méritent vraiment la visite. L'île possède en effet de nombreux vignobles où s'arrêter pour déguster les vins locaux, tels que le Vrbnička Žlahtina. Au quotidien, je ne bois presque jamais d'alcool, mais c'est vraiment captivant de rencontrer les vignerons pour en apprendre davantage sur les méthodes traditionnelles de production du vin. Tout autant que de rencontrer les producteurs d'olives, et en apprendre plus sur les nombreuses oliveraies que l'on voit sur l'île. Je passe deux jours passionnants chez un agriculteur croate pour l'aider et apprendre son métier, notamment l'extraction d'huile d'olive.

Arrivé au bout de l'île, il ne me reste plus qu'une dizaine de kilomètres à vélo pour rejoindre l'étape finale de ma traversée de la Croatie : la ville de Rijeka et son centre-ville historique. C'est ici que prend fin mon aventure croate qui, comme d'habitude, a été guidée par la liberté de naviguer un peu au hasard et à l'envie. Ce que j'aime particulièrement dans ce pays, c'est la possibilité de passer d'une plage magnifique à un sommet de type alpin en quelques kilomètres, ce qui permet de varier à la fois les paysages, mais aussi les moyens de transport !

FEUILLE DE ROUTE

Départ	Zadar
Arrivée	Rijeka
Distance	Environ 500 km
Comment s'y rendre	En avion ou en train jusqu'à Zadar.
Quand s'y rendre	Je recommande les mois de mai et juin car le sentier est beaucoup moins fréquenté et les températures sont plus supportables.
Les indispensables	Un sac à dos de 40 l, une bonne tente légère, de bonnes chaussures de rando imperméables et quelques vêtements de rechange. Équipez-vous de chaussures d'eau de type "méduses" car il y a énormément d'oursins sur les côtes croates.

GR

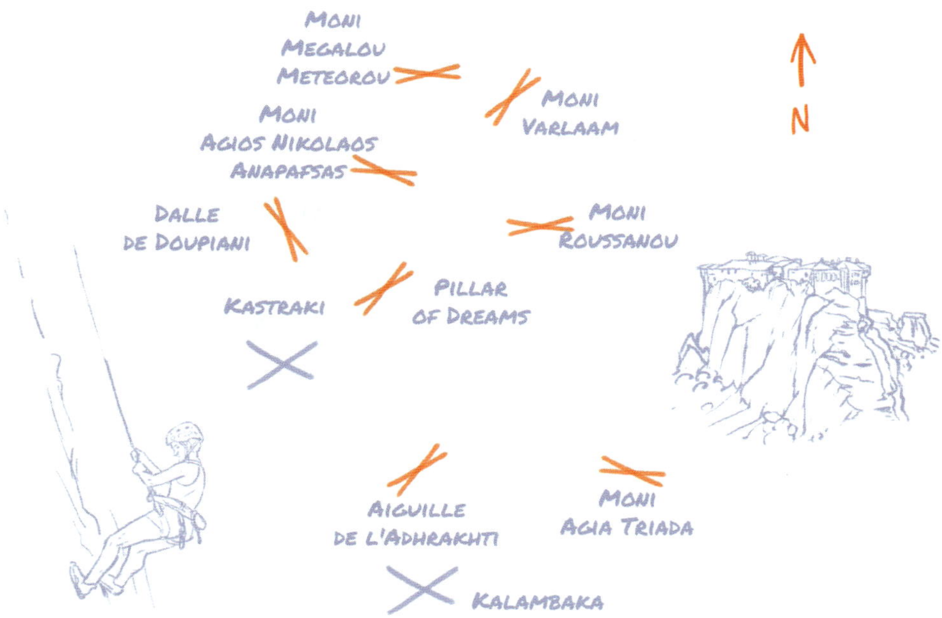

Partir à l’assaut des Météores

Activité	Escalade sur de grandes voies
Difficulté	Intermédiaire à difficile
Pays	Grèce
Lieu	Les Météores, Thessalie
Durée	Trois jours au minimum

Aujourd’hui, nous partons faire de l’escalade dans un lieu absolument irréel, digne d’une autre planète : les Météores, en Grèce ! Proches du village de Kastraki et de la ville de Kalambaka, les Météores (ou Meteora) sont un ensemble de formations rocheuses impressionnantes situées dans la région de Thessalie, en Grèce centrale. En grec, le nom “Meteora” signifie “suspendu dans les airs“ ou “au-dessus du ciel”, ce qui décrit parfaitement l’apparence de ces monolithes. Ces pitons sont constitués de roches composites qui se sont formées il y a des millions d’années à partir de dépôts de sédiments au fond d’une ancienne mer intérieure, puis ont été soulevées par les mouvements des plaques tectoniques. Avec le temps, l’érosion a sculpté cette “forêt de pierre”, créant les formes extraordinaires qui se dressent jusqu’à des centaines de mètres de hauteur.

Outre leur apparence unique, les Météores possèdent une histoire incroyable. Des ermites ont d’abord élu domicile dans des grottes de la région au XIe siècle, à la recherche d’un site isolé pour mener une vie de prière en retrait du monde. Quelques siècles plus tard, des moines orthodoxes ont choisi ces sommets escarpés pour échapper aux troubles politiques et aux invasions, notamment celles des Ottomans, qui sévissaient en Grèce à cette époque. Au fil du temps, ils ont réussi l’exploit d’édifier 24 monastères, certains accessibles par des escaliers taillés dans la roche, d’autres par des passerelles en bois. Ces monastères étaient non seulement des lieux de culte, mais aussi des centres de connaissance et de préservation de manuscrits anciens. Aujourd’hui, seuls six monastères sont encore en activité dans les Météores, habités par des moines ou des religieuses, et ouverts aux visiteurs. Je les ai tous visités, et je peux vous dire qu’ils sont tous plus beaux les uns que les autres – ce sont de véritables oasis de sérénité perchées sur les sommets boisés. Comme dans la majorité des églises orthodoxes, l’intérieur est richement décoré de fresques colorées, parfois couvertes d’or avec exubérance, d’icônes inestimables et de statues religieuses. Cette région est si atypique que les Météores ont été inscrits sur la liste du Patrimoine mondial de l’Unesco en 1988.

Monastère Agia Triada

Ci-dessus : escalade sur une paroi rocheuse ; ci-contre : monastère Agia Varvaras Roussanou

Nous allons grimper au sommet des Météores pour contempler cette histoire du haut des falaises, vibrer devant des panoramas époustouflants et des couchers de soleil sublimes. Avant moi, deux intrépides grimpeurs allemands ont entrepris dans les années 1970 la conquête de tous les sommets et arêtes vierges de cette “forêt de pierre”. Après avoir lu leurs exploits, j'ai souhaité faire de même ! Ici, le rocher est vraiment particulier, puisqu'il s'agit de conglomérat. Si l'escalade est rarement athlétique, elle est très technique, voire déroutante, car les voies sont faites de galets incrustés de toutes tailles, allant du grain de sable au caillou parfaitement rond de 30 cm de diamètre. C'est assez perturbant lors de la première ascension, car l'équilibre des galets est plutôt aléatoire. Le port d'un casque est obligatoire !

Vous aurez le choix entre de nombreuses voies (plus de 700 !), de diverses longueurs (en général, de 40 à 250 m), équipées ou semi-équipées. La plupart sont d'un niveau de 5b à 6c, avec souvent des marches d'approche assez courtes, et, ce qui ne gâche rien, dans de très belles forêts. La descente se fait souvent en rappel aérien, avec une vue superbe sur les monastères et les pitons. Je vous conseille de réaliser une ou deux ascensions par jour au maximum pour vraiment les apprécier ; ensuite, de prendre le temps de visiter un monastère au coucher

DES ÉCHELLES DE CORDE ET DES PANIERS

Notez bien que, si je grimpe des falaises aussi impressionnantes que celles des Météores, c'est avec un matériel solide qui est conçu pour cela, ce qui m'assure en théorie et en pratique une grande sécurité. Rien à voir avec les exploits qu'effectuaient les moines il y a plusieurs siècles !

Avant la construction des escaliers et des passerelles qui facilitent désormais l'accès aux monastères, les religieux accédaient à ces sommets rocheux en utilisant des méthodes d'escalade que je qualifierais de très audacieuses, voire de suicidaires. Il faut bien penser que les premiers ont même grimpé à mains nues ! Les moines utilisaient parfois de simples échelles de corde amovibles pour monter jusqu'aux monastères, ce qui nécessitait une grande agilité, du courage et beaucoup de folie, car elles étaient très instables, et les hauteurs vertigineuses.

Une autre méthode consistait à attacher des paniers en osier ou en bois à des cordes pour être hissé vers le sommet au moyen de treuils. Les moines s'asseyaient ou se tenaient debout dans ces paniers, et d'autres moines au sol tiraient sur les cordes pour les hisser vers le haut. C'était une entreprise risquée, quand l'on connaît le vent qui souffle sur les hautes parois des Météores, et la solidité des cordes de l'époque ! Pas sûr que j'aurais tenté le coup si j'avais été un moine... Ce genre d'équipées me rappelle les traversées de fleuves au-dessus de précipices que j'ai pu effectuer au Népal et au Pakistan. Ce fameux moment où il faut débrancher le cerveau, sous peine de ne jamais s'élancer... Franchement, auriez-vous tenté la montée en panier ?

du soleil, après votre escalade, puis, pour l'ambiance, de prendre un verre avec les autres grimpeurs, le soir, dans le charmant hameau de Kastraki, dominé par ses aiguilles très raides.

Voici une petite liste détaillée de mes trois ascensions préférées aux Météores. Pour commencer, j'ai gravi le Slab of Doupiani ("dalle de Doupiani") qui est une voie variée, parfaite pour se mettre en jambes. Le rocher de Doupiani est le plus proche de Kastraki, qu'il domine ; cela en fait aussi le plus fréquenté. La vue depuis son sommet a l'avantage de dévoiler l'ensemble des paysages et des possibilités de grimpe pour les prochains jours, ce qui est parfait pour se repérer ! Devant ce panorama, je suis surpris que les monastères aient pu être construits aussi haut dès le Moyen Âge et sans le matériel moderne dont nous disposons aujourd'hui. Quand on voit la difficulté de construire un refuge en montagne sans hélicoptère, on se rend compte de la véritable prouesse qui a été réalisée ici, sur ces éperons rocheux ! Après avoir admiré le coucher du soleil, je redescends sur un rappel très bien équipé qui m'aide à me familiariser au conglomérat.

Le lendemain, place au Pillar of Dreams ("pilier des rêves"), l'une des plus longues voies des Météores avec 260 m en 5c+. L'escalade de cette falaise est absolument magnifique sur un beau piton très raide, mais un supplice pour mes mains ! Comme je vous l'ai dit, cette roche est vraiment très particulière à grimper, et il faut être bien équipé pour soigner blessures et bobos durant l'ascension. La montée se fait le long d'une très belle fissure où les zones les plus exposées sont assez protégées. La descente nécessite un double rappel. Il s'agit probablement de mon ascension préférée dans les Météores, et sans aucun doute l'une des plus belles que j'aie pu réaliser autour du monde. La vue et le cadre sont extraordinaires ! Je vous la recommande sans hésiter !

Enfin, la dernière ascension que je vous suggère est celle de l'Adhrakhti. Il s'agit d'une aiguille posée au milieu de la forêt. Alors que j'étais en pleine ascension, je ne pouvais m'empêcher de me demander si ce fin pilier n'allait pas décider, après des millions d'années d'érosion, de s'effondrer le jour même ! La classification en 6B me semble légèrement surcotée, car j'ai trouvé l'ascension en tête relativement simple. La vue à 360° du sommet vous laissera sans voix, mais avec des questions en tête : "Comment suis-je arrivé là ? Et comment vais-je redescendre ?" Un must dans les Météores !

Vous l'aurez compris, si vous aimez l'escalade, l'aventure et les paysages extraordinaires riches d'histoire, ne cherchez plus : foncez aux Météores !

FEUILLE DE ROUTE

Départ/arrivée	Kastraki
Comment s'y rendre	En avion jusqu'à Athènes, puis en voiture (5 heures) ou en train jusqu'à Kalambaka ; si vous venez en train, vous devrez rejoindre Kastraki en bus ou en navette.
Quand s'y rendre	Au printemps (avril-mai) et à l'automne (septembre-octobre).
Les indispensables	Tout le matériel d'escalade, un topo (disponible sur place), 2 cordes de 50 m au minimum, un casque et une trousse de premiers secours.

NORVÈ

GE

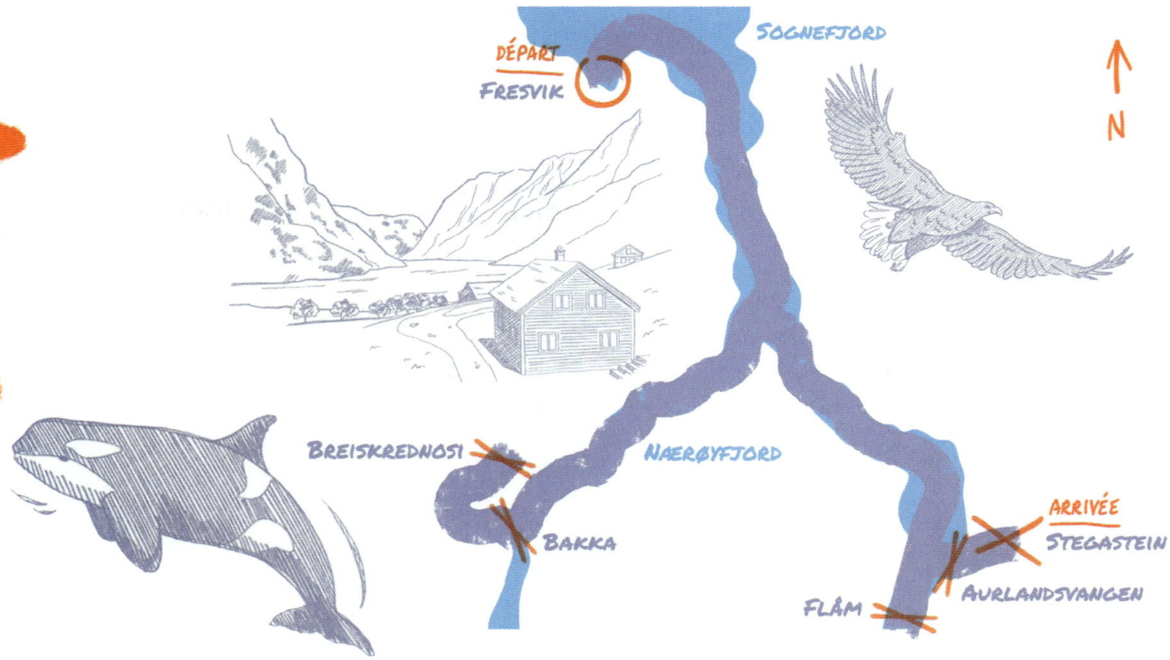

Pagayer dans le plus profond des fjords

Activité	Kayak et randonnée
Difficulté	Facile
Pays	Norvège
Lieu	Nærøyfjord et Sognefjord
Durée	Sept jours

Je viens d'arriver dans l'une des villes les plus pluvieuses du monde : Bergen. Et je dois dire que sa réputation n'est pas usurpée : il pleut des trombes ! Je suis trempé jusqu'aux os lorsque j'arrive dans le magasin où je vais louer un kayak pour ma prochaine aventure. L'objectif de ce voyage : explorer en long et en large le Nærøyfjord, l'un des bras les plus étroits, et les plus beaux, du Sognefjord. Ce dernier, juste au nord de Bergen, est non seulement le fjord le plus long d'Europe, mais aussi le plus profond de la planète. Sa profondeur vertigineuse (jusqu'à 1 308 m !) crée des eaux d'un bleu intense qui contraste magnifiquement avec les falaises escarpées qui s'élèvent de part et d'autre.

Je suis toujours très excité lorsque je commence une expédition en kayak. Je crois qu'il s'agit tout simplement des aventures que je préfère : je suis totalement libre, en contact direct avec la nature, flottant entre les eaux et le ciel au milieu de la vie sauvage. Avec Kiki, mon nouveau kayak (oui, je nomme toujours mes moyens de locomotion pour leur parler quand je me sens un peu seul durant mes expéditions), je commence mon périple dans le petit village de Fresvik, où les eaux tranquilles du fjord appellent à l'exploration dès le lever du soleil. Dans la lumière dorée du petit matin, je glisse seul sur les eaux calmes. L'unique bruit brisant le silence est celui de mon kayak embrassant le fjord. Les montagnes s'élèvent tout autour, majestueuses, leurs sommets touchant le ciel. Je me sens libre, mais aussi tout petit, naviguant entre les murs de granit, sous les yeux des dieux scandinaves Thor et Odin. Les eaux profondes me murmurent des histoires anciennes et des légendes oubliées, et j'ai le vertige en imaginant qu'un vide de plus de 1 000 m se trouve sous mon kayak ! Je n'ose imaginer le nombre d'objets vikings incroyables que je trouverais au fond de ce fjord si j'avais la chance de pouvoir explorer ses profondeurs ! Alors que le soleil se lève, je suis le témoin silencieux de cette danse éternelle, entre la terre et l'eau, entre le ciel et le fjord, et je me sens une fois de plus extrêmement reconnaissant de pouvoir être ici aujourd'hui et de vivre cette vie.

« Trois petites maisons bleue, blanche et rouge, alignées les unes à côté des autres, figurent le drapeau français. »

Au fur et à mesure que la journée passe, je m'émerveille devant la beauté saisissante du paysage qui m'entoure. Les montagnes se reflètent dans l'eau comme des géants endormis, tandis que les rayons du soleil dansent à la surface, créant des jeux de lumière éblouissants. Mais je ne suis pas tout à fait seul. Par moments, des phoques surgissent de l'eau et observent avec curiosité qui est cet étranger s'aventurant sur leur territoire. Et, en un instant, ils replongent dans l'eau! À mesure que je m'approche du village de Bakka, le paysage se transforme, et bientôt ses maisons colorées apparaissent au loin. Trois petites maisons bleue, blanche et rouge, alignées les unes à côté des autres, forment le drapeau français. Derrière ces maisons, une immense cascade enchante encore plus le village. Au bord de l'eau se dresse une superbe petite église typiquement norvégienne; les derniers rayons du soleil se reflètent sur son toit gris. Je m'arrête à plusieurs reprises pour graver à jamais ces moments magiques dans ma mémoire.

Le lendemain, au lever du soleil, je range ma tente et quitte Bakka pour me lancer dans l'ascension du Breiskrednosi, une montagne très impressionnante qui domine les environs. Le soleil de juillet brille haut dans le ciel, et sa chaleur caressante me réchauffe alors que je m'avance sur le sentier rocailleux. Les premiers pas sont faciles; le sentier serpente à travers une forêt dense, les arbres hauts et fiers offrant une ombre bienveillante. Les rayons du soleil filtrent à travers le feuillage, dessinant des motifs d'or sur le sol moussu. L'air est frais et embaumé

LES TOITS HERBEUX

Les toits végétalisés des maisons traditionnelles norvégiennes se fondent parfaitement dans les décors naturels du pays, avec leurs nuances de vert changeant au fil des saisons: en été, ils sont d'un vert vibrant, parfois parsemé de fleurs sauvages colorées, tandis qu'en automne, ils prennent des teintes rousses et dorées. Connus sous le nom de *torvtak* en norvégien, ils sont non seulement esthétiques, coiffant des maisons aux façades rouge vif, jaune moutarde ou blanc pur, mais aussi fonctionnels. Leur épaisse couche d'herbe et de terre offre en effet une isolation naturelle gardant les maisons fraîches en été et chaudes en hiver. De plus, ce type de toiture est relativement facile à entretenir et fournit une excellente protection contre le feu, car la terre et l'humidité retiennent les flammes. Ils jouent également un rôle dans la gestion des eaux pluviales, réduisant le ruissellement et aidant à maintenir un environnement plus frais en milieu urbain. Marcher dans les villages norvégiens et voir ces toits vivants fait l'effet d'un voyage dans le temps. On se croirait dans un conte de fées; je m'attends presque à en voir sortir des trolls et des elfes tout droit issus des légendes nordiques. Je trouve très intéressant le fait que ces toits ne soient pas seulement un hommage au passé, mais aussi une pratique durable qui lie l'homme à la nature de manière respectueuse et harmonieuse, célébrant la beauté du patrimoine norvégien tout en regardant vers l'avenir.

par le parfum des fleurs sauvages qui recouvrent les paysages féeriques du fjord. À mesure que je grimpe, la végétation se raréfie et le chant des oiseaux se fait plus lointain, remplacé par le murmure du vent dans les herbes hautes. Le ciel est d'un bleu éclatant, sans un nuage à l'horizon. La marche devient de plus en plus difficile sous la chaleur et sur les passages dans les éboulis. Chaque effort me rapproche un peu plus du sommet. La montagne, avec ses falaises abruptes et ses crêtes acérées, semble me défier.

Enfin, après plusieurs heures de marche sous un soleil de plomb, j'atteins le sommet du Breiskrednosi. L'incroyable spectacle qui s'offre à moi emplit mon cœur d'aventurier sensible d'une joie indicible. Devant moi s'étend le ruban d'eau étincelant du Nærøyfjord serpentant entre les montagnes vertigineuses. D'un bleu profond, il reflète le ciel et les montagnes environnantes, créant un tableau d'une beauté saisissante. Les falaises tombent à pic dans les eaux tranquilles du fjord, et, au loin, des cascades se précipitent depuis les hauteurs. Les villages nichés au bord de l'eau dessinent des points de couleurs dans ce panorama grandiose, leurs maisons rouges et blanches contrastant avec la verdure luxuriante des collines.

Je m'assois sur un rocher, savourant la vue et le silence, seulement troublé par le cri d'un pygargue à queue blanche en vol. Il se pose sur un arbre à quelques mètres de moi : je suis subjugué par sa beauté ! J'ai croisé beaucoup de pygargues à tête blanche durant mes aventures en Alaska et dans le Yukon, mais c'est la première fois que j'en observe un de cette espèce. Ses plumes brun sombre contrastent avec sa tête plus claire et surtout sa queue d'un blanc éclatant, lui conférant une élégance naturelle. Ses yeux perçants et dorés scrutent l'horizon du fjord à la recherche de proies avec une intensité fascinante. La lumière du soleil se reflète doucement sur ses plumes, accentuant ses lignes gracieuses et son port royal. Pour avoir observé pendant de longues heures ces rapaces de grande envergure, je comprends pourquoi ils sont le symbole de la liberté aux États-Unis. La chaleur du soleil sur ma peau, la brise légère qui vient du fjord, tout cela crée un moment de parfaite harmonie. C'est pour ce genre d'instants, où je me sens en paix, en symbiose totale avec la nature, que j'ai choisi cette vie ! Même si le soleil ne se couche pas vraiment à cette période de l'année, je décide quand même de redescendre à la frontale pour rejoindre Kiki et monter ma tente.

Repartant de Bakka, je me dirige en kayak, durant les deux jours suivants, vers le village de Flåm. Le doux clapotis de l'eau contre la coque de mon embarcation me berce au fil de ma progression. Sur mon portable, j'écoute les albums de Bob Dylan et de Willie Nelson qui m'accompagnent dans toutes mes aventures en pleine nature. Alors que je pagaye, j'aperçois au loin plusieurs ailerons de dauphin ; je me dirige vers eux pour les observer de plus près. Mais, plus j'avance, plus les ailerons paraissent très grands ! Soudain, ils plongent et je vois une ombre massive se déplacer sous la surface. Mon cœur s'emballe : ce sont des orques ! Tout de suite après, un individu émerge à nouveau de l'eau, suivi par cinq autres, et je peux observer le noir de leur dos et leur tache blanche ! Ce sont bien des orques, ces géants majestueux des océans que je rêve de voir depuis toujours ! Je reste immobile, émerveillé mais aussi complètement paralysé, tandis qu'elles nagent autour de mon kayak, leurs mouvements fluides et puissants créant des ondulations qui font osciller dangereusement mon embarcation remplie à ras bord. Soudain, leur souffle puissant résonne dans l'air et je suis à deux doigts de me retourner. L'une d'elles passe à 50 cm de mon kayak et je peux voir son regard curieux me dévisager. Ce moment est absolument exceptionnel, d'autant plus qu'elles fréquentent plus habituellement les fjords de Norvège durant la saison hivernale. Doit-on s'inquiéter d'une migration déréglée

FEUILLE DE ROUTE

Départ	Fresvik
Arrivée	Aurlandsvangen
Distance	90 km
Comment s'y rendre	En avion jusqu'à Bergen, puis en bus jusqu'à Fresvik.
Quand s'y rendre	De mai à septembre.
Les indispensables	De très bonnes chaussures de marche, une tenue pour le kayak, et une bonne lotion antimoustique !

à cause du réchauffement climatique, ou se réjouir simplement du hasard qui a présidé à cette improbable rencontre ? En tous cas, le temps semble s'arrêter alors que je suis entouré par ces sublimes créatures et je ressens un mélange d'émerveillement, de peur et de respect profond pour elles. Je me sens à nouveau incroyablement chanceux d'être témoin d'un tel spectacle dans un endroit aussi magnifique. Lorsque, en un instant, elles disparaissent, je me mets à pleurer de joie et d'émotion.

Je les ai longtemps attendues, mais elles ne sont jamais revenues. Alors, je reprends mon aventure en kayak. Les montagnes se dressent toujours fièrement de chaque côté du fjord, et je prends un immense plaisir à pagayer dans ces fjords. Chaque coup de pagaie me rapproche un peu plus de ma destination, et, bientôt, les maisons colorées de Flåm apparaissent à l'horizon, un point de lumière dans cet univers sauvage. Le village lui-même est un havre de paix, avec ses maisons traditionnelles nichées au creux des collines fleurissantes et son train grimpant dans les montagnes. Je prends le temps de me promener dans les rues étroites, m'imprégnant de l'atmosphère paisible qui y règne. Mais, après deux jours de pause bien méritée, je me réveille un matin surpris par une vision d'horreur. Un immense paquebot de croisière est arrivé cette nuit. Gigantesque, avec tous les équipements de divertissement que l'on trouve sur ces bateaux, surdimensionnés où qu'ils soient sur la planète ; j'hallucine complètement devant ce géant arrivé dans le port. Près de 3 000 Chinois débarquent de ce monstre des mers au matin, brisant la tranquilité du petit village. Écœuré, je remballe ma tente immédiatement, et m'enfuis le plus rapidement possible !

Arrivé au petit village d'Aurlandsvangen, je me lance dans une randonnée jusqu'au Stegastein, un autre point de vue panoramique dominant ce village de 650 m, réputé pour sa vue imprenable sur le fjord. Le sentier serpente à travers les bois et les prairies couvertes de fleurs. Je m'arrête de longues minutes pour observer des chèvres jouer sur les toits herbeux des maisons traditionnelles, puis reprends mon ascension. À chaque pas, la vue s'ouvre un peu plus. Enfin, j'atteins l'immense plateforme en bois de Stegastein, et la vue qui s'offre à moi est une nouvelle fois époustouflante. Les eaux scintillantes bleu turquoise du fjord s'étendent à perte de vue. J'ouvre une bouteille de cidre local à la mûre que j'ai achetée et m'installe pour contempler ce spectacle grandiose. C'est ici, le cœur rempli de souvenirs inoubliables de cette semaine passée à explorer les merveilles naturelles du Nærøyfjord, que mon aventure se termine.

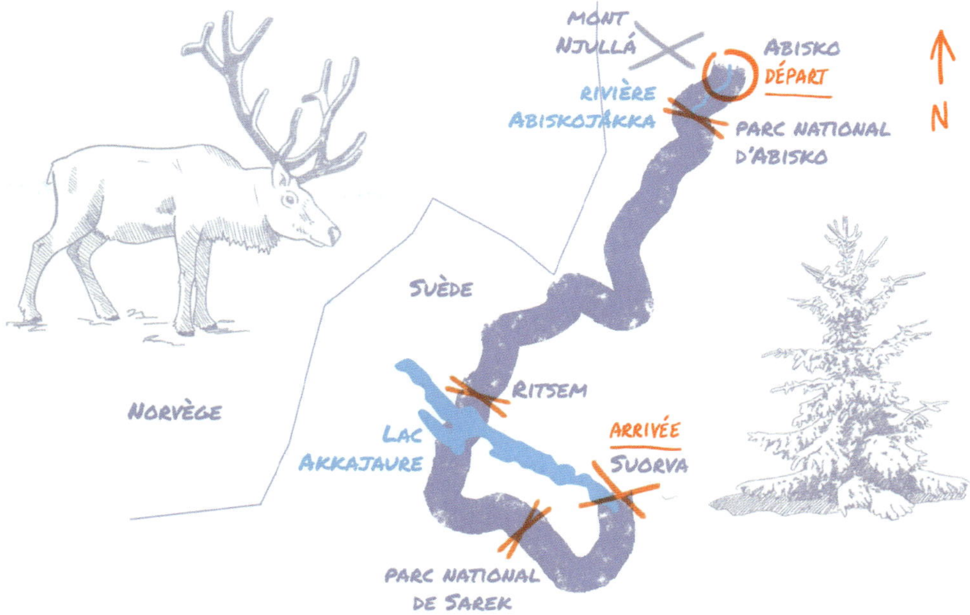

Suivre la mythique Kungsleden en ski nordique et pulka

Activité	Ski de randonnée
Difficulté	Très difficile
Pays	Suède
Lieu	Laponie
Durée	Douze jours

Si, comme beaucoup de voyageurs, vous avez toujours rêvé d'aller en Laponie, cette aventure est faite pour vous ! Je vous emmène en effet parcourir avec moi une partie de la légendaire Kungsleden. Mais, attention, cette excursion est particulièrement exigeante, physiquement et mentalement ! Vous devrez impérativement être bien préparé et équipé, car le climat dans cette région peut être extrême, avec des températures très basses et des conditions météorologiques très changeantes qui mettront vos nerfs à rude épreuve.

La Kungsleden ("Voie royale" en suédois), située au niveau du cercle polaire arctique, est la traversée en ski la plus mythique de Suède. Elle parcourt de bout en bout les paysages sauvages et époustouflants de la Laponie suédoise sur environ 440 km et comporte plusieurs sections : celle que nous allons effectuer en ski de randonnée – avec l'idée d'en parcourir une partie en ski-kite –, relie Abisko à Suorva en passant par des sommets difficiles d'accès, des lacs gelés à perte de vue et des forêts de bouleaux enneigées.

Pour cette aventure, je suis parti avec un petit groupe de skieurs qui avaient le même objectif que moi. Après avoir passé près de 24 heures dans le train depuis Stockholm, admirant depuis la fenêtre des paysages sublimes alternant immenses lacs gelés et forêts de sapins saupoudrés de neige, nous voici arrivés sur un quai perdu au milieu de nulle part, juste à l'entrée du parc national d'Abisko, au pays des Samis ! Situé en Laponie, à l'extrême nord du pays, ce parc national, l'un des plus emblématiques de Suède, abrite de nombreuses montagnes scandinaves, notamment le mont Njulla (1 164 m) son point culminant. Il est traversé par la rivière Abiskojåkka, alimentée par les glaciers environnants, que nous suivrons durant les deux premiers jours. Le parc se trouve dans la zone de transition entre la toundra arctique et la forêt boréale, ce qui, associé aux nombreux lacs et rivières, offre une diversité d'écosystèmes exceptionnelle, propice à une flore et à une faune très riches ; on y croise notamment des rennes, des renards arctiques, des lièvres arctiques et des lagopèdes des saules. Il est également réputé pour être l'un des meilleurs endroits au monde pour observer les aurores boréales !

C'est le départ ! Ma pulka (un traîneau scandinave tiré par une corde que l'on attache autour du bassin) est chargée à ras bord avec mes vivres pour une douzaine de jours, ma voile et mon harnais de kite, le réchaud et tout son combustible pour cuire les aliments et faire fondre de la neige pour avoir de l'eau, mes vêtements de rechange, mes caméras, mon drone, etc. Autant vous dire qu'elle pèse un âne mort et qu'elle va m'en faire voir de toutes les couleurs ! Et, à ce moment, je ne sais pas encore qu'en plus de ça, je viens de faire ce qui est probablement l'une des plus grosses erreurs de ma vie d'aventurier. Impatient d'essayer les nouvelles chaussures de ski ultralégères envoyées par mon sponsor la veille de mon départ, et convaincu par les commerciaux de la marque que ce modèle était beaucoup plus léger et confortable que l'ancienne paire que je traînais depuis

LE "WHITEOUT"

Le "whiteout" est un phénomène très désagréable que j'ai connu à plusieurs reprises durant cette expédition, et lors d'autres aventures mouvementées en ski. Il se crée lorsque la neige qui tombe, combinée à des vents forts, forme un rideau en suspension dans l'air et empêche de faire la distinction entre le sol et l'horizon, causant une sensation de mal de mer insupportable. La visibilité est considérablement limitée, la perception des objets environnants quasi impossible, y compris les reliefs du terrain, les arbres ou les structures humaines, et la notion de distance est quasi nulle. Cela entraîne chez moi des nausées, voire des vomissements assez angoissants car le phénomène peut durer des jours. Autre problème : comme il est presque impossible de distinguer les pentes, les crevasses ou tout autre danger potentiel, je me suis retrouvé à plusieurs reprises dans des situations rocambolesques. Au Canada par exemple, je me suis perdu pendant plus de 6 heures et j'ai dû construire un abri de secours où passer la nuit, avant de repartir seulement le lendemain, une fois le ciel dégagé. Une situation très impressionnante que je ne vous souhaite vraiment pas de connaître !

des années, je suis parti avec des chaussures de ski neuves. Je les ai quand même fait thermoformer à mon pied, mais je ne les ai jamais utilisées en conditions réelles… Il me faudra à peine 5 km pour comprendre que je vais vivre un enfer.

Tout commence plutôt bien. Nous traversons des lacs gelés où, par endroits, la glace est d'un incroyable bleu azur ! Dans un tel décor, on oublie vite le risque de passer à travers la glace à tout moment et de se noyer dans des conditions horribles, entraînés au fond du lac en quelques secondes par nos pulkas, auxquelles sous sommes attachés avec un harnais d'escalade. Nous progressons depuis peu de temps lorsque je me rends compte que mes chaussures ne vont pas être mes alliées dans ce voyage ; mes pieds me font déjà souffrir. Je serre les dents de douleur toute la journée, jusqu'au lieu de notre premier bivouac. Une fois la tente montée dans la neige, malgré les rafales de vent et le froid qui me gèle les mains et le nez, il faut absolument creuser ce qu'on appelle une fosse à froid. Cette zone, plus basse que le niveau où l'on dort, attire l'air froid, créant ainsi un véritable tampon thermique qui limite les déperditions énergétiques pendant la nuit. Ici, je n'utilise pas de sardines pour maintenir ma tente, mais ce qu'on appelle des ancres. Les sardines classiques, qui ne tiendraient pas un seul instant dans cette profonde neige poudreuse, doivent être remplacées par mes skis ou mes bâtons que j'enterre profondément, à environ un mètre de profondeur, pour éviter que ma tente ne s'envole sous les rafales glaciales très violentes. Se retrouver seul au milieu d'une tempête sans moyen de s'abriter ni de se réchauffer peut être fatal. Une fois terminé ce montage très pénible, j'enlève mes quatre paires de gants pour me déchausser et me rends compte rapidement que mes malléoles sont dans un état catastrophique : mes chevilles ont tellement gonflé que j'ai peiné à enlever mes chaussures, et les malléoles sont à vif à plusieurs endroits. La nuit va être très longue…

Après avoir glacé mes malléoles toute la nuit, je repars le lendemain matin, mais la douleur est réellement insoutenable et, au bout de quelques heures, alors que nous arrivons à la limite du parc d'Abisko, je n'ai pas d'autre choix que de renoncer à continuer l'expédition. Les larmes aux yeux, je retire mes chaussures de ski, dis au revoir au reste de la team, enfile mes bottes de neige et quitte l'aventure. Les 13 km jusqu'à la gare d'Abisko, à tirer mon traîneau à pied dans une poudreuse où je m'enfonce à chaque pas, sont une véritable torture dont je vois difficilement la fin.

Mais ceux qui me connaissent savent que je ne suis pas du genre à abandonner si facilement ! Sur le retour vers Abisko me vient une idée : je pourrais reprendre le train jusqu'à la ville de Gällivare, un peu plus au sud, pour essayer d'y louer une paire de skis nordiques à la place de ma paire de skis de rando. Quand j'habitais au Québec, je pratiquais beaucoup le ski nordique, et j'étais à chaque fois stupéfait par le confort de ces chaussures. Les skis sont plus étroits, mais les chaussures, plus souples, seront bien meilleures pour mes malléoles ! Après plusieurs heures de train, trois bus et deux jours de pérégrinations pour trouver une paire deux tailles au-dessus de ma pointure, je réussis finalement à rejoindre le reste des membres de l'expédition sur notre itinéraire, à Ritsem ! Bien évidemment, j'ai toujours

« Les sardines classiques, qui ne tiendraient pas un seul instant dans cette profonde neige poudreuse, doivent être remplacées par mes skis ou mes bâtons que j'enterre profondément, à environ un mètre de profondeur, pour éviter que ma tente ne s'envole sous les rafales glaciales très violentes. »

mal, et mes skis ne me permettent pas d'avancer aussi vite que des skis de randonnée classiques, mais je suis heureux comme jamais de pouvoir reprendre l'aventure !

Les jours suivants ne sont pas de tout repos, avec des rafales de vent glaciales, si puissantes que nous sommes dans l'incapacité de sortir nos voiles de ski-kite. Le risque est bien trop élevé de nous envoler avec une bourrasque puis de nous écraser en tombant de très haut. Le reste de l'expédition se fera donc uniquement à la force des jambes...

Après avoir traversé des lacs glacés à perte de vue et passé des nuits trempés et gelés, nous arrivons dans le parc national de Sarek, le plus grand désert de glace d'Europe. Cette région montagneuse, vierge et isolée, est la plus haute et la plus inaccessible de Suède, avec des sommets enneigés s'élevant à plus de 2 000 m. Elle nous accueille avec ses paysages désertiques aussi désolés que grandioses, et son atmosphère de tranquillité absolue : un calme glacial où règne le silence, uniquement interrompu par les sifflements du vent. Malgré les rafales glaciales qui m'empêchent à certains moments d'avancer ou même d'ouvrir les yeux, je ne peux m'empêcher d'admirer les crêtes et les arêtes des montagnes sculptées par le vent et le gel, créant des formes uniques et des reliefs spectaculaires dignes d'une planète de *Star Wars*.

Le moment le plus magique de cette expédition difficile arrive alors que je suis transi de froid, progressant sous une pluie verglaçante en serrant les dents à cause de mes douleurs aux chevilles. Je suis tout seul, étant donné que le reste du groupe, mieux équipé, avance plus rapidement, et ma pulka, pourtant très lourde, n'arrête pas de se retourner, m'obligeant à faire demi-tour à chaque fois pour la redresser. Alors que je reviens en arrière pour la centième fois de la journée pour retourner avec difficulté le lourd traîneau, désespéré et franchement déprimé, une somptueuse hermine polaire, toute blanche avec des yeux noirs perçants, grimpe sur la pulka et se met à jouer avec moi ! Cet incroyable moment, même s'il ne dure que trois minutes, est exactement ce dont j'ai besoin. Ému aux larmes par cette simple rencontre, je me sens reboosté et trouve l'énergie suffisante pour finir cette épopée polaire.

Il me reste juste à traverser un dernier immense lac gelé offrant un incroyable nuancier de blanc et de bleu. Tout autour, les arbres drapés de neige ressemblent à des sculptures de verre, et les cascades gelées ajoutent une touche de féerie au décor. Le ciel, d'un bleu vif et clair, crée un contraste saisissant avec la neige blanche. Je croise un dernier troupeau de rennes que je photographie pendant un long moment. Puis, comme si cette expédition ne voulait rien nous épargner, nous nous retrouvons pris durant de longues heures en pleine tempête polaire. Sous les violentes rafales, j'ai énormément de mal à tenir sur mes skis et suis projeté à terre à plusieurs reprises. Ma pulka n'arrête pas de s'envoler comme une simple plume. Le froid est si intense que ma moustache, ma barbe et mes cils craquent sous l'effet du gel !

Je réunis mes dernières forces, j'écoute ma playlist de motivation la plus inspirante et finis cette expédition, complètement exténué. Et néanmoins très heureux d'avoir, malgré tout et grâce à ma volonté (ma famille et mes amis diront grâce à mon fichu caractère entêté !), réussi à finir cette expédition qui aurait pourtant pu s'arrêter dès le premier jour ! Morale de l'histoire : peu importe le nouveau matériel haut de gamme dernière génération que l'on vous propose, si vous ne le connaissez pas, rien ne vaut celui que vous utilisez depuis des années et en lequel vous avez confiance.

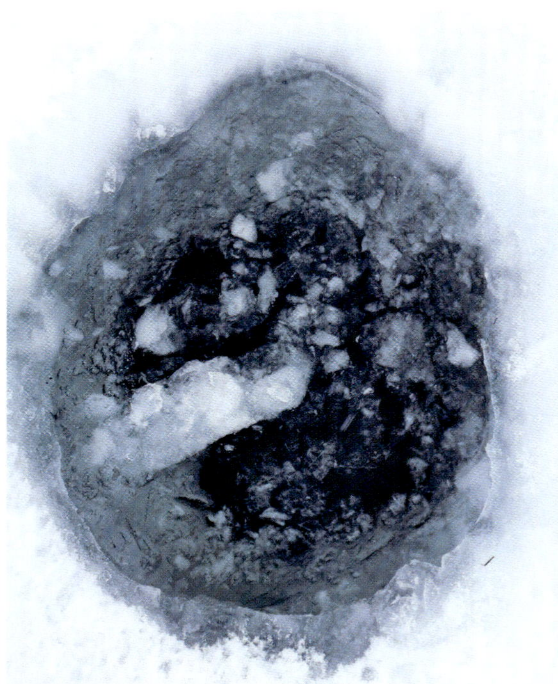

FEUILLE DE ROUTE

Départ	Abisko
Arrivée	Suorva
Distance	Environ 195 km
Comment s'y rendre	En avion jusqu'à Stockholm puis en train jusqu'à Abisko, au nord de Kiruna. Le retour se fait depuis Gällivare, qu'on rejoint en bus depuis Suorva.
Quand s'y rendre	Pour cette traversée, je recommande les mois de février et mars, même si les températures sont polaires.
Les indispensables	Un équipement de ski de randonnée adapté, et déjà testé ! Une pulka de taille suffisante pour emporter tout le matériel indispensable. Une tente pour les expéditions polaires. Des vêtements de rechange en mérinos. Tout le matériel de sécurité indispensable pour porter assistance aux victimes d'avalanche. Une paire de moufles trois ou quatre épaisseurs. Des petites chaufferettes pour les mains et les pieds. Un duvet température confort -30°C minimum.

ÈDE

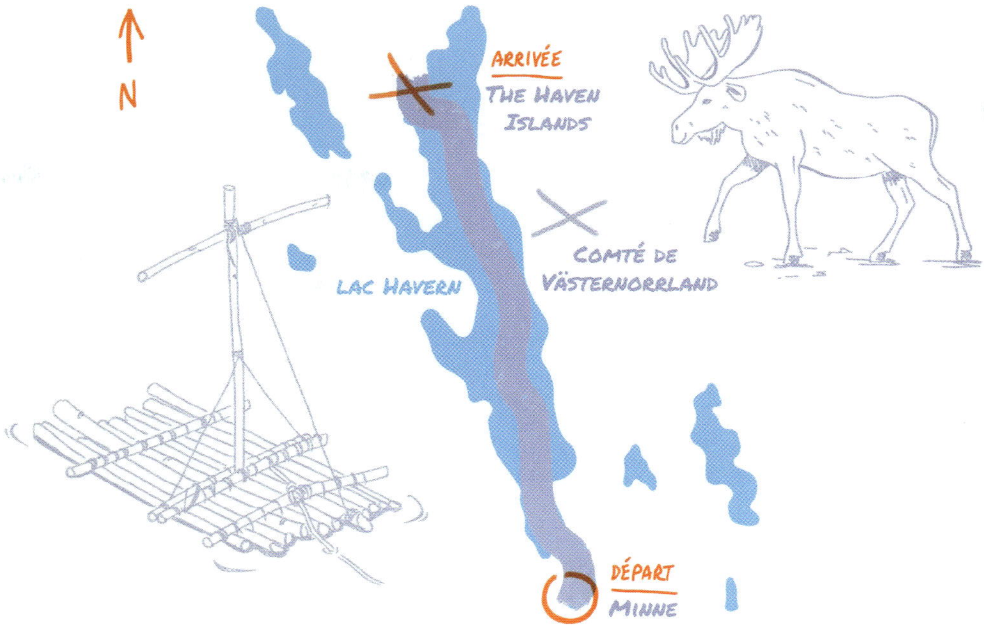

Traverser le sublime lac Havern en radeau ou en ski nordique

Activité	Radeau ou paddle en été ; ski nordique en hiver
Difficulté	Facile
Pays	Suède
Lieu	Lac Havern
Durée	Trois jours en été ; un jour en hiver

Aujourd'hui, je vous invite dans mon petit paradis secret en Suède, l'endroit où je me sens le mieux sur Terre, où j'ai construit mes maisons dans les arbres et où je passe un bon quart de l'année lorsque je ne suis pas en vadrouille autour du monde : le lac Havern et ses îles ! Géographiquement, nous sommes pile au milieu de la Suède, dans le comté de Västernorrland, connu pour abriter l'une des faunes les plus sauvages d'Europe. Ici, il y a très peu d'humains ; les forêts et les lacs qu'elles bordent sont uniquement peuplés d'ours, de lynx, de loups, de gloutons et d'immenses élans ! Si vous cherchez l'aventure et aimez la vie sauvage, vous êtes au bon endroit. Le lac se vit de manière très différente selon que vous y venez en été ou en hiver. Les deux aventures que je vous propose partent du petit village de Minne, au bord du lac, et se terminent sur mes deux îles paradisiaques : les Haven Islands !

En été, vous pourrez faire quelque chose d'assez extraordinaire, même si c'est assez commun dans la région : construire votre propre radeau pour naviguer sur le lac ! Ici, les forêts s'étendent à perte de vue sur plusieurs milliers de kilomètres carrés, jusqu'aux frontières de la Norvège. Autant vous dire qu'on ne manque pas de bois ! Pour construire votre radeau et une rame, il faudra vous munir d'une bonne hache, de beaucoup de paracorde, d'un gros sac étanche pour transporter vos affaires, et, surtout, de beaucoup de débrouillardise ! Avec les tempêtes, énormément d'arbres sont au sol ; privilégiez donc bien évidemment ces troncs-là pour tailler vos rondins et bouts de bois. Après les avoir rassemblés, il vous faudra les relier avec la ficelle en faisant de nombreux nœuds. Une fois que vous avez vérifié que tout flotte correctement, prenez votre pagaie de fortune (pour ma part, je la réalise souvent avec une grosse écorce), et c'est parti pour 40 km d'aventure sur le lac Havern ! Malgré le fait que nous soyons en Suède, l'eau est relativement bonne en été. En revanche, il peut y avoir beaucoup de vent dès le départ de Minne : vous saurez ainsi dès les premiers mètres si vous avez bien réalisé votre radeau ou pas ! Pour les moins manuels, l'option stand-up paddle ou kayak est aussi très sympathique ! Je prévois généralement trois jours pour cette traversée, avec

LES AURORES BORÉALES

J'évoque souvent les aurores boréales dans mes aventures car j'en suis complètement dingue, mais qu'est-ce qu'une aurore boréale, en fait ? C'est un phénomène qui se produit en raison de l'interaction entre le vent solaire et le champ magnétique terrestre. En résumé, le soleil émet en permanence un flux constant de particules chargées, principalement des électrons et des protons, appelé vent solaire. Ces particules sont éjectées de la couronne solaire lors d'éruptions solaires. La Terre, quant à elle, possède un champ magnétique qui agit comme un bouclier protecteur, déviant la plupart des particules solaires autour d'elle. Cependant, certaines particules du vent solaire parviennent à s'infiltrer dans le champ magnétique terrestre au niveau des pôles Nord et Sud. Lorsque ces particules entrent dans l'atmosphère terrestre, elles interagissent alors avec les atomes et les molécules de gaz présents, tels que l'oxygène et l'azote. Lorsque ces électrons excités retournent à leur état fondamental, ils émettent de l'énergie sous forme de photons de lumière, ce qui crée les différentes couleurs observées dans le ciel. La majorité des aurores boréales que j'ai pu observer durant mes aventures présentaient généralement des teintes vertes, mais j'ai vu aussi des nuances de rose, de violet, de bleu, voire même de rouge, en Alaska !

deux nuits en bivouac dans la forêt. Mais vous pouvez naviguer quand vous voulez dans la journée : en cette saison, le soleil ne se couche quasiment jamais, ce qui signifie qu'entre 23h et 4h du matin, vous aurez un coucher de soleil perpétuel et des lumières absolument dingues ! Surtout, n'oubliez pas de scruter attentivement les rives, car il n'est pas rare d'y apercevoir des ours ou des élans venant s'abreuver ou même traversant le lac à la nage !

Et maintenant, partons pour l'aventure hivernale, tout aussi folle. Le lac est alors entièrement gelé. La première fois que je l'ai traversé pour me rendre sur mes îles, j'ai tout de suite imaginé le faire en patin à glace ou en ski nordique avec une pulka (un traîneau). Aujourd'hui, prenons la deuxième option ! Il vous faudra 3 heures maximum pour traverser l'intégralité du lac. S'il y a eu de grosses chutes de neige, ça glisse moins bien, mais c'est largement réalisable en moins d'une journée. En cette saison, il fait jour entre 9h et 15h maximum ; partir en début d'après-midi permet d'arriver de nuit sous les aurores boréales en guise de feu d'artifice pour conclure l'aventure. La traversée se termine sur les enchanteresses Haven Islands. Vous y découvrirez les maisons originales et féeriques que j'ai construites dans les arbres, où vous passerez la nuit.

C'est parti ! Il fait près de -40°C, ce qui m'incite encore plus à garder une bonne cadence ! Avec ces températures, la glace est parfaite et je glisse à une vitesse folle sur les magnifiques pistes naturelles du lac qui alternent des nuances hypnotisantes de bleu profond, voire cobalt. Souvent, je contourne de grosses fissures qui laissent apparaître l'épaisseur impressionnante de la couche de glace : plusieurs mètres ! C'est forcément plus difficile de faire passer ma pulka sur ces reliefs accidentés, et il n'est pas rare qu'elle se retourne alors entièrement. Je suis parti aux alentours de 14h pour profiter de la lumière incroyable du coucher du soleil à ces latitudes, les fameuses *blue hour* et *golden hour* que les amoureux de photographie aiment particulièrement ! En effet, lorsque le soleil descend à l'horizon, sa lumière douce et dorée baigne les paysages polaires d'une lueur magique. Les vastes étendues de glace et de neige se transforment alors en une palette de couleurs éclatantes, allant du rose pâle au violet profond, qui émeut jusqu'aux cœurs les plus endurcis que j'ai déjà emmenés avec moi ici ! Le ciel lui-même se pare d'un dégradé de couleurs spectaculaire, et les nuages prennent des teintes roses et orangées, créant un contraste saisissant avec le bleu profond du ciel polaire. Dans le silence qui règne sur le lac Havern, on a le sentiment d'avoir franchi les portes du paradis. Et, alors que le soleil se couche, je me sens toujours ému, même si je sais qu'après ce spectacle magnifique, un autre spectacle encore plus incroyable va se produire : les aurores boréales ! Dans la nuit, une symphonie de lumières s'élève au-dessus du lac. Des vagues célestes ondulent avec grâce et douceur, laissant les verts vibrants s'entremêler aux bleus azurés. Un véritable rêve éveillé ! C'est à ce moment-là que la traversée du lac se termine et que j'arrive sur mes îles.

FEUILLE DE ROUTE

Départ	Minne
Arrivée	Haven Islands
Distance	Environ 40 km
Comment s'y rendre	En avion jusqu'à Stockholm puis en train jusqu'à Änge ; de là, 50 minutes en voiture.
Quand s'y rendre	De décembre à mars pour l'activité d'hiver, et de juin à septembre pour les activités d'été.
Les indispensables	Pour l'aventure en hiver, un équipement de ski de randonnée adapté et une pulka de taille suffisante pour emporter tout le matériel indispensable. Des vêtements de rechange, une paire de moufles très chaudes et des petites chaufferettes pour les mains et les pieds. En été, un maillot de bain et de la ficelle suffisent pour cette traversée.

« Il fait près de -40°C, ce qui m'incite encore plus à garder une bonne cadence ! »

FINLA
Columbia

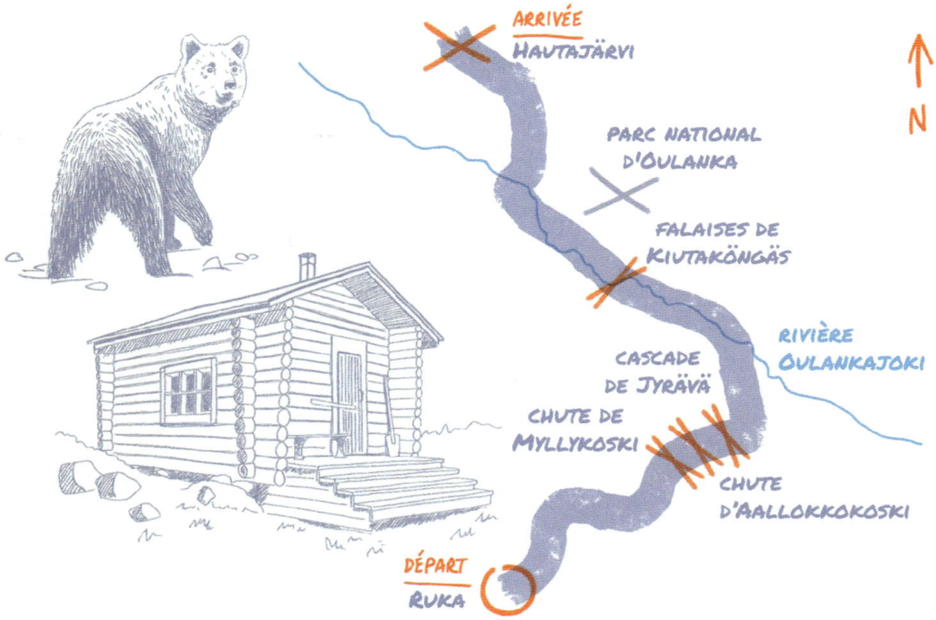

Parcourir le Karhunkierros, sur les traces de l'ours

Activité	Randonnée
Difficulté	Intermédiaire
Pays	Finlande
Lieu	Parc national d'Oulanka
Durée	Cinq jours

Aujourd'hui, nous partons découvrir la vie sauvage finlandaise en effectuant le Karhunkierros (littéralement "le sentier de l'ours"). Ce sentier de randonnée très populaire en Finlande s'étend sur environ 80 km le long de paysages naturels magnifiques et typiques du pays. Il est extrêmement bien balisé (et même un peu trop à mon goût !) et on peut y dormir dans des petits abris non gardés. Néanmoins, certains tronçons peuvent être très exigeants physiquement, surtout lors des saisons les plus humides, ou en hiver, lorsque la neige est tombée. Ça tombe bien, j'effectue cette aventure fin octobre, à la demi-saison entre les pluies et la neige ! Je sens que je vais en baver ! Vous commencez à me connaître : en parcourant le Karhunkierros, mon objectif numéro 1, en plus du dépassement de soi et de l'aventure, est de pouvoir observer deux de mes animaux préférés : le loup et l'ours, tous les deux présents dans le parc !

Le soleil se lève doucement sur le Pays des Mille Lacs alors que je m'apprête à partir. Mon sac à dos est soigneusement préparé, rempli de nourriture lyophilisée, de matériel de bivouac et de mes vêtements préférés usés que j'utilise un peu de manière fétiche depuis des années pour mes expéditions. Je suis prêt et excité à l'idée de me plonger dans la nature finlandaise ! Je commence ma marche, comme pour toutes mes aventures, avec une énergie et une envie folle de me perdre *into the wild*. Les premiers kilomètres sont relativement faciles; le sentier traverse de belles forêts de conifères typiques et longe des rivières cristallines. Comme d'habitude, je m'arrête de temps en temps pour observer les oiseaux, écouter le murmure apaisant de l'eau et de la forêt, et essayer de dénicher de potentielles traces d'ours.

Après une grosse journée de marche, j'arrive aux célèbres chutes de Myllykoski et d'Aallokkokoski. Elles déversent une quantité impressionnante d'eau, créant un spectacle fascinant… et me trempant par la même occasion ! Ça commence bien : entre la neige qui est tombée et la petite bruine constante, je n'ai pas été au sec une seule seconde depuis mon départ ! Je m'assois à proximité des chutes pour dîner et laisse l'énergie de la nature me revitaliser. Trempé et couvert de boue, je décide de passer la nuit à proximité des cascades. Je me glisse dans mon duvet chaud et, tombant de fatigue, je m'endors presque immédiatement !

Je n'ai quasiment pas dormi de la nuit. Comme j'étais trempé, j'ai eu extrêmement froid et je n'ai pas réussi à me sécher. Cette journée va être longue... Je continue mon périple qui longe des rivières, avec des sections plus faciles et d'autres beaucoup plus escarpées, où je dois faire attention de ne pas glisser et tomber 10 m plus bas à cause de la boue. Après quelques kilomètres, j'arrive bientôt à une autre magnifique cascade appelée Jyrävä, où je décide déjà de faire une pause et de me restaurer d'un bon beaufort-baguette que j'ai apporté de chez moi. Le soleil est revenu et l'eau fraîche qui dévale les rochers est irrésistible. Paradoxalement, après ma nuit très fraîche, je profite de ce moment pour faire une séance d'immersion en eau froide, comme celles que j'enseigne chez moi, à Annecy. Je sais qu'elle va rebooster tout mon corps et me redonner de l'énergie pour quelques heures ! Après avoir fait ma séance de méditation post-baignade et maîtrisé la réaction de mon corps face au froid, je me sens revigoré et réchauffé, et je continue ma randonnée vers l'ouest. Comme la nuit tombe bien plus tôt que ce que j'avais prévu, je m'installe confortablement dans un tout petit abri où deux duvets à peine peuvent rentrer. Après avoir récupéré du bois sec dehors, j'allume le petit poêle pour en réchauffer l'intérieur. Il ne m'en faut pas beaucoup plus. Je me plonge dans la lecture de *Sur la route* de Jack Kerouac, puis je m'endors paisiblement dans la forêt finlandaise.

Ma troisième journée se termine par une montée assez abrupte vers les falaises de Kiutaköngäs. La vue du sommet est incroyable, avec les eaux tumultueuses et déchaînées de la rivière Oulankajoki qui se précipitent en contrebas. Je prends le temps de sortir mon drone pour immortaliser le paysage. La randonnée se poursuit le lendemain et je me sens véritablement

LE DROIT À LA NATURE

Chaque année, les Finlandais sont classés parmi les personnes les plus heureuses du monde selon divers enquêtes et classements sur le bonheur. Plusieurs facteurs contribuent à cette réputation : un système de santé solide, une éducation de qualité, des services sociaux bien développés, une sécurité sociale efficace, des congés payés généreux, de bonnes conditions de travail, et une culture qui valorise le temps passé avec la famille et les amis ainsi que la détente et les loisirs. Mais le point sur lequel je voudrais vraiment m'arrêter – et c'est celui qui est revenu le plus souvent quand j'ai discuté avec des personnes qui se sentaient vraiment heureuses lors de mes aventures autour du monde –, c'est l'accès à la nature. En Finlande, passer du temps en plein air est même considéré comme une composante essentielle du bien-être et du bonheur. Comme d'ailleurs dans de nombreux pays que j'ai pu visiter, où les habitants se sentent heureux grâce à la nature : la Suisse, l'Afrique du Sud, la Suède, le Costa Rica, le Sri Lanka, et j'en passe. La Finlande est un pays à la nature sauvage extrêmement riche, avec d'immenses forêts et des lacs cristallins à perte de vue. Avec cette omniprésence de la nature, le pays a instauré un libre accès à cette dernière grâce au concept du "droit de tout un chacun" (*jokamiehenoikeus* en finnois, également appelé droit d'accès à la nature), qui confère à toute personne le droit de se déplacer, de camper, de cueillir des baies et des champignons, de pêcher, et de profiter de la nature dans des zones publiques et privées, à condition qu'elle respecte certaines règles établies pour préserver l'environnement et le bien-être des autres. Ainsi, la natation ou encore le ski peuvent être pratiqués par tout le monde, et gratuitement ! Ce droit est profondément ancré dans la culture finlandaise et permet aux gens de se connecter à la nature et de profiter des bienfaits du plein air. Le concept existe aussi dans le pays voisin où je passe beaucoup de temps, la Suède, connu sous le nom d'"Allemansrätt" en suédois. Cela montre l'attachement à la nature de ces peuples et l'importance de cette dernière dans notre relation au bonheur. Vous l'aurez compris, j'applique cette philosophie dans mon cas personnel. Je commence à me sentir irrémédiablement déprimé au bout de trois jours loin de la nature ou de la montagne. A contrario, peu importe mon état de tristesse ou de déprime, un plongeon dans un ruisseau ou une randonnée en altitude me ressourcent immédiatement et je laisse mes soucis s'envoler dans le vent à chaque fois...

immergé dans la nature, loin du bruit et de l'agitation de la vie quotidienne. Je ne sais pas si c'est parce que j'ai choisi l'une des saisons les plus difficiles, mais, depuis le début, je suis entièrement seul ; je n'ai croisé personne. Parfait, c'est exactement ce que je viens chercher dans ce genre d'aventure ! En milieu d'après-midi, j'arrive à l'endroit où j'ai décidé de passer la nuit : un tout petit refuge en bois, situé près de la rivière, où je serai bercé par le bruit de l'eau. Alors que je me couche, j'aperçois soudain à travers la fenêtre le spectacle incroyable des aurores boréales ; tandis que le noir du ciel s'épaissit, je m'endors avec le sentiment d'être en harmonie totale avec la nature.

Après une nuit paisible, je me réveille frais et dispos au lever du soleil, prêt à continuer mon périple. La journée promet d'être particulièrement éprouvante, avec non seulement une longue marche à travers des terrains accidentés en montagne, mais aussi des tourbières extrêmement pénibles à traverser. Je dois en effet sauter d'une pierre à l'autre pour éviter de m'enfoncer dans la boue. Le problème, c'est que les pierres aussi sont glissantes ! À deux reprises, je me retrouve allongé de tout mon long dans la tourbière, couvert de boue de la tête aux pieds. Et ce n'est pas sans danger ! La deuxième fois, j'ai du mal à me relever, avec l'impression que mon sac à dos m'attire vers le fond. Complètement bloqué, je m'enfonce doucement. Je respire profondément pour me calmer et reprendre mes esprits, et, après quelques minutes, je réussis à m'extirper de ce bourbier. Je reprends mon chemin, heureux d'être sorti vivant de cette tourbière. Les paysages sauvages et préservés me donnent l'impression d'être le premier homme à les découvrir. Quelques kilomètres plus loin, je fais une pause bien méritée au bord d'un lac paisible et j'en profite pour nettoyer mes affaires couvertes de boue. Je me baigne ensuite dans ses eaux glaciales, puis je me réchauffe sur la rive en faisant pompes et burpees autour d'un petit feu que j'ai allumé. Une fois ma chaleur corporelle rétablie, je profite du calme et de la sérénité de cet endroit isolé pour installer ma tente et me glisser dans mon duvet chaud.

Il a neigé toute la nuit. Je me lève et repars très rapidement sur le sentier pour me réchauffer. C'est alors qu'enfin, au détour d'un sentier, je trouve ma première trace d'ours. Et, en plus, elle est fraîche ! Je décide de sortir du sentier pour poursuivre ma quête. Après plus de 3 heures, j'arrive dans une petite clairière où je trouve enfin l'animal tant attendu ! Il s'agit d'une grosse femelle ours brun en train de chercher quelque chose à manger dans la rivière. Je m'installe tout doucement sans faire de bruit. Je crois que rien ne me rend aussi heureux et vivant sur

Terre que ce genre de rencontres magiques avec les animaux sauvages ! Pour le moment, elle ne m'a pas encore vu, mais elle m'a senti, j'en suis certain, car elle hume l'air dans ma direction. Après quelques minutes, elle me repère enfin et s'enfuit immédiatement, se retournant fréquemment pour voir si je la suis. Je décide de ne pas la suivre et d'installer mon bivouac ici, dans l'espoir qu'elle revienne peut-être cette nuit... J'installe un périmètre de cordes et de clochettes de sécurité pour être sûr d'être bien réveillé si jamais elle voulait me faire une visite nocturne !

Finalement, j'ai passé une nuit calme, sans visite de ma copine ourse. Ce n'est pas grave, j'ai déjà été très chanceux de l'apercevoir la veille ! C'est mon dernier jour sur le Karhunkierros, et, comme à chaque fois que je finis une aventure, je suis nostalgique. Mais je suis aussi déterminé à profiter pleinement de chaque instant qu'il me reste. Le sentier traverse beaucoup de ponts suspendus au-dessus de gorges impressionnantes, et je dois faire attention à chaque pas pour ne pas glisser sur le bois humide avec mes chaussures couvertes de boue. Comme j'ai beaucoup d'avance, je m'arrête fréquemment pour contempler les panoramas grandioses qui s'offrent à moi, pour que ces souvenirs finlandais restent gravés dans ma mémoire. Enfin, j'arrive à la fin du sentier, à Hautajärvi, rempli d'un sentiment de réussite et de gratitude pour cette expérience incroyable que m'a encore apportée la nature, notamment la rencontre avec l'ourse. Très heureux, je m'assois près d'un lac, et j'admire les derniers rayons du soleil qui se reflètent sur l'eau. Le Karhunkierros m'a offert de véritables moments de paix et de connexion profonde avec la nature, l'essence même de ce que je viens chercher lors de chaque aventure.

« Après avoir récupéré du bois sec dehors, j'allume le petit poêle pour en réchauffer l'intérieur. Il ne m'en faut pas beaucoup plus. »

FEUILLE DE ROUTE

Départ	Ruka
Arrivée	Hautajärvi
Distance	80 km
Comment s'y rendre	En avion jusqu'à Helsinki puis en train jusqu'à la ville d'Oulu ; enfin, 4 heures de bus jusqu'à Ruka.
Quand s'y rendre	Je recommande les mois de mai à octobre selon les envies de paysages.
Les indispensables	Tout le matériel pour effectuer un bivouac. Un bon antimoustique de juin à août. Des livres pour les soirées seul près du feu.

GROENL

AND

S’immerger dans les eaux glacées de l’océan Arctique

Activité	Immersion en eau froide
Difficulté	Difficile
Pays	Groenland
Lieu	Glacier Jakobshavn
Durée	Seize minutes

Il y a plusieurs années, j’ai été formé à l’immersion en eau glacée par des moines bouddhistes. Durant cette initiation alliant respiration et méditation, j’ai dû affronter de nombreuses épreuves, dont celle des draps mouillés. Après que j’ai préparé mon corps et mon mental, ces draps plongés dans l’eau glacée étaient enroulés autour de mon corps nu, et je devais pratiquer les respirations et augmenter la température de mon corps jusqu’à ce que le linge soit sec. Ce qui peut sembler être une torture pour le commun des mortels a pourtant complètement changé ma vie. À tel point que je ne peux plus m’en passer aujourd’hui, comme un drogué qui a besoin de sa dose de bien-être, d’adrénaline et de dopamine. À Annecy, et partout où j’en ai l’occasion, je pratique l’immersion en eau froide tous les matins au réveil, et j’ai à mon tour enseigné ces techniques à plusieurs centaines d’élèves, chez moi à Annecy et tout autour du monde. J’ai pris l’habitude, durant mes voyages, d’essayer de trouver un nouveau lieu adéquat pour pratiquer mes immersions. Ici, au Groenland où il fait -38°C, je pense qu’on peut difficilement faire plus adéquat…

Me voici donc au pied du glacier Jakobshavn (Sermeq Kujalleq en groenlandais), le plus grand glacier du Groenland et l’un des plus impressionnants que j’aie pu voir de ma vie. Il détient aussi malheureusement un triste record : celui du glacier qui fond le plus rapidement du monde à cause du réchauffement climatique ; il sert de point de mesure pour les scientifiques du monde entier. Le fjord glacé d’Ilulissat, qui est à son embouchure maritime, est connu pour abriter les plus gros icebergs au monde.

Ce n’est pas ma première expérience dans les eaux d’un glacier. Il y a quelques années, j’ai pratiqué l’immersion au milieu des icebergs dans les eaux du plus grand glacier d’Europe : le Vatnajökull, en Islande. Les paysages islandais sont incroyables, mais ici, la sensation est différente. Le glacier Jakobshavn, entouré d’icebergs se détachant de la banquise, est lui aussi sublime, mais c’est plutôt le silence et l’ambiance de bout du monde qui y règne qui me marquent le plus ici. Ajouté à cela le fait de savoir qu’il disparaît petit à petit à cause de nous, je me sens profondément bouleversé.

Je tasse un peu la neige et m'installe en tailleur sur mon tapis de yoga. Pour l'instant je suis encore habillé, car la température extérieure est de -38°C. Mes cils sont couverts de givre ainsi que l'entièreté de mes cheveux et de ma barbe qui craque lorsque je passe ma main dedans. Quand j'ai dit aux habitant du village que j'allais me baigner, ils m'ont tous pris pour un fou suicidaire. Je ne peux pas leur en vouloir et, effectivement, je dois l'être un peu. Néanmoins, même si la motivation pour sortir de mon chalet surchauffé a été très difficile à trouver, je sais que, comme d'habitude, je ne le regretterai pas.

Je commence toutes mes séances par 15 minutes de relaxation totale et de méditation. Avant de débuter les techniques de respiration, j'observe toujours l'environnement pour ne faire qu'un avec lui. Au loin, je distingue une renarde polaire avec son petit. Son manteau est un sublime mélange de fourrure noire et blanche. Je suis muet devant tant de beauté. Après avoir muloté pendant de longues minutes, ils s'éloignent et je reprends mon cycle de respirations. J'hyperventile sur de très longues inspirations et expirations sans aucune pause pendant 40 secondes, avant d'enchaîner les alternances d'apnée et d'hyperventilations. J'effectue à chaque fois quatre cycles pendant environ 45 minutes. Mes élèves me demandent souvent ce qu'il se passe dans mon corps après ces exercices. Je leur explique que mon métabolisme est alors complètement bouleversé et que de nombreux éléments physiologiques changent à l'intérieur de mon corps. Dans un premier temps, l'apport en oxygène explose, principalement dans mes muscles et mes organes vitaux. Et c'est exactement ce que je cherche à atteindre pour lutter contre les conséquences de la vasoconstriction et de la redistribution du sang.

Je me déshabille efficacement et rapidement pour supporter le froid, puis, après avoir descendu des petites marches naturelles dans la glace, je commence à m'immerger doucement dans l'eau gelée du glacier. L'air brûle mes poumons à chaque inspiration et me fait tousser. Ma montre indique une température de l'eau à -3,7°C. L'eau de mer, principalement à cause du sel,

Ilulissat

«Je crois que c'est ce que je préfère dans cette aventure quotidienne : reprendre le contrôle et réaliser que c'est entièrement moi qui décide de ce qui se passe dans mon propre corps!»

ne gèle pas à 0°C. Pour me motiver, je me dis que oui, l'eau est très froide, mais qu'au final elle est toujours plus chaude de 35°C par rapport à la température extérieure! Cette idée m'aide à pénétrer dans l'eau et j'y plonge mon corps jusqu'aux épaules.

Instantanément, les vaisseaux sanguins à la surface de ma peau se contractent. Mes poumons rétrécissent instantanément et j'ai l'impression que je m'étouffe. Mon corps tombe en crise de panique et tous les radars sont brouillés. La sensation de millions de petites aiguilles me pénétrant le corps vient de la

L'IMMERSION EN EAU FROIDE

Cette pratique ancienne a été utilisée par différentes cultures à travers le monde pour ses nombreux bienfaits pour la santé et le bien-être. Les Grecs et les Romains, dans l'Antiquité, ont été parmi les premiers à utiliser l'eau froide à des fins thérapeutiques. Les thermes romains comprenaient toujours des piscines d'eau froide en plus des bains chauds, utilisées pour stimuler la circulation sanguine, soulager les douleurs musculaires et apaiser les inflammations. Chez les peuples nordiques et germaniques, les bains de glace étaient souvent pratiqués en plein hiver en taillant des trous dans la glace des lacs ou des rivières, pour s'immerger entièrement dans l'eau glacée avant de se réchauffer dans des saunas. Les Vikings considéraient cet exercice comme un moyen de renforcer le corps, de purifier l'esprit et de favoriser la santé. Au Japon, les bains publics appelés "onsen" remontent à des millénaires; ils avaient eux aussi un rituel de baignade en eaux froides. Les Russes pratiquent également ces immersions depuis toujours. Encore aujourd'hui, tous ces peuples continuent de pratiquer l'immersion en eau froide, et de plus en plus de personnes redécouvrent les bienfaits de ces bains pour la santé physique et mentale.

vasoconstriction, et c'est extrêmement douloureux durant les premières minutes de chaque immersion. Et, pourtant, cette réaction m'aide à préserver ma chaleur corporelle en empêchant une déperdition excessive dans l'eau du glacier. Immédiatement, je sens aussi qu'en réaction à la vasoconstriction, mon sang est redistribué vers mes organes vitaux dans les régions centrales de mon corps comme mes poumons, mon cerveau et mon cœur. Mon corps se met en situation de risque extrême et décide de sauver ses organes les plus importants, laissant diminuer la circulation sanguine dans les bras et les jambes, en premier lieu les doigts et les orteils. Vous avez déjà peut-être ressenti cette sensation au ski lorsque vous enlevez vos gants puis les remettez. On appelle ça l'onglée, c'est très douloureux, mais aussi très courant.

Une fois la première minute passée dans les eaux du glacier, je commence à sentir une sensation de bien-être et de chaleur avec l'activation de mon système nerveux sympathique. Mon rythme cardiaque diminue, je dégage de la chaleur et une libération d'adrénaline très agréable se produit. Je prends de profondes inspirations, remplissant mes poumons d'air chaud, et j'expire lentement, relâchant toutes les tensions dans mon corps. À chaque expiration, j'imagine que l'un de mes soucis s'en va dans l'océan Arctique. Malgré le froid intense, je me sens étonnamment calme et centré. Les premières minutes sont les plus difficiles, mais je continue à me concentrer sur ma respiration et sur le défi qui m'attend. Je sais que je peux le faire, j'ai connu bien pire dans ma vie, mon mental est au-dessus de ça et je peux surmonter cette épreuve en me connectant à mon esprit.

Moi qui me suis absolument tout cassé dans ma vie, je ressens immédiatement un soulagement et une réduction importante de l'inflammation dans mon corps, particulièrement au niveau de mes genoux et de mes côtes qui me font d'habitude souffrir le martyr 24h/24 ! Ma respiration s'apaise, mon corps est engourdi, mon rythme cardiaque diminue et je commence à me sentir de mieux en mieux. Je regarde ma montre : cela fait déjà 6 minutes que je suis immergé. Mes sens s'aiguisent, et je me sens plus présent et plus conscient de chaque sensation. Je ressens une profonde connexion avec la nature qui m'entoure, comme si j'étais en harmonie avec l'eau glacée et le magnifique paysage sauvage qui m'entoure. Il est difficile d'expliquer à des personnes n'ayant jamais tenté l'expérience ce que j'éprouve réellement, mais, à chaque immersion, je me sens plus vivant que jamais.

Dès que je me déconcentre un tout petit peu, mon corps me rappelle immédiatement à l'ordre avec des avertissement clairs : dents qui claquent, tremblements et chair de poule ! C'est le signal pour me reconcentrer sur ma respiration et mon mental. Et, immédiatement, les tremblements cessent. Je crois que c'est ce que je préfère dans cette aventure quotidienne : reprendre le contrôle et réaliser que c'est entièrement moi qui décide de ce qui se passe dans mon propre corps !

Ça y est, les 16 minutes sont passées ! Je sors tout doucement de l'eau car mes jambes engourdies ne me portent plus très bien. Ensuite, je me sèche frénétiquement et le plus efficacement possible pour ne pas tomber en hypothermie. Une fois rhabillé, je ressens à nouveau cette sensation de bien-être incroyable me saisir. Je bois un *golden latte* que j'avais confectionné le matin, tout en observant l'incroyable et unique lumière dorée du coucher du soleil sur le Groenland. Encore un moment magique que je suis heureux d'avoir offert à mon corps et mon esprit.

FEUILLE DE ROUTE

Départ/arrivée	Fjord d'Ilulissat
Comment s'y rendre	En avion ou en bateau jusqu'à Nuuk, puis vers Ilulissat. Depuis là, on accède au glacier en 4x4.
Quand s'y rendre	Les immersions peuvent se pratiquer toute l'année au Groenland, tant que la mer est praticable.
Les indispensables	Un bonnet, car nous perdons 45% de la chaleur corporelle par la tête. Des chaussures de baignade pour ne pas se brûler les pieds sur la glace. Des vêtements très chauds et un thermos pour pouvoir faire remonter la température du corps après l'immersion. Ne jamais pratiquer seul.

AFRIQUE

MA

ROC

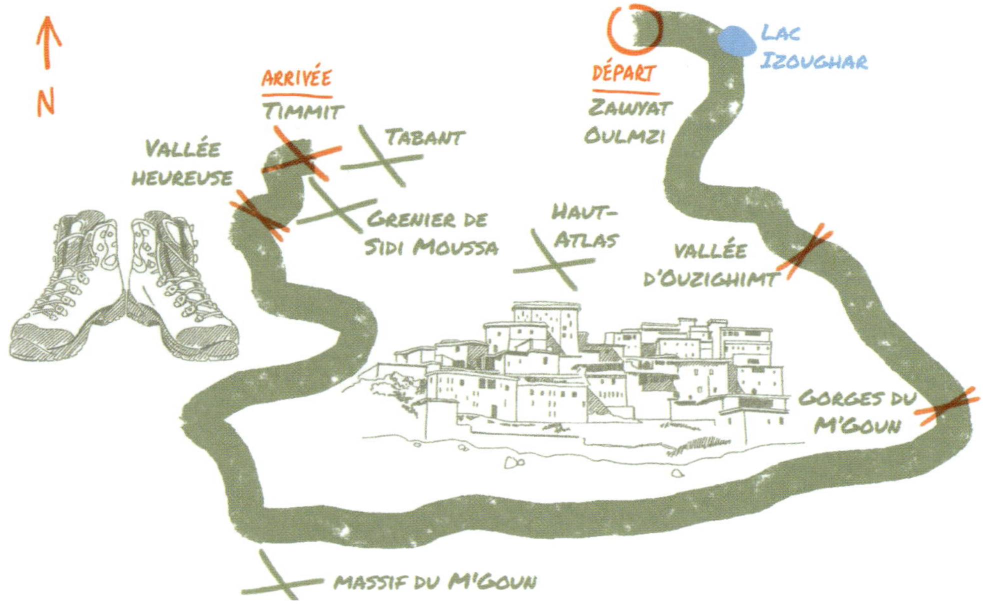

Rencontrer le peuple berbère dans le Haut Atlas

Activité	Randonnée
Difficulté	Intermédiaire
Pays	Maroc
Lieu	Haut Atlas
Durée	Une semaine

À chaque nouvelle visite dans ce Maroc que j'aime tant, je suis attiré par le brouhaha et l'atmosphère chaotique de Marrakech. J'adore déambuler au hasard dans la médina autour de la place Jemaa el-Fna, au gré des odeurs de tajines, de couscous ou des pâtisseries marocaines, et au son des ghaïtas des charmeurs de cobra. Mais, aujourd'hui, Marrakech n'est que la porte d'entrée vers le Haut Atlas que je m'apprête à rejoindre. Mon objectif ? Traverser les uns après les autres les villages perchés dans les différentes vallées vertes de la région, territoire des Berbères. Au programme, une marche d'environ 100 km, à raison de 15 à 20 km par jour sous des températures souvent très chaudes la journée, mais aussi glaciales la nuit, étant donné que l'itinéraire sera toujours à des altitudes comprises entre 2 000 et 3 600 m.

Voilà 5 heures que j'ai quitté la cacophonie de Marrakech à bord de ce bus, et l'aventure a déjà commencé : routes sinueuses bordant des précipices, chemins de terre et de sable, arrêts forcés dus à des troupeaux et leurs bergers… Tout ce que j'adore !

J'atteins enfin le petit village de Zawyat Oulmzi, situé en haut de la vallée des Aït Bouguemez, dite la "Vallée heureuse" car, baignée par une rivière, elle ressemble à une petite oasis. C'est là que je vais passer ma première nuit, dans l'environnement rocailleux typique de la région du Haut Atlas. Le refuge, avec un matelas fin au sol et une couverture, m'offrira la nuit la plus confortable de mon aventure, qui se poursuivra ensuite avec des nuits sous tente. Au matin, la vue sur la superbe vallée verdoyante et les montagnes avoisinantes me donne déjà un très bon aperçu de ce que me réserve ce périple !

Lors des deux premiers jours, l'itinéraire traverse des zones désertiques et des hauts plateaux, comme celui du lac Izoughar, où la seule présence humaine est celle des nomades qui viennent y faire paître leurs chèvres et leurs moutons. Au loin, on commence à apercevoir le célèbre massif du M'Goun, le deuxième sommet le plus haut du Maroc (4 071 m), juste derrière le Toubkal (4 167 m). Cette succession de magnifiques plateaux, qui offre des vues d'une profondeur incroyable, me rappelle des

L'ALPHABET BERBÈRE

Au cours de mes voyages, du Maroc à l'Égypte en passant par la Libye, j'ai toujours été fasciné par l'histoire des Berbères, et plus particulièrement par leur alphabet. Composé de 33 signes, connu sous le nom de tifinagh (qui signifie "notre écriture"), il est utilisé depuis près de 3 000 ans, ce qui en fait l'une des plus vieilles écritures de l'humanité. Chacune de ses lettres représente un son unique dans la langue berbère; la lecture se fait de droite à gauche. Propre aux Berbères depuis l'Antiquité, cet alphabet comporte encore de très nombreux mystères, même s'il est aujourd'hui reconnu comme l'une des écritures officielles du Maroc. De très nombreux textes anciens restent à approfondir et à déchiffrer!

paysages que j'ai pu admirer dans l'ouest des États-Unis ou en Namibie. Progresser dans ces paysages me donne vraiment l'impression d'avoir été projeté ailleurs: sur Mars la journée, et sur la Lune la nuit!

Lors de cette randonnée, le moment qui m'a probablement le plus marqué est la traversée des gorges du M'Goun, le troisième jour. C'est toujours le même bonheur de retrouver l'eau, après plusieurs jours de marche dans le désert sans prendre de douche! Lors de mes expéditions dans le désert, j'ai toujours la même sensation de revivre complètement au moment où mon visage entre en contact avec cette eau, qui vient laver en un instant toutes les souffrances endurées. Pour revenir aux gorges du M'Goun, selon la saison à laquelle vous les traverserez, le niveau de l'eau sera plus ou moins haut. Ma traversée a eu lieu en octobre, et l'eau était à mi-hauteur de jambe, ce qui était absolument parfait! Renseignez-vous toujours en amont de votre voyage, car si l'eau est trop haute, cela peut être dangereux, et il faudra alors passer par les montagnes.

À partir du troisième jour, on découvre les villages construits tout le long de la vallée d'Ouzighimt, une vallée verte en plein cœur du désert. Sillonnée par un cours d'eau alimenté par la fonte des neiges, c'est une véritable oasis où les Berbères font pousser, sur des champs et des vergers en terrasses, grâce à un astucieux système de canaux, des pommes, des figues, du maïs et de nombreuses autres cultures! La végétation sur cette terre ocre, sous les nuances de bleu du ciel, crée une superbe mosaïque de couleurs. Sur les flancs des montagnes environnantes, les villages berbères, étagés les uns au-dessus des autres, réservent un accueil très chaleureux aux visiteurs. L'atmosphère est paisible; chacun vaque à ses occupations dans les champs ou dans les ateliers d'artisanat, toujours avec le sourire et une certaine quiétude que je n'ai rencontrée que rarement lors de mes aventures autour du monde. Bien évidemment, les enfants vous accompagneront à chaque fois que vous traverserez un village.

Le soir, lorsque ma tente est installée, je n'ai qu'une seule idée en tête: observer les étoiles autour du feu. Ici, la Voie lactée et toutes les merveilles d'un ciel sans pollution lumineuse s'offrent à vous! Si l'on ajoute à cela les chants berbères qui résonnent tout le long de la vallée, et dont l'écho vous berce, c'est un pur moment de déconnexion et de relâchement après les durs efforts de la journée.

FEUILLE DE ROUTE

Départ	Zawyat Oulmzi
Arrivée	Timmit
Distance	100 km
Comment s'y rendre	En avion jusqu'à Marrakech; de là, comptez 5 heures de bus jusqu'à Awyat Oulmzi.
Quand s'y rendre	Idéalement de fin mai à octobre.
Les indispensables	De l'eau en quantité suffisante, des tablettes de purification, des médicaments pour les problèmes intestinaux, de la crème solaire, un couvre-chef et des vêtements bien chauds pour la nuit car l'amplitude thermique est élevée. Apportez aussi de bonnes chaussures pour marcher dans l'eau, que vous échangerez avec vos chaussures de marche classiques ce jour-là.

Le dernier jour, après avoir randonné dans la Vallée heureuse, j'observe, près de Tabant, des traces de dinosaures vieilles de plusieurs millions d'années, immortalisées sur des dalles de pierre! Je vous conseille aussi de grimper au sommet de l'ancien grenier à grains collectif Sidi Moussa, près de Timmit. Vieux de 650 ans, c'est aussi un marabout (lieu de sépulture sacré). Les paysans y stockaient leurs récoltes pour les protéger des pilleurs. Du sommet, la vue est époustouflante: on peut observer toute la vallée! J'ai été particulièrement frappé par les silhouettes pyramidales que forment les monts de la vallée; on se croirait dans l'Égypte des pharaons ou dans une cité maya du Guatemala! C'est déjà la fin de cette traversée du pays des Berbères. Un pays dont on revient changé et avec une autre notion du temps et des saisons!

ÉGY

PTE

Descendre le Nil en felouque

Activité	Navigation
Difficulté	Intermédiaire
Pays	Égypte
Lieu	Vallée du Nil
Durée	Trois jours

Pour cette nouvelle aventure, je vous emmène découvrir une civilisation qui me fascine depuis l'enfance : la civilisation égyptienne ! Je vous propose donc de me suivre en felouque sur l'une des plus belles portions du légendaire Nil, d'Assouan à Louxor. La felouque, pour ceux qui ne connaissent pas, est l'embarcation emblématique du Nil. Ce petit bateau traditionnel en bois, à la voile triangulaire, est utilisé depuis des milliers d'années sur ce fleuve.

Il n'est pas simple de trouver quelqu'un prêt à vous laisser sa felouque en Égypte. Heureusement, étant donné que j'ai passé beaucoup de temps ici pendant la révolution égyptienne de 2011, j'ai de très bons contacts sur place qui m'ont aidé à trouver le parfait esquif ! Après l'avoir difficilement négociée à Assouan, je passe la première nuit dans mon embarcation, gracieusement amarrée au quai. Au lever du soleil, je suis accueilli par les premières lueurs dorées illuminant les rives du Nil, qui m'avait tant manqué. C'est le grand départ : ma felouque s'éloigne doucement du rivage, ses voiles se déployant majestueusement sous la brise légère. Elles sont colorées d'un beau bleu roi, ma couleur préférée, ce qui ajoute du caractère et du charme à mon petit bateau. Comme je vais naviguer seul, j'ai choisi une felouque qui n'a qu'un seul mât, ce qui sera beaucoup plus simple pour moi pour glisser sur l'eau.

Les rives du Nil sont bordées de palmiers dattiers et de petits villages ; leurs habitants pêchent et lavent leur linge dans le fleuve. Alors que je navigue paisiblement, les teintes chaudes du paysage se reflètent dans l'eau, créant un tableau pittoresque digne des anciennes fresques égyptiennes dont j'ai d'ailleurs des reproductions dans mon salon, à Annecy. Au fur et à mesure que j'avance, je me sens de plus en plus connecté avec le fleuve, berceau de la civilisation égyptienne. Comme je parle un peu l'arabe égyptien, je négocie des dattes fraîches auprès des enfants des villages que je croise. Une fois que nous nous sommes mis d'accord sur le prix, nous procédons à l'échange en quelques secondes au bout des pontons. Parfois, certains jeunes me rejoignent à la nage, après avoir emballé les dattes dans un sac plastique de fortune. Elles sont succulentes et fondent sous la langue. Pour les accompagner, j'achète aussi à des petites embarcations marchandes du karkadé, cette fameuse infusion de fleurs d'hibiscus dont je raffole.

Tasse de karkadé dans la main, je me dirige vers le nord, en direction de Kôm Ombo, une petite ville célèbre pour son magnifique temple. Ma felouque glisse silencieusement sur les eaux calmes, et je me sens comme transporté dans le temps. Je longe des falaises abruptes, et zigzague dans le labyrinthe des îles verdoyantes du Nil. En milieu de journée, j'atteins enfin le temple de Kôm Ombo. Érigé entre le IIe siècle av. J.-C. et le IIe siècle de notre ère (la période gréco-romaine), il est unique en son genre, car dédié à deux divinités : Sobek, le dieu crocodile, et Horus, le dieu faucon. Sa position stratégique sur les rives du Nil en a fait un lieu de culte important durant l'Antiquité, où les fidèles venaient vénérer les deux divinités liées au Nil et à la fertilité.

Chaque section du temple est dotée de portes monumentales richement décorées que je contemple à chaque fois pendant de très longues minutes. Lorsque je pénètre dans la salle hypostyle, je suis toujours fasciné et ému par les impressionnantes colonnes sculptées de manière très détaillée, représentant des scènes de culte, des divinités et des pharaons de la grande époque égyptienne. Une pure merveille! La petite originalité de ce temple vient du fait que certaines des colonnes portent des chapiteaux en forme de tête de crocodile, en référence au dieu Sobek. Quelques mètres plus loin, on pénètre d'ailleurs dans la "cour des Crocodiles", où les anciens Égyptiens élevaient des crocodiles sacrés en l'honneur du dieu Sobek. On y a même découvert des momies de crocodiles. Une incroyable visite!

Après avoir donné un petit bakchich au jeune homme qui a gardé ma felouque, je reprends mon voyage pour passer la nuit sur une petite île paisible au milieu du Nil. Alors que le soleil se couche à l'horizon, dans une superbe explosion d'orange et de rouge, les étoiles commencent à scintiller dans le ciel égyptien. Après avoir amarré mon bateau, je m'endors paisiblement en les contemplant.

Le deuxième jour, réveillé par l'appel à la prière du muezzin, je navigue vers Edfou et son sublime temple d'Horus, qui figure parmi les mieux conservés et les plus impressionnants de l'Égypte antique. Il est dédié quant à lui au dieu faucon Horus, qui était considéré comme le protecteur du roi et de l'Égypte. Ce temple est incroyablement majestueux: la façade du pylône massif qui marque son entrée est orné de sculptures représentant le dieu Horus ainsi que le pharaon guerroyant. Ses murs, ses imposantes colonnes et ses bas-reliefs fourmillent de détails racontant des histoires épiques de la civilisation égyptienne, rapportant des scènes de fêtes et décrivant des rituels religieux et des offrandes aux dieux. Au fond du temple, on pénètre dans le saint des saints, le sanctuaire sacré de la statue du dieu Horus, où seuls les prêtres et les officiants avaient accès pour effectuer les rituels les plus sacrés!

Ce soir-là, après avoir dégusté, assis sur le pont de ma felouque, un *foul meddames*, le plat national égyptien – un ragoût de fèves relevé avec du citron et des épices –, je me laisse bercer par le chant du muezzin, au loin, et par le doux clapotis de l'eau.

Pour le dernier jour de mon aventure égyptienne, je navigue jusqu'à la ville légendaire de Louxor. À peine débarqué de ma felouque, l'excitation me gagne : je suis prêt à explorer les

Temple d'Horus, Edfou

LES TEMPLES ÉGYPTIENS

Alors que le mystère de la construction des grandes pyramides d'Égypte anime toujours aujourd'hui la communauté scientifique, les principes de construction des grands temples égyptiens font plutôt l'unanimité. Avant de poser la première pierre, les prêtres, les architectes et les artisans travaillaient ensemble pour concevoir l'édifice. En effet, le choix du site était primordial ! Les temples étaient toujours situés dans des endroits considérés comme sacrés et propices en fonction de considérations astronomiques et géographiques, telles que l'alignement avec les étoiles et le Nil. Une fois le lieu trouvé, le site était nivelé et préparé pour accueillir les structures du temple. Les Égyptiens avaient mis au point une technique de fondation efficace qui consistait à creuser le sol plus ou moins profondément, puis à construire des murs formant caisson et remplis d'une couche de sable sur laquelle reposent les premières pierres. Les matériaux de construction, qui venaient de très loin en bateau par le Nil, étaient principalement le calcaire, le grès et la brique d'adobe. Le calcaire était utilisé pour les parties sculptées et décoratives, tandis que le grès était utilisé pour les parties structurelles. Les briques d'adobe, quant à elles, étaient utilisées pour les murs. Le périmètre du chantier était ceint d'une rigole, construite en argile ou taillée dans la roche, qui, une fois remplie d'eau, déterminait une horizontale générale. Des rigoles secondaires créaient un deuxième quadrillage. Une corde et deux piquets permettaient alors de reporter cette horizontale à n'importe quel point sur le chantier. Une fois l'horizontale déterminée grâce à ce niveau à eau des temps anciens, il ne restait plus qu'à araser le rocher ou à construire des murets de briques parallèles dont la cavité était comblée par du sable pour retrouver le niveau souhaité. Les moyens de levage connus étaient très limités à l'époque. La rampe était donc le moyen le plus simple pour acheminer les blocs de pierre en hauteur. Le bâtiment était ensuite progressivement déblayé pour réaliser la finition des colonnes et la décoration des murs à partir du haut. Ils étaient richement décorés de sculptures, de bas-reliefs et de hiéroglyphes représentant des scènes religieuses et des histoires mythologiques. Une fois la construction terminée, le temple était consacré lors d'une cérémonie religieuse où les dieux étaient invoqués pour bénir l'édifice. Il était ensuite ouvert aux prêtres et aux fidèles pour les rituels religieux.

trésors archéologiques de Louxor, au cœur de l'antique Thèbes, et laissez-moi vous dire qu'il y a ici des merveilles !

Situé juste au nord de Thèbes, le temple de Karnak est sans aucun doute l'un des ensembles les plus vastes et les plus impressionnants de l'Égypte antique. Cet extraordinaire complexe religieux témoigne de la grandeur et de la dévotion des anciens Égyptiens envers leurs dieux. En arrivant, je suis marqué par l'impressionnante avenue bordée de sphinx, dont certains à têtes de bélier, qui mène jusqu'au premier pylône, une immense porte monumentale. Un peu plus loin, au cœur du complexe se trouve le grand temple d'Amon-Rê, le principal dieu vénéré à Karnak. L'une des caractéristiques les plus célèbres du temple d'Amon est sa grande salle hypostyle, qui me laisse toujours bouche bée, avec ses 134 colonnes très massives. Ce qui me laisse songeur à chaque fois, c'est d'imaginer qu'à l'époque, de la même manière que nos cathédrales d'ailleurs, les colonnes étaient richement décorées de hiéroglyphes et de bas-reliefs de toutes les couleurs, racontant des histoires de victoires et de divinités. Avec le temps, les couleurs ont disparu, mais j'aurais tellement aimé vivre à cette époque pour contempler ces merveilles !

On ne peut pas venir à Louxor sans s'arrêter de longues heures dans son musée qui possède une collection impressionnante d'artefacts découverts dans la région et dans d'autres sites archéologiques de la Haute-Égypte. À chaque fois que je m'y rends, comme dans le Musée égyptien du Caire, j'y reste la journée entière, et je suis surpris lorsque le gardien m'annonce la fermeture du musée. Ici, je voyage dans le temps sans jamais le voir passer ! Ce musée abrite des collections fascinantes, dont plusieurs impressionnantes statues de pharaons et une salle de momies royales, dont celles de plusieurs pharaons historiques de l'époque ramesside, dont Ramsès Ier, Séthi Ier et Ramsès II. Si vous passez par Louxor, il s'agit d'un arrêt obligatoire !

Temple de Médinet Habou, Louxor

FEUILLE DE ROUTE

Départ	Assouan
Arrivée	Louxor
Distance	240 km
Comment s'y rendre	En avion jusqu'à Assouan.
Quand s'y rendre	D'octobre à mars pour éviter les grosses chaleurs.
Les indispensables	Votre appareil photo et des livres d'égyptologie !

Enfin, le dernier endroit dont je voulais vous parler est probablement mon préféré dans toute l'Égypte : c'est la Vallée des Artisans. J'ai une très bonne amie qui possède une écurie à Louxor, c'est pourquoi je m'y rends toujours à cheval, car j'adore le parcours entre les champs fertiles et le désert ! Situé juste à côté de la très touristique Vallée des Rois, ce site est beaucoup moins connu, et pourtant, il y existe des tombes absolument incroyables, probablement les plus belles que j'ai vues de ma vie ! Cette vallée abrite en fait les tombeaux des ouvriers et artisans qui ont construit les tombes royales et les temples de la Vallée des Rois. Ces travailleurs spécialisés, sculpteurs, peintres, tailleurs de pierre, etc., étaient chargés de construire les tombes et de décorer les parois avec des peintures et des inscriptions religieuses. Dans cette vallée, on peut donc trouver plusieurs tombeaux creusés assez profondément dans la roche, où les artisans et leur famille étaient inhumés. Pour y accéder, il faut ramper dans des souterrains très étroits, où l'on ne peut se tenir qu'allongé sur le dos (pas plus de 5 minutes, pour ne pas abîmer les tombes avec notre respiration). Personnes claustrophobes, passez votre chemin ! Mais, si vous arrivez à dépasser votre appréhension, vous découvrirez ces lieux incroyables dont la beauté me fait à chaque fois monter les larmes aux yeux. Les peintures murales détaillées, couvertes d'or et de pierres précieuses, sont des représentations de la vie quotidienne des artisans et de leur famille, comme des scènes de travail, des banquets, des cérémonies religieuses et des activités de la vie domestique. Sans aucun doute, l'un de mes lieux préférés sur cette belle planète !

Voici à présent l'heure de quitter mon bateau, et ce n'est pas sans émotion. Cette expérience m'a permis de me retrouver et de revivre la passion que j'ai depuis l'enfance pour l'histoire intense de l'Égypte ancienne, tout en me connectant profondément avec le puissant fleuve qui nourrit cette terre depuis des millénaires. Cette descente en felouque sur le Nil restera à jamais gravée dans ma mémoire et j'ai déjà hâte de revenir dans ce pays que j'aime tant !

RÉP
DÉMOCRA
DU C

BLIQUE TIQUE ONGO

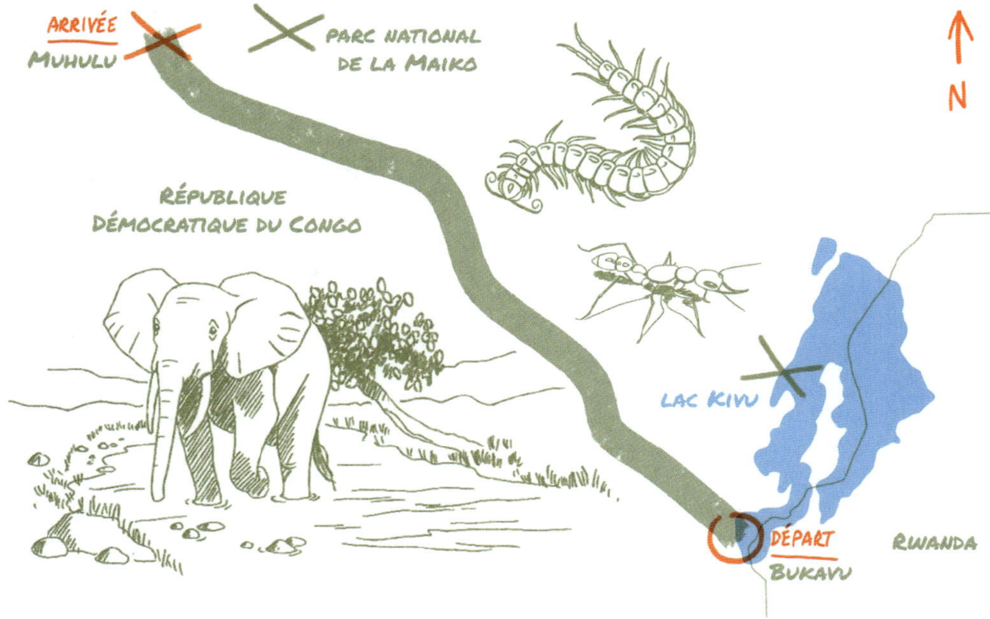

Survivre dans la forêt du bassin du Congo

Activité	Randonnée et survie dans la jungle
Difficulté	Très difficile
Pays	RDC
Lieu	Bassin du Congo
Durée	Huit semaines

L'aventure que je vais vous raconter aujourd'hui est probablement l'une des plus intenses que j'aie eu l'occasion de vivre, et j'ai pensé qu'il serait intéressant de partager avec vous quelques astuces de survie que j'y ai apprises ! Nous partons dans la forêt du bassin du Congo : ce “poumon de l'Afrique”, situé au centre du continent, est la deuxième plus grande forêt au monde après l'Amazonie, et couvre à elle seule près de trois millions de km². Elle s'étend sur six pays : la République démocratique du Congo, mais aussi le Cameroun, la République centrafricaine, la République du Congo, le Gabon et la Guinée équatoriale. La jungle est véritablement un endroit qui me fascine, mais elle reste néanmoins l'un des pires biotopes où se retrouver dans une situation de survie. Ici, pas le moindre cadeau, et tout, oui, tout peut vous tuer ! Personne n'est préparé pour survivre dans la forêt sans un entraînement long et difficile. Les animaux peuvent vous y tuer en un instant, du mammifère aux insectes en passant par les serpents, et même la végétation et l'eau peuvent être mortelles en cas de mauvais choix.

Mon aventure commence à Bukavu, une ville de RDC située au bord du lac Kivu, à la frontière avec le Rwanda, et proche du Burundi. Je quitte une zone de guerre et, comme tout au long de la route principale, la N3, la situation est très tendue, je m'enfonce volontairement dans la forêt que je vais traverser en autonomie totale jusqu'à Muhulu et au parc national de la Maiko. Environ 90% d'humidité, 40°C, des mètres de pluie tombant chaque jour… Voilà les conditions qui m'attendent pour mon aventure dans la plus grande forêt d'Afrique. Un vrai régal !

Voici donc quelques conseils utiles pour survivre dans un tel milieu. Une chose que cette aventure et que mes années d'expérience en survie m'ont apprise, c'est qu'il ne faut jamais paniquer. Premier conseil : lorsque vous sentez que vous êtes perdu dans la jungle, ou sur le point de faire un mauvais choix, faites toujours une pause et réfléchissez aux différentes options. Prenez une très grande respiration et restez calme. Les limites de votre volonté sont réellement les plus grandes barrières qui existent. Pour ma part, à chaque fois que je pensais avoir atteint mes limites

Lac Kivu

physiques, j'ai toujours été capable de les dépasser. Toujours ! Je me suis déjà retrouvé sans nourriture pendant huit jours, ou bien très gravement blessé : c'est en restant calme et en m'économisant que j'ai réussi à faire les bons choix et à m'en sortir. Il faut toujours avoir cela en tête : dans n'importe quelle situation, vous augmentez vos chances de survie si vous gardez votre calme et réfléchissez.

Autre conseil : connaissez-vous la règle des trois ? Elle est simple. Il est possible de survivre environ 30 jours sans nourriture, mais seulement 3 jours sans eau et 3 minutes sans oxygène. Lorsque vous vous trouvez en situation de survie, il faut absolument définir vos priorités. Faites-moi confiance, dans la jungle du Congo ou ailleurs, l'eau est votre priorité ! La sensation de déshydratation est probablement l'une des pires qui existe. J'ai connu bien d'autres douleurs physiques durant cette traversée de la forêt du bassin du Congo, comme, par exemple, la morsure d'une scolopendre (un mille-pattes venimeux) dans l'aine. Horrible ! Néanmoins, avec ce taux d'humidité et d'évaporation, la déshydratation est bien plus sournoise et bien plus mortelle que la scolopendre. Donc, si la nuit approche, la priorité numéro un sera de trouver un abri sûr, ce qui n'est pas forcément chose facile, dans la forêt du Congo ; mais, s'il est tôt, penchez plutôt pour la quête de la ressource en eau potable ! Au cours d'une journée dans la forêt, vous pouvez perdre jusqu'à 12 litres d'eau, juste en transpiration. Vous vous retrouvez déshydraté sans même vous en rendre compte ! C'est pourquoi il ne faut absolument pas attendre d'avoir soif pour boire.

LES FOURMIS SAUTEUSES

Durant ma traversée dans les profondeurs de la forêt du bassin du Congo, j'ai croisé à plusieurs reprises une espèce de fourmis extraordinaire au comportement étonnant qui la rend unique parmi les fourmis du monde entier. J'ai vu beaucoup de choses étranges durant ma traversée, mais la manière de se déplacer de ces fourmis m'a étonné : elles sautent ! Elles sont en effet capables de réaliser des sauts impressionnants, atteignant une distance de plus de 20 cm en une seule fois, ce qui est incroyable pour une créature de si petite taille. Leur méthode de saut est tout à fait unique : elles utilisent leurs mandibules puissantes pour saisir une partie de leur propre corps et se propulser dans les airs ! Cela leur permet de franchir des obstacles et de se déplacer rapidement sur le sol accidenté de la jungle du Congo. Les sauts de ces fourmis sont si rapides et imprévisibles que lorsqu'un prédateur s'approche, elles peuvent aussitôt se déplacer vers des endroits inaccessibles pour échapper au danger. Les fourmis sauteuses vivent en colonies souterraines complexes, où elles creusent de vastes galeries pour se déplacer et chercher de la nourriture. Imaginez-moi en train de marcher avec des fourmis sautant tout autour de moi. Incroyable et assez effrayant en même temps, je dois l'avouer !

Alors, rassurez-vous, l'eau est présente en abondance dans la jungle, à condition de savoir où la chercher. La première méthode consiste à récolter l'eau de pluie, car, vous devez le savoir, il pleut beaucoup ici. Énormément même. Vous serez donc trempé jusqu'aux os, mais c'est plutôt une bonne nouvelle, car vous aurez de quoi boire – à condition d'utiliser le bon réceptacle. Même si je connais bien la végétation, j'évite en général d'utiliser des feuilles pour récolter l'eau. En effet, nombre d'entre elles sont toxiques, et il suffit d'une seule erreur, sous la pluie et dans la précipitation, pour y passer. Pour ma part, quand c'est possible, j'utilise plutôt un bambou ou bien simplement mes mains. Une autre possibilité est de se servir dans les rivières que vous croiserez dans la jungle, mais uniquement si l'eau n'est pas stagnante ! L'autre impératif est de toujours faire bouillir cette eau pour éviter toute contamination aux bactéries ou aux parasites, très nombreux ici. Croyez-moi, je les ai à peu près tous attrapés et ce n'est pas vraiment quelque chose que vous souhaitez avoir dans le ventre… C'est pour cela que, plus loin, je vais aussi vous apprendre à faire du feu dans la jungle. Enfin, dernière précaution impérative : toujours être très prudent en prenant de l'eau dans les fleuves ou les ruisseaux. De très nombreux prédateurs vous attendent là, juste sous la surface. J'ai déjà failli avoir de très gros problèmes avec des crocodiles et un gros serpent constricteur.

Comme je vous l'ai dit, quand la nuit arrive, votre priorité est de trouver un abri. Pourquoi ? Parce que sans abri la nuit, la situation peut devenir très compliquée ! Les gros prédateurs du bassin du Congo comme le léopard chassent majoritairement de nuit. Et ils vous verront de très loin, alors que vous, vous ne les verrez pas. Si vous avez une lampe, éclairez autour de vous. Si vous apercevez des pupilles jaunes dans le noir, c'est le début (et il y a des chances que ce soit la fin, aussi !) de vos problèmes. Mais, surtout, restez calme, ne courez pas, sortez votre machette, et faites-vous le plus gros possible. Alors, bien évidemment, au moment où le fauve rugira, vous perdrez tous vos moyens, c'est normal, et cela m'est déjà arrivé. Mais surtout, encore une fois, ne courez pas ! Je me souviens que, quand je travaillais avec des associations de protection des guépards en Namibie et en Afrique du Sud, le moindre petit bébé guépard trop mignon devenait une véritable machine à tuer dès que l'un de nous se mettait à courir. C'est dans leur instinct, et peu importe votre machette : si vous courez, vous êtes mort. Autre utilité de l'abri : lorsque l'on est trempé toute la journée, on a froid, même si les températures dépassent facilement les 40°C. Et, autre petite info sympa, vous allez pourrir. Oui, moisir ! Vous voyez l'état de vos pieds quand vous sortez d'un bon bain chaud, le soir, avant de vous affaler devant une série ou un match de foot ? Eh bien, imaginez la même chose, mais non-stop pendant plusieurs semaines, sans bain, ni canapé ! Des choses vont littéralement pousser sur vous. Des champignons et d'autres parasites bien sympas. Bref, trouvez un abri, faites-y un feu et séchez-vous !

« Les gros prédateurs du bassin du Congo comme le léopard chassent majoritairement de nuit. »

Maintenant, comment trouver un abri ? Dans la jungle, vous pouvez fabriquer un toit à partir d'un tronc ou d'une grosse branche

Chimpanzé

qui touche le sol, en disposant sur les côtés, autour de la structure, des branches et des feuilles qui vous protègeront un petit peu des intempéries et des insectes. C'est le moment de faire une parenthèse sur les fourmis et les moustiques, mes insectes préférés ! Ce sont probablement le pire cauchemar de vos nuits dans la forêt. Ils sont partout. Partout ! Si les moustiques peuvent tuer en transmettant les pires maladies comme le paludisme ou la dengue (que j'ai encore récemment attrapée au Sri Lanka, au moment où j'écris ces lignes), il ne faut surtout pas négliger les pouvoirs de cet animal passionnant qu'est la fourmi ! Comme beaucoup, je suis fasciné par les fourmis depuis que j'ai lu dans mon enfance *Les Fourmis*, de Bernard Werber. Dans mon appartement, à Annecy, j'ai d'ailleurs une grande fourmilière que je passe des heures à observer lors de mes séjours entre deux expéditions. Mais, dans le bassin du Congo, ces fourmis sont une véritable plaie ! Elles se déplacent par centaines de milliers d'individus, à une vitesse hallucinante, et elles dévorent tout. Mais vraiment tout ! Plastique, Nylon, cheveux, peau, os, bois, etc. Et on ne parle pas des fourmis rouges qui peuvent mordre un peu, l'été en vacances au Cap d'Agde. On parle de fourmis qui font la taille d'un ongle ! Pourquoi cette parenthèse sur les fourmis ? Parce que, la plupart du temps, je dors dans un hamac lors de mes expéditions. Mais, au Congo, je me suis retrouvé sans hamac, car ces petites coquines m'ont envahi durant la nuit et en ont dévoré les cordes ! J'ai depuis trouvé une technique qui marche plutôt bien : je frotte tous les soirs les cordes de mon hamac sous mes bras et entre mes jambes. Vous allez vous dire que je suis dingue ! Non, l'acidité de la transpiration fait office de répulsif naturel, et j'évite donc de me réveiller le matin avec des plaies dues aux morsures qui vont s'infecter dangereusement en moins de 48 heures. Une autre option est de trouver une grotte ou un amas de rochers pour s'y abriter. Mais, là encore, méfiez-vous, car il y a très peu de chance que vous soyez le seul à avoir repéré cet abri propice, et vous risquez bien d'y trouver de la compagnie plus ou moins *friendly* !

C'est le moment de vous apprendre une technique incontournable qui peut vous sauver la vie, au Congo ou ailleurs : faire du feu !

J'ai appris ces pratiques auprès des plus grands experts en survie et vie sauvage : les Himbas de Namibie et les San du Botswana, et je me suis longtemps entraîné. Depuis, je les ai enseignées à plusieurs centaines de stagiaires durant les stages de survie-dépassement de soi que j'organise. Sans feu, en effet, impossible de vous réchauffer la nuit, impossible d'éviter de moisir ou d'éloigner les prédateurs et les insectes, et, surtout, impossible de cuisiner et de faire bouillir votre eau. Sachez tout d'abord qu'allumer un feu dans la jungle avec toute cette humidité est très compliqué. En premier lieu, il vous faudra trouver un endroit protégé des pluies abondantes, puis isoler le feu du sol humide en le mettant par exemple dans le creux d'une bûche sèche et taillée. Étant donné que tout est mouillé ici, je récupère souvent de la sève d'arbre qui fait un excellent combustible. Pensez aussi à collecter des plumes, ou à prendre l'intérieur des écorces. Attention, certaines écorces sont toxiques, comme quasiment tout ici ! Disposez bien les éléments de manière aérée, en mettant les morceaux les plus fins à la base du feu. Je voyage tout le temps avec mon couteau et ma pierre à feu, mais la méthode de la friction est pour moi la plus efficace dans la jungle. Après avoir eu si souvent les mains couvertes d'ampoules et en sang avec les Himbas, je ne suis maintenant pas trop mauvais pour allumer un feu avec cette méthode. Il faut utiliser l'échauffement produit par le frottement de deux éléments en bois pour produire de la sciure. En frottant très rapidement et longuement, cette sciure va être portée à incandescence et former une petite braise qui pourra enflammer un combustible très inflammable. Une fois votre petite flamme produite, il faudra utiliser du petit bois pour obtenir une flamme plus conséquente. Ajoutez le gros bois par la suite très calmement et sans étouffer le feu. Voilà, à vous de jouer maintenant !

Dans la jungle, les attaques de moustiques sont incessantes. C'est pourquoi je brûle aussi du bois humide pour faire un maximum de fumée, et j'expose mon corps à ces fumigations. La fumée va naturellement éloigner les insectes. Là aussi, il faut se renseigner avant : attention à ne pas brûler du bois toxique ! Lorsque j'étais jeune diplomate en Namibie, on a retrouvé les corps de huit touristes allemands, morts en cercle autour de leur feu. Rien à voir avec le sacrifice rituel d'une secte ; ils avaient simplement brûlé le mauvais bois.

Autre point que je voudrais aborder : l'orientation ! Elle a été très compliquée durant cette aventure, mais elle est pourtant primordiale dans la jungle. Il est essentiel de définir un cap et de s'y tenir. Pour ma part, j'adore grimper aux arbres. Pour vous repérer, je vous conseille donc de monter tout en haut du plus haut arbre que vous trouverez ou, à défaut, de vous rendre sur une colline. Ainsi, vous pourrez déterminer vers quelle direction aller. Cette étape est absolument vitale : n'hésitez pas à y

Éléphant de forêt

consacrer du temps et de l'énergie. À quoi bon vous épuiser en marchant 10 km dans la jungle si vous n'allez pas dans la bonne direction ? Quand j'ai l'impression d'être perdu ou de tourner en rond, je laisse des repères évidents derrière moi pour ne pas repasser au même endroit : branches cassées, tas de pierres ou flèches sur le sol. Si vous êtes vraiment perdu, une technique très efficace consiste à suivre des traces d'animaux au sol ; elles convergent souvent vers un cours d'eau, lui-même vous menant la plupart du temps à un village ou à un campement. Et gardez toujours en tête que le soleil se lève à l'est et se couche à l'ouest dans les deux hémisphères.

Je m'oriente la plupart du temps grâce aux étoiles, mais malheureusement, dans la jungle du Congo, la végétation est si dense qu'il m'a été très difficile de voir le ciel pendant plusieurs jours d'affilée parfois. On entend souvent parler de la méthode des mousses sur les arbres. Cette méthode est très aléatoire selon moi, et encore plus dans la forêt épaisse. La mousse ne pousse pas au nord comme on l'entend souvent, mais plutôt suivant l'orientation des vents dominants. Mieux vaut utiliser mes autres techniques pour vous repérer.

FEUILLE DE ROUTE

Départ	Bukavu
Arrivée	Muhulu
Distance	Environ 400 km
Comment s'y rendre	En avion jusqu'à Bujumbura, au Burundi, puis en bus jusqu'à Bukavu.
Quand s'y rendre	De juin à septembre pour éviter la plus grosse saison des pluies (mais vous n'éviterez pas la pluie !)
Les indispensables	Une pierre à feu, un hamac solide, des vêtements imperméables, des répulsifs à insectes, une machette bien aiguisée, un couteau pratique, des chaussures imperméables, un contenant solide pour l'eau et la nourriture.

Quelques mots sur les animaux : vous en rencontrerez énormément. Les premiers que je souhaite évoquer sont ceux qui me passionnent : ce sont bien évidemment les grands singes. Savoir qu'on les chasse et qu'on les massacre me dégoûte profondément. Mes contacts avec les bonobos ont été incroyablement intenses et inoubliables. Il faut n'avoir jamais rencontré un bonobo pour penser que les animaux n'ont pas de sentiments et ne communiquent pas. Je les ai vus rire à pleines dents, jouer avec des objets, se confectionner des outils pour chasser et se nourrir. Incroyable ! Même chose pour les chimpanzés ou les gorilles. Que d'humanité dans leurs yeux et leurs actions ! Côté prédateurs, dans cette jungle, nous sommes sur le territoire du terrible et splendide léopard. À plusieurs reprises, j'ai rencontré des carcasses d'animaux me rappelant qu'il était bel et bien dans les environs. Le léopard est extrêmement discret, et peut vous espionner pendant des heures sans que vous vous en aperceviez. J'ai effectué de très nombreux safaris en Afrique du Sud, au Botswana ou en Namibie lorsque j'y vivais, et je n'ai pu l'apercevoir qu'à trois reprises. Et, enfin, l'autre roi de la jungle, malgré sa taille, agit comme un fantôme dans la forêt, sans faire aucun bruit, d'où mon admiration pour lui : c'est l'éléphant de forêt. Plus petit que l'éléphant de savane, il reste imposant ; il n'a peur de personne et tout le monde le craint. Quelle magie de tomber sur lui au détour d'une clairière ou d'un ruisseau ! Le gros problème, c'est qu'actuellement cet éléphant est massacré dans le bassin du Congo, et est classé espèce en danger critique d'extinction. En effet, il a perdu plus de 80% de sa population en vingt ans ! Il est reconnu que sa disparition affecte tout l'écosystème des forêts tropicales. C'est pour cela que je me bats à côté de nombreuses associations pour stopper ce massacre et éviter ce qu'on pourrait bientôt appeler le syndrome des forêts vides.

Voilà, vous êtes maintenant conscient de ce qui peut vous arriver durant une traversée du bassin du Congo ! À vous de bien vous préparer, bien au-delà des quelques conseils que je vous ai donnés. Personnellement, huit semaines dans cet endroit qui tient autant de l'enfer que du paradis m'ont appris que la jungle est un cœur vert qui palpite : en se concentrant et en apprenant à la connaître et l'apprécier, on peut véritablement l'entendre vivre et respirer ! Toute la journée, la canopée évapore l'eau et alimente ses propres nuages, puis attend en retour la pluie qui la fera vivre grâce à un cycle de l'eau parfaitement programmé. L'incroyable biodiversité fait ainsi fonctionner l'écosystème dont nous avons tant besoin. Une fantastique merveille qu'il faut protéger et respecter plus que tout !

NAM

BIE

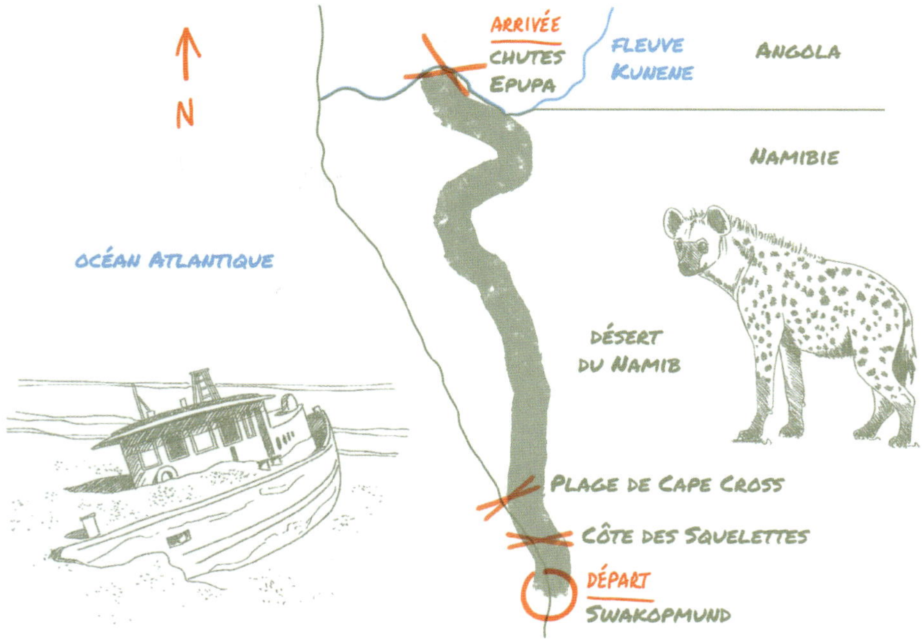

Traverser à pied le désert du Namib

Activité	Randonnée
Difficulté	Très difficile
Pays	Namibie
Lieu	Côte des Squelettes et Damaraland
Durée	Soixante-deux jours

Je marche dans les plaines arides du Damaraland. Voilà maintenant 38 jours que je traverse la Namibie, 38 jours que je me demande chaque jour – si ce n'est pas chaque heure ou minute –, si je vais mourir maintenant. Même si la Namibie est de loin le pays que je préfère sur notre belle planète et que cela fait des années que j'y vis alors, depuis que je suis parti de Swakopmund, il m'est arrivé des péripéties toutes plus effrayantes les unes que les autres. Je vais vous en raconter quelques-unes.

J'ai quitté Swakopmund, une agréable station balnéaire de la côte namibienne où j'aime venir passer mes week-ends loin de la rigueur du désert, en laissant derrière moi tous mes amis namibiens et ma petite amie allemande de l'époque sans savoir si je les reverrai. Les adieux ont été déchirants, comme si je n'allais jamais revenir. Tous ont essayé de me dissuader d'effectuer l'expédition que j'ai en tête depuis de longues années : traverser à pied la Namibie par ses différents déserts ! Mes amis afrikaners m'ont donné une espérance de survie de 3 jours maximum. Mes amis ovambos (l'ethnie bantoue qui constitue environ la moitié de la population namibienne) et zimbabwéens m'ont donné 48 heures. Bref, des perspectives vraiment réjouissantes ! Bien évidemment, j'ai à peine 24 ans et il s'agit de ma première vraie expédition, il est donc hors de question que ma mère soit au courant. Je lui ai fait croire que je travaillais toujours à l'ambassade de France à Windhoek, la capitale, alors que j'ai quitté mon poste depuis plusieurs semaines pour préparer l'expédition. Elle découvrira la vérité pour la première fois en lisant ces lignes. Pardon maman !

Voici le plan : je longerai pour commencer la fameuse et très inhospitalière Côte des Squelettes qui borde une bonne partie du pays ; je continuerai par le bush peuplé de prédateurs dangereux de la savane africaine, puis par les montagnes élevées du nord du plateau central, pour achever mon aventure dans le climat humide et tropical de la frontière entre la Namibie et l'Angola, séparés par le fleuve Kunene. Là, après avoir traversé les chutes Epupa, une autre aventure m'attend en Angola, mais je vous en parlerai plus loin !

Ce qui frappe, lorsqu'on vient pour la première fois à Swakopmund, c'est l'architecture coloniale allemande qui domine l'horizon : la Bavière au milieu du désert ! Les bâtiments aux ornements de bois sculpté, agrémentés de tourelles décoratives, de toits à pignon pointus et de fenêtres à petits carreaux ajoutent à cette ambiance européenne, et les rues pavées offrent un contraste saisissant avec le paysage désertique alentour. Certaines rues portent le nom d'anciens colons ou de dignitaires nazis. Visiblement, l'architecture coloniale n'est pas la seule à évoquer une nostalgie toute particulière… En bord de mer, des kiosques colorés proposent des souvenirs artisanaux et des fruits de mer. J'y achète quelques bretzels que je dévore immédiatement. Je sais que je ne suis pas près de manger à nouveau quelque chose d'aussi bon avant au moins deux mois ! Les premiers rayons du soleil filtrent à travers la brume et les imposantes dunes qui se jettent dans l'océan, créant des nuances dorées qui dansent sur les crêtes des dunes. Il fait déjà très chaud. Au loin, les montagnes rougeâtres de la région d'Erongo que je dois traverser se dressent majestueusement, dessinant un horizon saisissant. Le contraste entre le sable doré du désert aride, le bleu profond de l'océan Atlantique et les teintes rouges des montagnes crée une palette de couleurs époustouflante que je n'ai vue qu'en Namibie.

Mon aventure commence par la traversée de la Côte des Squelettes. Elle est nommée ainsi parce qu'elle était jonchée, à une époque, de carcasses de baleines et de phoques tués par les chasseurs, mais aussi parce qu'on y trouve les épaves de navires naufragés. Je progresse le long de cette côte désolée dans un silence oppressant, haché seulement par le murmure des vagues qui se brisent contre les rochers déchiquetés. Le paysage, sublime, est dominé par des dunes qui s'étendent à perte de vue, renforçant mon sentiment de solitude et renvoyant une impression de désolation infinie. Swantje, ma petite amie, me manque déjà, et, pourtant, ce n'est que le début de l'aventure ! Alors que je marche sur le sable mouillé, je contourne régulièrement les restes éparpillés de carcasses d'animaux marins et d'oiseaux blanchis par le soleil qui jonchent la plage, témoins silencieux de la lutte incessante pour la survie dans ce territoire impitoyable. Ajoutés à cela les épaves de navires émergeant

parfois du sable, leurs coques rouillées et éventrées racontant des histoires de naufrages tragiques, la côte a une aura sinistre. Le matin, quand je sors de ma tente, son atmosphère lugubre est renforcée par les brumes matinales qui enveloppent le rivage et créent une ambiance digne d'un conte d'horreur.

Le cinquième jour de mon aventure, alors que je m'approche de Cape Cross, à environ 110 km au nord de Swakopmund, l'air se charge d'une odeur de sel et d'ammoniaque: elle annonce la proximité de l'une des plus grandes colonies d'otaries à fourrure du monde. Plus je m'en rapproche, plus un vacarme incessant se fait entendre. Enfin, je les vois: des milliers et des milliers de ces créatures s'agglutinent sur les rochers et sur le sable, en se dandinant et en grognant. Leurs silhouettes sombres se détachent nettement sur le sable doré et les vagues déferlantes. Leur présence forme un fascinant tableau vivant: certaines se prélassent paresseusement au soleil, d'autres se chamaillent pour les meilleures places sur les rochers. Les jeunes jouent et s'entraînent dans les vagues, tandis que les mâles adultes, reconnaissables à leur taille imposante et à leur crinière caractéristique, surveillent leur territoire avec vigilance. Je suis émerveillé. Lors de la plupart de mes aventures autour du monde, ce sont les rencontres avec les animaux qui me laissent les souvenirs les plus heureux, comme lorsque, enfant, je passais mes journées devant des documentaires animaliers. Plusieurs mâles essaient de me chasser lors de mon passage. Malgré leur relative lenteur, je préfère ne pas me frotter à leurs dents impressionnantes. Je décide de m'asseoir un peu à l'écart, mais, voyant que je ne suis pas une menace, ils reviennent autour de moi.

Alors que je contemple ce tableau féerique depuis des heures, et ce malgré le vacarme et l'odeur difficilement supportable, je vais vivre l'un des plus grands spectacles de la nature auxquels j'ai eu la chance d'assister de ma vie! En un instant, tout va changer. Une peur panique gagne la colonie. Toutes les otaries se précipitent soudain aussi vite que possible vers l'océan déchaîné en hurlant sans que je sache vraiment pourquoi. Je me retourne alors pour essayer de comprendre ce qu'il se passe, et je me retrouve face à une trentaine de chacals et de hyènes brunes courant dans notre direction! Les chacals attrapent des petits en un instant et les dévorent sur place. Les hyènes, elles, se regroupent sur les carcasses des gros mâles qu'elles ont tués. Quant à moi, même si je ne semble pas vraiment les intéresser pour l'instant, je décide par précaution de grimper sur le rocher le plus haut de la plage afin d'y être en sécurité. Le spectacle est à la fois fascinant et impitoyable, comme les sont les lois de la nature! Car le calvaire des otaries n'est pas fini. De là-haut, alors que le carnage continue sur la plage, j'aperçois de nombreuses otaries sortir de l'eau, terrorisées. C'est alors que j'assiste à un nouveau spectacle incroyable, venu de la mer cette fois-ci: la chasse des grands requins blancs! Partagé entre l'émerveillement et le désarroi, les larmes me montent aux yeux. La nuit tombe sans que j'aie mesuré le temps passé à contempler cette danse de la mort entre la plage et l'océan. Enfin, je quitte la plage et, malgré l'obscurité, je marche le plus possible afin de m'éloigner de hyènes qui ne seraient pas rassasiées...

Nous voilà donc au 38e jour de mon aventure. Depuis que j'ai quitté la plage de Cape Cross et sa colonie d'otaries, j'ai perdu près de 10 kg et fait de nombreuses rencontres dont je me serais bien passé malgré ma passion pour les animaux: une harde d'éléphants du désert qui ne voulaient pas me laisser passer, un guépard aussi effrayé que moi rencontré alors que je faisais mes besoins, des oryx aux longues cornes acérées et un peu trop curieux... sans parler des nombreux serpents qui auraient pu me tuer d'une morsure. Si je suis épuisé physiquement à cause des conditions très difficiles du désert, je le suis tout autant psychologiquement. Je suis constamment à l'affût pour ne pas marcher

sur un serpent ou me retrouver en mauvaise posture face à un prédateur. Je n'en peux plus. Le seul moment de tranquillité que je m'accorde est lorsque je suis à l'intérieur de ma tente, et encore... je me demande bien comment ce ridicule bout de tissu pourrait me protéger de quoi que ce soit. Je ne sais pas encore que la suite va répondre à cette question… Et, lorsque cette journée commence, je ne sais pas non plus que ce jour va être le plus difficile du voyage et qu'il va m'apporter plus de défis que jamais dans mes rencontres avec les animaux.

Je marche sous un soleil de plomb dans les plaines arides du Damaraland. Le soleil brille impitoyablement dans le ciel d'un bleu éclatant, lançant ses rayons ardents sur les montagnes rougeâtres que je traverse. Je suis émerveillé par leurs formes tourmentées qui semblent témoigner de la force implacable de la nature. Chaque pas que je fais difficilement soulève un nuage de poussière rougeâtre et crée un voile flou qui danse dans l'air brûlant. Mes jambes sont ensanglantées par trop de contacts avec les buissons épineux et les rochers brisés, et je n'ai même pas fait la moitié du trajet.

Par endroits, des oasis de verdure émergent, où de rares arbres tordus parviennent à survivre le long de rivières asséchées. Je sais que c'est là que je peux trouver de l'eau et de la nourriture,

LES HYÈNES

Hormis le fait qu'elles ont failli me dévorer, je trouve les hyènes totalement fascinantes, sur plusieurs aspects! Avec les requins et les crocodiles, elles possèdent l'une des morsures les plus puissantes du règne animal. Cela vient en grande partie de ce que, contrairement à la plupart des mammifères, elles ont une mandibule inférieure nettement plus grande que la mandibule supérieure. Cette mâchoire asymétrique est spécialement adaptée pour broyer les os, ce qui leur permet d'accéder à la moelle riche en nutriments. Et, prenant le relais, leurs estomacs digèrent absolument tout, la peau, les os et même les cornes! La meute est souvent organisée en une structure sociale matriarcale rarissime dans le monde animal. Ainsi, elle est généralement dirigée par une femelle alpha qui, avec les autres femelles de haut rang ont souvent un accès privilégié aux ressources, aux partenaires reproducteurs et un rôle dans la protection du clan. Elles sont aussi de véritables chasseuses au sein de la meute, capables de traquer et de capturer des proies beaucoup plus grandes qu'elles-mêmes. Leurs organes génitaux sont une autre particularité fascinante : leur clitoris est hypertrophié et allongé, atteignant parfois une longueur de plusieurs centimètres, ce qui lui donne une apparence similaire à celle d'un pénis. Et elles urinent, copulent et donnent naissance aux petits par le même orifice! Par ailleurs, comme j'ai pu le constater, les hyènes possèdent un impressionnant répertoire de vocalisations. Leurs grognements, rires, gémissements et hurlements permettent de transmettre des informations sur leur âge, leur statut social et leurs émotions aux autres individus de la meute. Bref, cet animal mérite qu'on s'y intéresse au-delà du simple statut de charognard qu'on lui attribue souvent.

mais je sais aussi que je ne serai probablement pas seul. C'est là que je rencontre immanquablement des prédateurs et des serpents dangereux: chacun lutte pour sa survie dans ce territoire impitoyable.

Le silence qui règne dans le canyon que je traverse est presque assourdissant, seulement interrompu par le sifflement du vent qui s'engouffre à travers les roches. Soudain, un hurlement glaçant résonne dans tout le canyon. Puis deux. Puis trois. Puis des dizaines de hurlements, dont le son s'amplifie. Ce sont des babouins, et très vite, je les vois venir vers moi. Ils sont plus de 200. Je sais que les babouins défendent de manière très agressive leur territoire contre les intrus d'autres espèces animales, dont je suis. Vu le nombre d'individus qui m'entourent et le lieu isolé dans lequel je me trouve, je sais que l'issue de cette rencontre ne peut qu'être fatale pour moi s'ils réussissent à m'infliger plusieurs morsures: les babouins ont quatre fois la force d'un être humain et des canines plus grandes que celles des lions. L'idée de heurter un animal me répugne plus que tout, mais je sors ma machette pour me défendre. Je repère immédiatement le mâle alpha de la communauté. Je sais que c'est lui qui m'attaquera en premier. Effectivement, c'est le plus agressif. Alors qu'il s'apprête à se jeter sur moi, je ramasse une grosse pierre que je lui jette violemment au museau, en espérant que cela suffise à ce qu'il renonce à m'attaquer. Il s'arrête immédiatement, comme choqué, mais revient encore plus déterminé pour me mordre les jambes. Je suis alors contraint de faire quelque chose qui me hante toujours, quinze ans plus tard. Je lui assène un coup de machette sur la nuque; il s'écroule, tué sur le coup. Partagé entre la peur et la tristesse, je sens les larmes couler sur mes joues. Alors que je m'apprête à me défendre face aux autres singes de la communauté, le silence se fait parmi eux. J'ai tué le mâle dominant, les autres babouins semblent perdus, ne sachant plus quoi faire. J'en profite pour reculer doucement et m'éloigner.

J'assiste alors à l'une des scènes les plus déchirantes auxquelles j'ai assisté de toute ma vie. Une dizaine de babouins viennent se recueillir sur le corps et le secouent pour s'assurer qu'il ne bouge plus. Alors que je m'éloigne du canyon gardé par les babouins, je ne peux arrêter de m'excuser. Une fois l'adrénaline retombée, je m'effondre en pleurs. Ne pouvant plus avancer, je décide de planter ma tente ici.

Je creuse un trou dans le sol avec ma machette encore couverte du sang du babouin, et j'enterre la nourriture qu'il me reste. Je fais ça depuis le premier jour, et j'ai l'impression que mon odeur corporelle cache l'odeur de la nourriture. Ensuite, je monte ma tente par-dessus ce trou. Ce soir-là, comme je n'arrive pas à bien fixer les sardines de ma tente dans le sol et que je suis épuisé, je décide de prendre de très grosses pierres pour les remplacer. Alors que je suis déjà bien éprouvé par ma terrible rencontre avec les singes, arrive encore une attaque, plus cachée celle-là, comme pour me dire que la journée n'est pas finie. Au moment où je soulève la troisième pierre, extrêmement lourde, un énorme scorpion se met en position d'attaque. Son dard ne passe qu'à quelques centimètres de ma main. C'en est trop pour mes nerfs; je décide d'aller me coucher sans manger. Le froid du désert me glace dans mon duvet et j'espère m'endormir rapidement.

Mais, alors que je commence à sombrer dans le sommeil, j'entends soudain un hurlement. Un cri encore plus glaçant que les hurlements des babouins. Je ne sais pas trop si je rêve ou si j'ai vraiment entendu ce hurlement. Mais quelques secondes après, je suis certain que je ne rêve pas et je réalise que la situation va être très compliquée. Ce n'est pas un hurlement que j'entends. C'est un ricanement absolument terrifiant, qui semble tout droit sorti d'un film d'épouvante ou… du *Roi Lion*. Il s'agit d'une meute de hyènes et je sens aux vibrations du sol qu'elle arrive droit sur moi! J'ai à peine le temps de me lever et d'attraper ma machette, qu'une première se jette violemment sur ma tente. Je suis complètement désemparé, je ne sais pas du tout quoi faire. Une deuxième, puis une troisième hyène essaie de mordre la tente. Alors que je me crois déjà mort, je réalise que, très étonnamment, la tente résiste aux assauts des hyènes! Comme elle est extrêmement bien tendue, et fixée au sol grâce aux énormes roches que j'ai installées pour remplacer les sardines, elles n'arrivent pas à agripper la toile de tente! Je décide alors d'utiliser la poignée de ma machette pour les repousser sans déchirer ma toile de tente. S'ensuit alors une partie en version réelle du jeu de la taupe dont j'étais friand, plus jeune: à chaque fois qu'une forme se dessine sur ma tente, je tape dessus avec le dessous de ma machette! À mon plus grand étonnement, et par bonheur, au bout de quelques minutes qui me paraissent une éternité, les hyènes s'éloignent. Je suis sauvé! Un terrible enchaînement d'événements a fait que j'ai utilisé pour la première fois de mon expédition d'énormes pierres pour fixer ma tente, et cela m'a finalement sauvé la vie! Il est minuit et quart, c'est la fin de ce 38e jour.

L'aventure est loin d'être terminée: je ne suis pas près d'arriver aux chutes Epupa. Mais, bien sûr je l'ignore à ce moment-là, cette journée aura été la pire de cette aventure. J'ai finalement déjoué tous les pronostics de mes amis!

FEUILLE DE ROUTE

Départ	Swakopmund
Arrivée	Chutes Epupa
Distance	856 km
Comment s'y rendre	En avion jusqu'à Windhoek, puis en voiture jusqu'à Swakopmund.
Quand s'y rendre	Entre juin et septembre pour éviter la chaleur suffocante.
Les indispensables	De très bonnes chausures de marche, un sac à dos de 70 l, une tente qui résiste aux attaques de hyènes, et une machette. Prévoyez des vêtements adaptés aux marches dans le désert. De la nourriture lyophilisée et des réserves d'eau positionnées au préalable à des endroits stratégiques où le manque d'eau serait fatal. Une paille filtrante, très pratique pour boire dans les vieilles flaques d'eau ; de quoi se couvrir pour les nuits très fraîches dans le désert ; un GPS et un téléphone satellite.

ANGO

OLA

Vivre avec une tribu ancestrale

Activité	Apprentissage auprès d'une tribu
Difficulté	Difficile
Pays	Angola
Lieu	Secret
Durée	Vingt-sept jours

Voilà maintenant 62 jours que je traverse à pied la Namibie. Cette aventure dans le désert sauvage est extraordinaire, mais je ne sais pas encore que le moment le plus incroyable est sur le point d'arriver et que, d'ici quelques heures, je vais vivre rien de moins que les plus beaux jours de ma vie. Depuis mon départ, je me répète en boucle la phrase de mon ami Tjamuaha : "Une fois arrivé à la frontière avec l'Angola, traverse les chutes en évitant les crocodiles, puis longe le fleuve vers l'ouest pendant deux à trois jours, et tu arriveras à mon village. Là, demande Hikuminue."

Tjamuaha et moi avons sympathisé dans un bar dansant cubain au-dessus duquel j'habitais à Windhoek, la capitale namibienne. Il y était un talentueux guitariste, et, tous les soirs avant que j'aille me coucher, il me jouait *No woman no cry* de Bob Marley en guise de berceuse. Tjamuaha est issu du peuple Himba, un peuple autochtone bantou dont les villages sont principalement situés dans le Kaokoveld, au nord de la Namibie à la frontière avec l'Angola – là où personne ne va. Il fait partie des très rares Himbas à avoir quitté ses terres durant l'adolescence pour venir vivre en ville. J'ai beaucoup lu sur ce peuple qui fait partie des derniers sur Terre à vivre de manière ancestrale, sans quasiment aucun contact avec le monde extérieur. Mon ami me parle de son peuple pendant des mois et je l'écoute avec fascination, puis, un jour, voyant mon intérêt, il me demande si je souhaiterais rencontrer sa famille. J'hésite longuement, craignant de les perturber, mais il me convainc que ce serait une aventure extraordinaire pour eux comme pour moi. Et me voilà donc ici, quelques mois plus tard, après avoir traversé tout le pays à pied !

J'ai bien traversé les chutes d'eau Epupa, à la frontière entre la Namibie et l'Angola, en évitant les impressionnants crocodiles. Les cataractes offrent un spectacle grandiose. Les eaux du fleuve Kunene se jettent avec une force inouïe sur les rochers escarpés, créant un rugissement constant, une symphonie naturelle qui emplit l'air. Elles se divisent en une multitude de cascades qui s'étendent sur toute la largeur de la vallée. Après plus de deux mois de marche dans un désert terriblement aride,

Chutes Epupa

je suis subjugué par ce flot incessant, hypnotisé par la puissance et la grâce avec lesquelles il se fraie un chemin. Autour des chutes, la végétation est luxuriante. Des palmiers se dressent fièrement et m'offrent une ombre bienvenue ; cela contraste de manière apaisante avec la chaleur et les paysages lunaires que j'ai traversés ces dernières semaines. Je sens l'humidité légère sur ma peau, et j'ai l'impression de renaître ! Des arcs-en-ciel naissent dans la brume fine et rafraîchissante qui s'élève des cascades, ajoutant une touche de magie à ce paysage déjà enchanteur. Je ne veux plus partir, j'ai l'impression d'avoir enfin trouvé mon oasis !

Mais ça, c'était il y a 4 jours ! Depuis, je ne fais que marcher le long du fleuve en me répétant en boucle la phrase de Tjamuaha : "deux à trois jours !" Mais, pour l'instant, toujours aucun village en vue, et je n'ai plus rien à manger, ni à boire depuis mon dernier ravitaillement dans la ville d'Opuwo. J'arrive à me ravitailler en eau dans le fleuve, mais c'est un peu compliqué : à chaque fois que j'essaie de remplir mon Camelbak, j'ai l'impression qu'un crocodile va surgir de l'eau ! Comment ai-je pu rater le village ? C'est impossible ! S'il y avait eu un village, je l'aurais forcément vu ! Je suis épuisé et très déshydraté, je n'arrive plus à réfléchir correctement et, forcément, je panique de plus en plus. Bien évidemment, il n'y a aucun réseau ici, et ce fameux village mystère dont m'a tant de fois parlé Tjamuaha n'apparaît sur aucune carte. Exténué, après avoir vérifié qu'il n'y ait pas de crocodiles dans les parages, j'installe mon hamac en hauteur, à l'ombre d'un palmier, pour me poser un moment, réfléchir à la situation et reprendre un peu de forces. À peine dans le hamac, je m'endors profondément, et, dans mon sommeil, sans bien savoir si je suis en plein rêve ou dans la réalité, j'entends des rires d'enfants. Éveillé, je regarde autour de moi : rien. Je vais me rendormir, quand, soudain, j'entends un autre rire ! Cette fois, j'en suis sûr, c'est bien réel ! Je bondis de mon hamac et me dirige vers les rires. Je ne rêvais pas ! Sur les rives du fleuve, une fille et un garçon de sept ou huit ans jouent avec un énorme sac plastique en morceaux dans l'eau.

Je remarque immédiatement leurs tenues, si différentes de tout ce que j'ai vu auparavant. Le garçon, torse nu, porte un simple pagne en peau de chèvre, attaché autour de ses hanches. Bien que rudimentaire, il est orné de coquillages. Sur son crâne rasé, il a deux tresses plaquées vers l'avant de sa tête. La petite fille, elle, est vêtue d'un pagne similaire, mais se distingue par la couleur de sa peau, entièrement rouge ocre, et par sa coiffure élaborée ornée de bijoux splendides. Ses cheveux, enduits d'un mélange d'ocre rouge et de graisse de beurre, sont sculptés en tresses complexes, d'une allure incroyable. Des bijoux en perles et en cuivre ornent son cou, ses poignets et ses chevilles, et tintent doucement à chacun de ses mouvements dans l'eau.

« C'est bon, j'ai conquis le cœur des enfants qui ne me lâcheront plus d'une semelle durant tout mon séjour, se battant même pour monter sur mon dos ou mes épaules. »

Les deux portent aussi des amulettes, des petits sachets de cuir accrochés autour du cou.

Je suis si heureux de rencontrer enfin des êtres humains que je m'écrie, tout sourire et sûr de moi : "Hello!" Les enfants se retournent brusquement, me fixent quelques secondes, et se mettent conjointement à hurler de toutes leurs forces avant de partir en courant à toute vitesse ! Je tente de leur dire de ne pas avoir peur, mais je n'en ai pas le temps. Je cours vers mon hamac, puis me dis que je viendrai le chercher plus tard, car je ne dois absolument pas perdre de vue ces enfants, qui sont peut-être ma dernière chance de survie ! Je m'élance derrière eux. Je sens que mon corps me lâche, je suis exténué par mon expédition à travers la Namibie, je n'ai plus de force, mais je m'accroche. Alors que je commence à les rattraper, j'imagine la surprise et la peur qu'ils doivent avoir d'être poursuivis par ce grand homme blanc, barbu, sortant de nulle part et criant des mots qu'ils ne peuvent pas comprendre. Je ne sais pas trop ce que je vais faire une fois à leur hauteur. Eh bien, je ne me poserai pas la question très longtemps ! Une vingtaine d'hommes se dirigent vers moi en courant, armés de très gros bâtons. Je m'arrête immédiatement de courir. Derrière eux, je distingue un village. Ça y est, j'ai enfin trouvé le village himba de mon ami Tjamuaha !

Les hommes sont suivis, 50 m plus loin, par une dizaine de femmes entièrement rouges de la tête aux pieds, elles-mêmes suivies 20 m plus loin par une quarantaine d'enfants. Tous ont l'air terrifiés par ma présence, et je lève immédiatement les bras en l'air en affichant mon plus beau sourire pour les rassurer. Je leur parle en anglais, mais ils ne me comprennent pas, et ils parlent une langue qui m'est totalement inconnue, à base de clics, des sons que je n'ai alors jamais entendus. Je tends ma main en leur donnant mon prénom, mais les hommes lèvent leurs bâtons, effrayés. Alors je décide d'abattre ma dernière carte en prononçant haut et fort le prénom de mon ami Tjamuaha. Je le répète en boucle, et sors mon iPhone pour montrer une photo de Tjamuaha et moi ! L'une des femmes vient, regarde mon téléphone comme si c'était la première fois qu'elle en voyait un et se met à crier au reste du groupe : "Tjamuaha ! Tjamuaha !"

Maintenant que j'ai enfin trouvé le campement, la pression se relâche et mon corps trouve que c'est le moment parfait pour me laisser tomber, littéralement. Il fait plus de 45°C, je suis épuisé et stressé par cette rencontre, et je fais une belle chute de tension qui m'amène au sol. Une dizaine de bras me saisissent et m'emmènent à l'ombre d'un arbuste. Alors que je retrouve un peu mes esprits, l'une des femmes fait couler l'eau brunâtre d'une sorte de calebasse sur ma tête. Immédiatement, je me rappelle qu'il faut que je demande Hikuminue, ce que je fais. Un vieil homme au crâne dégarni et aux traits marqués s'approche de moi. Il me parle, mais, bien sûr, je ne comprends pas un mot hormis le prénom de mon ami Tjamuaha. Il me fait signe de le suivre et je m'exécute. Il marche très lentement ; tous les habitants du village le regardent avec un immense respect. Nous arrivons devant une sorte de rondavelle comme j'ai pu en voir chez les Zoulous, chez qui j'ai vécu en Afrique du Sud, ou chez les Sothos, au Lesotho. Excepté qu'ici, les maisons des Himbas ont une forme conique. Elles sont fabriquées uniquement par les femmes avec des branches, de la terre grasse et de la bouse de vache mélangées à du sable. Je remarque aussi que toutes les huttes en branchage et en torchis sont disposées en cercle autour d'un enclos à bétail. Ces habitations sont construites de manière à être démontées et déplacées facilement, reflétant leur mode de vie semi-nomade. Hikuminue me montre l'intérieur de la hutte, et je comprends qu'il m'invite à m'y allonger. Elle fait à peine 1 m de haut et je dois me contorsionner pour y entrer.

LES HIMBAS

Après avoir quitté les Himbas, je ne les ai pas oubliés, bien au contraire. Je me rends en Namibie presque chaque année et j'ai beaucoup combattu à leurs côtés pour les faire reconnaître et défendre leurs droits très souvent bafoués. Je me suis particulièrement impliqué dans la lutte contre le projet de construction d'un barrage de la baie d'Epupa, envisagé sur le fleuve Kunene, qui vise à générer de l'hydroélectricité et à fournir de l'eau pour l'irrigation afin de soutenir le développement économique régional. Ce projet pourrait en effet avoir des impacts catastrophiques sur la communauté Himba. En plus d'être déplacés de leur territoire, perdant ainsi leurs terres agricoles et leurs pâturages indispensables à leur mode de vie pastoral, ils seraient aussi impactés par des modifications écologiques significatives, affectant leur accès à l'eau, à la pêche et à l'incroyable faune locale, des ressources cruciales pour leur survie quotidienne. Le déplacement perturberait également leurs terres sacrées et leur patrimoine culturel ; les tombes des Himbas, profondément enracinées dans leur territoire ancestral, seraient détruites. Pour la communauté Himba, ces tombes sont bien plus que des lieux de repos pour les défunts ; ce sont des sites sacrés d'une importance culturelle et spirituelle immense. Elles jouent un rôle central dans les rites et les traditions spirituelles, étant considérées comme des points de connexion avec le monde des esprits, où les ancêtres sont honorés et vénérés, et elles sont visitées régulièrement pour des cérémonies. De nombreuses études ont démontré que les coûts sociaux et environnementaux du barrage pourraient surpasser de loin les bénéfices économiques attendus. Pour l'instant, le projet de barrage de la baie d'Epupa reste en suspens, mais la pression pour exploiter les ressources naturelles de la région persiste, maintenant une menace constante pour les Himbas. Ce cas met en lumière les défis complexes que j'ai pu observer durant mes voyages autour du monde, auxquels sont souvent confrontées les communautés autochtones face aux projets de développement à grande échelle. Il souligne la nécessité de trouver des solutions de développement qui respectent à la fois l'environnement et les cultures locales, en intégrant les perspectives, les modes de vie et les droits des populations autochtones dans les processus de décision.

À l'intérieur, des chevreaux et de nombreux poussins s'agitent autour d'un feu éternel. Je me rappelle avoir lu que chez les Himbas, le *okuruwo*, un feu sacré qui est le lien indispensable entre le monde des vivants et celui des morts, doit rester en permanence allumé, maintenu par un gardien spécifique, généralement un homme âgé du clan. Les cérémonies et les rituels importants se déroulent autour de ce feu, et les ancêtres sont invoqués pour bénir et protéger la communauté. Je m'allonge sur le sol en compagnie des animaux et utilise mon sac à dos en guise d'oreiller. Il fait extrêmement chaud à l'intérieur et les animaux me montent dessus, mais, épuisé, je m'endors presque immédiatement. En plein milieu de la nuit, une petite chèvre vient se blottir contre mon visage et me réveille. J'ai alors une envie pressante d'uriner. Je sors de la hutte et je m'aperçois que 9 hommes dorment en rond tout autour. Je suis gardé et surveillé. L'un d'eux me fixe sans cligner des yeux. Cela ne me rassure pas, mais, au moins, l'envie d'aller aux toilettes disparaît et je retourne dormir.

Après une bonne nuit de sommeil, je me lève et sors de la hutte sans vraiment trop savoir à quelle sauce je vais être mangé. Le soleil commence à se lever, baignant le village d'une lumière dorée. À ma vue, tout le village s'arrête et me regarde fixement. Je suis extrêmement mal à l'aise, alors je tente un salut de la main, mais personne ne me répond. Durant mes aventures autour du monde, j'ai réussi à plusieurs reprises à détendre la situation en jouant avec les enfants. Je tente la même chose. Je m'approche d'un groupe d'enfants, mais, au moment où je me baisse vers eux, ils voient quelque chose sur mon visage qui les terrorise et ils partent en courant. Tous sauf un. Tetua. Il regarde fixement mes lunettes et je comprends ce qui a fait peur aux autres enfants. Je porte des lunettes Ray-Ban Aviator avec des verres miroirs. Je comprends que c'est la première fois de leur vie qu'ils voient leur propre reflet ! J'enlève mes lunettes et les donne à Tetua et à son petit frère, qui sont fascinés par ce qu'ils y voient. Ce moment restera gravé à jamais dans ma mémoire. Tetua prend les lunettes et essaie de les mettre sur sa tête, mais il les met dans le mauvais sens et éclate de rire. Je craque complètement devant ce gamin et ses petites tresses sur la tête. Les autres enfants, voyant qu'il n'y a pas de danger, reviennent vers moi et font tourner les lunettes de main en main. Je me dis que c'est le bon moment pour leur faire des tours de magie. Enfant, j'ai été élève du fameux magicien Dani Lary et je connais encore quelques tours surprenants. J'en effectue trois ou quatre devant les enfants qui hurlent de rire et me sautent dans les bras. Cela attire l'attention des adultes, et, au bout de quelques minutes, tout le village est autour de moi, me regardant m'agiter avec une pièce de 2 rands sud-africains. C'est bon, j'ai conquis le cœur des enfants qui ne me lâcheront plus d'une semelle durant tout mon séjour, se battant même pour monter sur mon dos ou mes épaules.

Je sors mon guide Lonely Planet de la Namibie, qui comporte beaucoup de photos du pays, dont certaines de Himbas. Immédiatement, l'une des femmes semble reconnaître un proche, et le livre passe dans toutes les mains. L'atmosphère s'est bien détendue, et je reçois même des sourires amicaux.

La mère de Tetua me fait signe de la suivre et je m'exécute. Elle s'assoit sous un arbre et agite fermement une calebasse qui contient un liquide dont j'ignore la composition. Au bout de quelques minutes, elle me demande de la relayer et s'en va. Je me retrouve seul, au milieu de nulle part dans le désert du Kaokoland, à secouer un liquide mystère. La situation est improbable mais j'adore ça ! J'en profite pour observer le village qui s'anime et je vois beaucoup de choses que j'avais pu lire sur ce peuple. Chaque aspect de leur vie est marqué par une profonde connexion avec la nature et les traditions, et ils puisent leur subsistance et leur culture dans les éléments simples qui les entourent. Les femmes, vêtues d'un pagne en peau de chèvre et recouvertes d'un mélange d'ocre rouge et de graisse, m'observent avec curiosité et se moquent de la maladresse de mon mouvement avec la calebasse. Couvertes ainsi de rouge de la tête aux pieds, je les trouve d'une beauté fascinante. Les enfants, eux, rieurs et curieux, se pressent autour de moi pour me piquer mes lunettes et caresser ma barbe. En quelques minutes, j'ai la barbe couverte de graisse et de couleur ocre moi aussi.

J'avais beaucoup lu sur les coiffures incroyables des Himbas. Avec les ornements, elles jouent un rôle crucial dans leur identité et leur statut social. Les coiffures des femmes varient selon leur âge et leur statut marital. Les jeunes filles, par exemple, portent souvent des tresses fines appelées *ozondato*. Recouvertes elles aussi d'un mélange d'*otjize* (ocre rouge et graisse), elles pendent vers le bas, encadrant le visage. Cette coiffure simple indique qu'elles ne sont pas encore mariées. Lorsqu'une jeune fille atteint la puberté, elle peut porter une coiffure plus élaborée. Je remarque ainsi que certaines jeunes filles portent l'*erova* : les cheveux sont tressés et dirigés vers l'arrière ou vers les côtés. Cette coiffure peut être décorée de perles et d'autres ornements. Les femmes mariées, quant à elles, portent une coiffure bien plus complexe. L'une de celles que je vois le plus dans le village est l'*erembe*, qui consiste en plusieurs tresses épaisses enduites d'*otjize* ; cette coiffure rend les femmes superbes à mes yeux. Une autre coiffure populaire chez les femmes mariées s'appelle *ondatu* : les cheveux sont divisés en plusieurs parties, tressés et enduits d'*otjize*, puis arrangés de manière à former des motifs élaborés autour de la tête. Absolument sublime ! Les jeunes garçons comme Tetua, quant à eux, ont souvent le crâne rasé, à l'exception d'une petite touffe de cheveux au sommet de la tête, appelée *ondulemba*. À mesure que les garçons approchent de l'âge adulte, ils peuvent porter des tresses simples enduites d'*otjize*. Ces tresses sont souvent moins élaborées que celles des femmes, mais elles signalent le passage de l'enfance à l'âge adulte. Si j'avais assez de cheveux, j'aurais adoré avoir cette coupe !

Ici, hormis mes propres affaires, il n'y a absolument aucun signe de "modernité". Je suis donc vraiment curieux de savoir d'où viennent certains objets comme les ornements, les clés et les coquillages que portent les femmes en pendentif. Un jour, en allant avec les enfants au fleuve Kunene, je me rends compte que tous les objets modernes que je trouve dans le village sont apportés par le fleuve ! Ainsi, les sortes de sandales confectionnées par certains habitants et dont l'origine me questionnait viennent des pneus de voiture récupérés dans le fleuve ! Pareil pour le maillot de foot de Messi en lambeaux qu'un jeune garçon porte tous les jours au village. La pollution touche les endroits les plus reculés de la Terre...

Ici, comme presque partout autour du monde, j'observe que les femmes travaillent énormément, bien plus que les hommes. Elles se lèvent très tôt pour traire les chèvres et s'occuper des enfants. Leurs gestes sont précis et empreints d'un savoir-faire ancestral. Lorsque j'essaie de traire les chèvres, toutes les femmes éclatent de rire et me renvoient secouer la calebasse. Les femmes himbas sont extrêmement rudes avec moi, et, en même temps, je vois dans leurs yeux une bienveillance formidable. C'est un sentiment terriblement difficile à décrire et je n'ose pas trop les approcher. Leur nudité en est aussi peut-être une cause… Tous les matins, je suis particulièrement intrigué par le rituel de l'application de l'*otjize*, qu'elles étalent sur leur peau et leurs cheveux. Elles m'expliquent avec des gestes universels que c'est à la fois une protection contre le soleil et contre les insectes. Un jour, pour les faire rire, j'essaie de m'en mettre sur les bras. Grave erreur. Elles ne rient pas du tout et je comprends bien que cette couleur est réservée aux femmes !

Les enfants, quant à eux, m'accompagnent partout, même aux toilettes, ce qui est un peu gênant, mais semble assez normal ici. Je suis vraiment surpris de voir à quel point ils sont autonomes et impliqués dans la vie du village en participant aux tâches avec sérieux. Avec les adolescents, nous partons souvent chasser les serpents et les scorpions du désert. Mais, attention, ce ne sont pas n'importe quels serpents ! La majorité des serpents les plus dangereux du monde vivent ici : cobras cracheurs, vipères du Gabon, mambas verts et mambas noirs, et autres serpents des dunes pullulent dans les environs ! Le mamba noir, par exemple, possède un venin terrible : la dendrotoxine. Quand il mord, il injecte 400 mg de venin, alors que seuls 10 mg suffisent à tuer un homme adulte ! En l'absence de traitement immédiat, la mort est quasi certaine. Et me voilà donc pieds nus au milieu de nulle part à jouer avec des enfants de huit ans à attraper ces serpents… Lors de nos premières sorties, j'étais tétanisé, restant plusieurs mètres derrière eux, prêt à courir au moindre mouvement. Puis, au fil des jours, en m'entraînant avec des serpents moins venimeux et en observant bien les enfants faire, j'ai appris à les capturer moi aussi. Idem pour les scorpions et les agames.

Le soir, je suis maintenant de corvée de feu. Après avoir observé les gestes très précis des Himbas pour allumer le feu, je suis à mon tour devenu un expert dans ce domaine. D'ailleurs, presque tout ce que j'apprends aujourd'hui à mes élèves durant les stages de survie que j'organise m'a été enseigné par les Himbas. Au fil des jours, je fais moi aussi partie de la communauté et je participe à la vie du village, apprenant à mieux traire les chèvres et à préparer les repas. Je passe une bonne partie de la journée à faire paître le troupeau et à le protéger des prédateurs qui s'en approchent de trop près. Avec deux autres hommes, nous avons dû chasser en les chargeant avec nos bâtons un magnifique guépard ainsi que deux hyènes qui rôdaient la nuit autour du village. Le bien le plus précieux des Himbas est le bétail. Les bovins et les chèvres ne sont pas seulement une source de nourriture, mais aussi un symbole de richesse et de statut social. Chaque moment passé ici est pour moi une leçon d'humilité et de respect. Les Himbas m'enseignent non seulement leur mode de vie, mais aussi une nouvelle manière de voir le monde, où l'harmonie et la simplicité priment sur tout. Nous ne communiquons qu'avec les yeux car nous ne nous comprenons pas par la parole, et pourtant tout est clair entre nous.

Deux moments, durant mon immersion ici, m'ont très fortement marqué. Un matin, alors que je trais une chèvre, une femme vient en courant et me prend par le bras pour rejoindre le reste du groupe, rassemblé au centre du village. Lorsque j'arrive, elle me montre le ciel. Je regarde, mais ne vois rien. Elle et les autres villageois insistent, et, soudain, je comprends qu'ils me montrent la trace blanche laissée par un avion de ligne à haute altitude. Leurs yeux interrogateurs m'ont marqué à vie. Comment expliquer à ce peuple qui n'a aucun contact avec le monde extérieur, et qui parcourt le désert pendant des heures pour trouver de l'eau et de la nourriture, que d'autres humains prennent des machines qui volent dans le ciel pour parcourir des milliers de kilomètres en quelques heures ? J'ai eu beau dessiner dans le sable des avions avec un bâton, je n'ai rien pu leur expliquer. Plus de quinze ans après, je pense à eux quotidiennement, lorsque je vois cette trace dans le ciel.

Enfin, le moment le plus fort, et probablement toujours le plus beau de ma vie, est lorsqu'un matin, Vetjakanena, l'une des femmes fortes du village, me prend brusquement par le bras pour m'emmener à l'écart du village. Elle me demande de m'assoir sur une pierre et de l'y attendre. J'essaie de deviner ce qu'elle veut me faire, et je me demande si j'ai fait une bêtise. Vetjakanena, comme beaucoup de femmes du village, ne laisse pas trop transparaître ses émotions, et j'ai beaucoup de mal à savoir si elle m'aime bien ou me déteste. Je vais vite avoir la réponse. Au bout de quelques minutes, elle revient les mains chargées. Elle me saisit brusquement le bras et se met à me mettre les ornements que les Himbas portent aux pieds et aux mains. Submergé par l'émotion, je commence à pleurer. Elle

me regarde, puis me donne des petites tapes violentes dans le dos. Sa manière de me réconforter. Elle finit de m'orner de bijoux en me passant autour du cou le collier que portent tous les hommes du village. Je ne peux retenir mon émotion. Maintenant, je suis l'un des leurs ! Ils m'ont accepté ! Aujourd'hui encore, ces objets en terre cuite et en coquillages sont à mes yeux le bien matériel le plus précieux que je possède.

Le moment que je redoutais tant est enfin arrivé. Fatigué et malade, je dois repartir. Mon cœur est lourd de tristesse et d'émotion. Les rayons du soleil illuminent les visages des frères et sœurs que je me suis fait ici, des visages que je n'oublierai jamais et à qui je pense au quotidien. Les enfants, avec qui j'ai partagé tant de rires et de jeux, me regardent avec des yeux brillant d'émotion, et beaucoup pleurent en comprenant que je m'en vais. Je porte l'amulette en cuir qu'ils m'ont offerte. Je la serre fort contre moi. Les femmes du village se tiennent un peu à l'écart comme d'habitude, leurs visages graves mais doux. Elles m'ont appris tant de choses, de la préparation de l'*otjize* à l'art de tresser les cheveux avec dextérité et une patience infinie. Je ressens déjà un vide immense en les quittant. Les hommes, avec qui j'ai partagé des tâches quotidiennes et des moments de camaraderie incroyables en chassant les hyènes et les serpents, m'ont serré la main avec une force qui trahit leur propre tristesse. Leur sagesse et leur sérénité m'ont impressionné dès le premier jour. J'ai appris de leur résilience, de leurs liens indéfectibles avec la terre et leur environnement. Alors que je m'en vais, je jette un dernier regard sur le village. Chaque hutte, chaque chemin poussiéreux, chaque visage est gravé dans ma mémoire. Les rires, les chants, les murmures du vent dans les arbres, tout cela m'accompagnera où que j'aille lors de mes aventures autour du monde. Je ressens une immense tristesse à l'idée de partir, comme si je laissais une partie de moi-même derrière moi. Je suis submergé par l'émotion et je ne veux plus me retourner, je marche vite. Ces moments passés avec eux ont été les plus beaux de ma vie. Je sais que je ne les oublierai jamais et je porte leur nom partout où je vais. Leur simplicité, leur dignité, leur sagesse et leur joie de vivre ont laissé une empreinte indélébile sur mon âme. Je quitte ce village avec un cœur plus riche, rempli d'histoires et de souvenirs, et la promesse silencieuse de revenir un jour.

FEUILLE DE ROUTE

Départ	Chutes Epupa
Arrivée	Village himba
Comment s'y rendre	En avion jusqu'à Windhoek puis en taxi-brousse pendant trois jours.
Quand s'y rendre	Toute l'année.
Les indispensables	Le plus indispensable : des pastilles ou une gourde filtrante pour purifier l'eau.

AFRI
DU

QUE
SUD

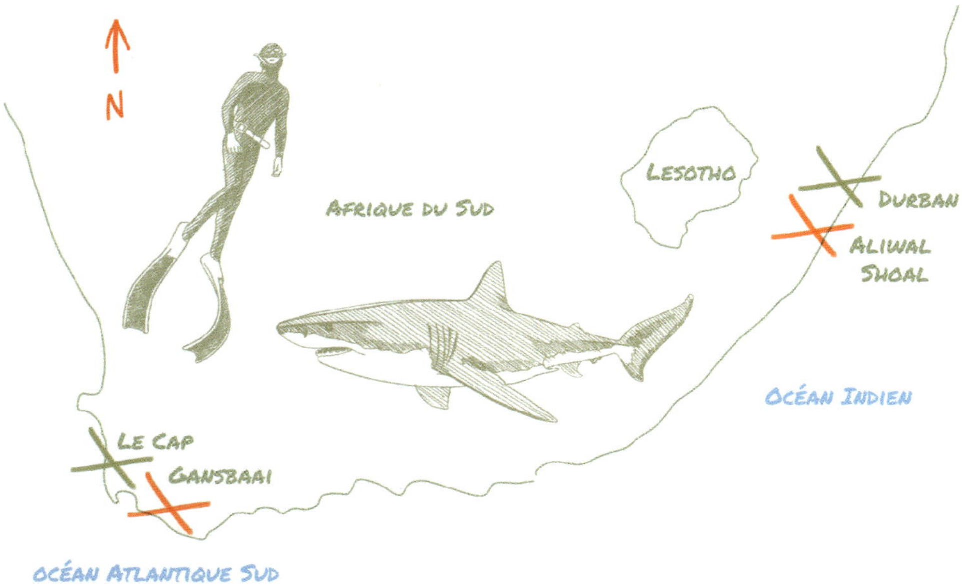

Apprendre à nager avec les grands requins blancs

Activité	Plongée en cage et *free diving*
Difficulté	Difficile
Pays	Afrique du Sud
Lieu	Gansbaai et Durban
Durée	Six semaines minimum

D'aussi loin que je m'en souvienne, j'ai toujours été fasciné par le seigneur des océans, *Carcharodon carcharias*, plus connu sous le nom de grand requin blanc. Enfant, je regardais tous les documentaires ou films ayant un lien avec les requins. J'avais même un classeur dans lequel je collais tous les articles de journaux qui parlaient des observations ou des attaques de requin. Je l'ai retrouvé à Noël dernier chez ma mère. C'est une véritable pépite, qui a ravivé de nombreux souvenirs d'enfance, notamment ceux, marquants, que j'avais de deux attaques mortelles sur des véliplanchistes en Méditerranée, à Marseille et en Sicile. En relisant cela, je me suis rappelé que ce sont précisément ces deux attaques qui ont déclenché ma peur de nager. Ah oui, j'ai oublié de vous le dire : certes, j'ai toujours été fasciné par les requins, mais aussi absolument terrifié ! À tel point que, lorsque j'étais petit, je refusais de me baigner dans la mer ou l'océan. C'était totalement inconcevable pour moi. Mais cette peur ne s'arrêtait pas là. Je n'étais pas non plus capable de me baigner dans le lac d'Annecy, ou dans n'importe quel lac d'ailleurs, et je séchais les cours de natation, en primaire, par peur que quelque chose m'attaque par en dessous dans la piscine ! J'avais même réalisé un calendrier des dates et heures auxquelles nous avions le plus de risques d'être dévoré par un requin ! À l'époque, je vous aurais vivement déconseillé de vous baigner avec un maillot de bain sombre au large de la Sicile un jeudi 18 février pluvieux entre 17h et 19h... Bref, vous l'aurez compris, il s'agissait probablement de la plus grande phobie de ma vie ! Et elle a perduré jusqu'au jour où j'ai rencontré Elizabeth.

À cette époque, j'habite en Namibie et je passe beaucoup de temps au Cap, en Afrique du Sud. Un jour, alors que je fais mon jogging sur Muizenberg Beach, l'un des meilleurs spots de surf au monde, je vois sortir de l'eau, avec sa planche de surf sous le bras, une déesse sud-africaine blonde de 1,75 m, secouant ses cheveux au ralenti comme dans une publicité pour un shampoing. Bref, j'ai le cœur au bord des yeux. Je continue à courir, tout en cherchant des yeux l'équipe de tournage qui doit forcément l'accompagner. Il s'avère qu'il n'y a pas de caméra, en revanche, il y a un terrain de beach-volley ! Comme dans un film comique mettant en scène le

Grand requin blanc, Gansbaai

LES ATTAQUES DE REQUINS

Chaque année, les moustiques et les noix de coco tuent beaucoup plus d'humains que les requins. En effet, on estime à une dizaine le nombre d'attaques mortelles de requin, alors que les chutes de noix de coco tuent 150 personnes par an ! Les autres animaux les plus potentiellement mortels pour les humains sont l'hippopotame (300 morts en moyenne), la méduse (500 morts), l'abeille (1 500 morts), le crocodile (2 500 morts), ou bien encore les serpents (100 000 morts estimées). Mais le plus grand tueur est le moustique, avec des centaines de milliers de décès annuels à la suite des maladies qu'il propage ! Des chiffres qui font relativiser la dangerosité des requins et leur surnom de "mangeurs d'hommes". Dans l'imaginaire collectif, bien aidé par le cinéma, cette idée est pourtant tenace ; on peut comprendre qu'il soit plus effrayant d'être dévoré par un requin que piqué par une méduse. L'augmentation (relative) des attaques de requin ces dernières années s'expliquerait par l'augmentation de la pratique du surf et des sports nautiques, mais aussi par la raréfaction du poisson à cause de la surpêche. Les requins doivent aller chercher de la nourriture dans des endroits qu'ils ne fréquentaient pas auparavant. Aujourd'hui, la grande majorité des espèces de requin sont menacées d'extinction alors qu'ils sont indispensables à la survie des écosystèmes marins. Cette année encore, près de 100 millions de requins ont été massacrés pour le commerce de la viande, de l'huile et du cartilage de requin. On se demande qui est vraiment le superprédateur...

pire séducteur du monde, je me cogne le visage sur le poteau, et je me casse le nez pour la quatrième ou cinquième fois de ma vie. Je ne sais pas ce qui me fait monter les larmes aux yeux : le ridicule ou la douleur. Alors que je me tiens le nez, quelqu'un saisit mon bras pour m'aider à me relever, et, lorsque ma vue s'éclaircit, je réalise qu'il s'agit de l'incroyable sirène surfeuse ! C'est ainsi que notre histoire d'amour commence. Hormis mon nez cassé, nos premières conversations ne tournent qu'autour du même sujet : je lui explique le pourcentage de risques qu'elle a d'être dévorée vivante et de mourir dans d'horribles souffrances lors de sa prochaine session de surf, Elizabeth essaie quant à elle de toutes ses forces de me persuader de venir dans l'eau avec elle, et je lui réponds qu'un touriste russe a encore été dévoré la semaine passée à seulement 2 m de la plage en Égypte... Bref, je suis terrifié et Eli ne cesse de se moquer de moi. Mesurant le fait que je suis quand même en concurrence avec de beaux surfeurs sud-africains, je me dis que c'est assez, que je ne peux plus vivre avec cette phobie ! C'est alors qu'elle me parle de son ami Katenda, qui organise des plongées à Gansbaai, considérée comme La Mecque de la plongée avec les grands requins blancs. Je me lance. C'est décidé, dès le lendemain j'irai rencontrer son ami et je ferai les deux heures de voiture jusqu'au pire endroit de la Terre pour moi : les côtes de Gansbaai, là où l'on trouve la plus forte concentration de grands requins blancs au monde !

Le lendemain, à Gansbaai, la mer est totalement déchaînée. Il est clair que jamais de ma vie je ne mettrai un pied sur un bateau ici. Elizabeth m'envoie un SMS pour me féliciter, et, forcément, 30 minutes plus tard, je suis en tenue de plongée avec Katenda, au milieu de l'océan agité, où je vomis deux fois. Katenda me remercie d'avoir appâté les requins, et me dit qu'il est maintenant l'heure de plonger dans sa toute petite cage. Mon cœur bat à 200 pulsations par minute et j'ai l'impression que je vis mes derniers instants. Katenda me dit de ne pas m'inquiéter, que je serai bien mieux dans l'eau gelée, et que cela va calmer mon mal de mer. Si vous vous demandiez comment on peut se retrouver au bout du monde avec un inconnu dans un tout petit bateau de pêche de 5 m de long, immergé dans une eau glaciale, la tête recouverte de son propre vomi, à descendre en apnée dans un océan déchaîné pour essayer d'apercevoir des grands requins blancs, vous avez la réponse !

La visibilité étant nulle, je ne vois pas à plus de 2 m. Alors que je m'apprête à remonter et à quitter définitivement cet endroit de malheur, je sens soudainement une force colossale me brasser à l'intérieur de la cage. Je me retourne. Je n'oublierai jamais cette vision. Devant moi, une énorme femelle requin blanc passe à quelques centimètres de ma cage. Je vois mon reflet terrifié dans sa pupille noire alors qu'elle tourne doucement autour de moi. Chaque mouvement de sa nageoire caudale déplace des milliers de litres d'eau et je sens sa puissance traverser mon corps. Je suis absolument pétrifié, mais, en même temps, tellement fasciné que j'en oublie de remonter à la surface pour respirer. J'entends au loin Katenda me crier "breath, breath !", mais je ne peux m'arrêter de contempler le requin. Et, soudain, en un millième de seconde, elle se propulse violemment à l'aide de sa nageoire pour disparaître instantanément dans les pénombres de la tempête ! Je remonte à la surface et prends

Région de Durban

enfin ma respiration, pour hurler à Katenda toutes les insultes que je connais en anglais et je crie de joie ! Ce moment était absolument incroyable, et changera toute ma vie ! Lorsque nous rentrons au port, je suis tellement bouleversé que j'en oublie d'être malade. Arrivé chez Katenda, je m'effondre de fatigue sur son canapé et m'endors instantanément. À mon réveil, je lui annonce que je veux y retourner le lendemain. Il se moque de moi et accepte. Je passerai les dix prochains jours sous l'eau avec lui au milieu de l'océan, et j'observerai ainsi une cinquantaine de grands requins blancs !

Fasciné par cet animal, je décide qu'il faut absolument que j'apprenne à nager avec eux en dehors d'une cage. Mais ici, à Gansbaai, l'eau est beaucoup trop agitée et sombre, et ce serait totalement suicidaire de nager sans voir ce qui m'entoure. Il s'agit tout de même d'un superprédateur au sommet de la chaîne alimentaire marine, et pouvant se déplacer de manière ultra rapide pour attraper une proie. Les célèbres photos et vidéos des grands requins blancs de Chris Fallows pour *National Geographic* montrant leurs sauts spectaculaires, jusqu'à plusieurs mètres de hauteur, lors de leur chasse aux phoques, me rappellent qu'il vaut quand même mieux les avoir en visuel lors d'une plongée sans cage. Avec Elizabeth, nous cherchons pendant plusieurs semaines quelqu'un qui serait capable de m'apprendre à nager avec les requins blancs et requins-tigres en Afrique du Sud. Finalement, nous partons à la rencontre d'Alan, à Durban, une ville située à 20 heures de route à l'est du Cap, au bord de l'océan Indien. Alan est spécialisé dans la plongée en *free diving*, c'est-à-dire sans oxygène. Ici, tout le monde l'appelle le fou ! Parfait, c'est aussi mon surnom depuis quelques années, je sens qu'on va bien s'entendre !

Pendant plusieurs semaines, c'est à ses côtés, ici, à Aliwal Shoal, un grand récif connu pour être un spot de plongée mythique, que j'apprends à plonger avec les requins. Il y a non seulement des requins-taureaux et des requins blancs, mais aussi de très gros requins-tigres, considérés comme les plus agressifs envers les humains : leur comportement opportuniste les amène à chasser une grande variété de proies. Avec le requin-bouledogue, le requin-tigre est impliqué dans la majorité des attaques sur les humains. C'est donc avec lui que je veux apprendre à nager dans le monde du silence. Mais, cette fois-ci, j'ai l'avantage de pouvoir voir ce qu'il se passe autour de moi ! En effet, les eaux de la province du Kwazulu-Natal sont beaucoup plus claires que celles de la province du Cap.

Toute ma vie, je me rappellerai ma première rencontre avec un requin-tigre. Je suis seul face à cette énorme femelle de près de 4 m. Son corps brun-gris est strié de rayures verticales sombres, particulièrement visibles, et elle vient vers moi de manière déterminée. Après des semaines d'entraînement avec de plus petits requins, ça y est, c'est le moment dont j'ai rêvé, ou plutôt cauchemardé toute ma vie : me retrouver seul avec un superprédateur en plein océan ! C'est le moment de mettre en pratique tout ce que j'ai appris : rester calme, ralentir mon rythme cardiaque et contrôler ma respiration. Ne surtout pas faire de mouvements brusques ou de panique qui pourraient être interprétés par le requin comme une menace. Je garde une certaine distance, car je sais que le requin-tigre est très territorial, et que je ne dois surtout pas bloquer sa trajectoire. Cette femelle est curieuse et se rapproche de moi. Elle fait un premier passage et tape assez violemment sur mes longues palmes avec son nez, comme pour me tester. Malgré l'angoisse qui monte en moi et l'envie de remonter respirer à la surface, je retiens mon souffle et garde une position verticale pour paraître plus grand et me préparer à son deuxième passage que je sais imminent. Et, effectivement, quelques secondes plus tard, elle fait un deuxième passage, mais cette fois-ci à hauteur de mes bras. À quelques dizaines de mètres de là, Alan me regarde et me fait signe avec le poing. C'est le signal que nous avons travaillé ensemble à maintes reprises. La femelle ouvre grand la gueule pour tester ma réaction. C'est à ce moment précis que je lui assène une petite tape sur le nez et la repousse doucement pour lui faire comprendre que je ne suis pas une proie. C'est bon, la communication entre nous deux est établie et le requin s'éloigne tranquillement. Je remonte sur le bateau avec Alan, et je lui tombe dans les bras de joie ! Ça y est, j'ai enfin vaincu la plus grande phobie de ma vie : j'ai nagé en solo avec un superprédateur des mers, et je suis resté calme quand son comportement est devenu plus agressif.

Entre 2009 et 2016, j'ai effectué une cinquantaine de plongées en *free diving* avec des requins de toutes espèces au large des côtes sud-africaines. Depuis, j'essaie d'appliquer cette philosophie de vie à toutes mes phobies et peurs les plus profondes : les affronter pour mieux les dépasser ! J'ai ainsi mis cela en pratique avec ma peur des serpents ou mon extrême vertige, mais ce sont d'autres histoires…

FEUILLE DE ROUTE

Départ	Le Cap
Arrivée	Gansbaai et Durban
Comment s'y rendre	En avion jusqu'au Cap, puis en voiture jusqu'à Gansbaai et Durban.
Quand s'y rendre	Toute l'année.
Les indispensables	Une combinaison de plongée pour eaux froides, un masque et un tuba, et une pilule anti-mal de mer, car il y a beaucoup de houle.

LESOT

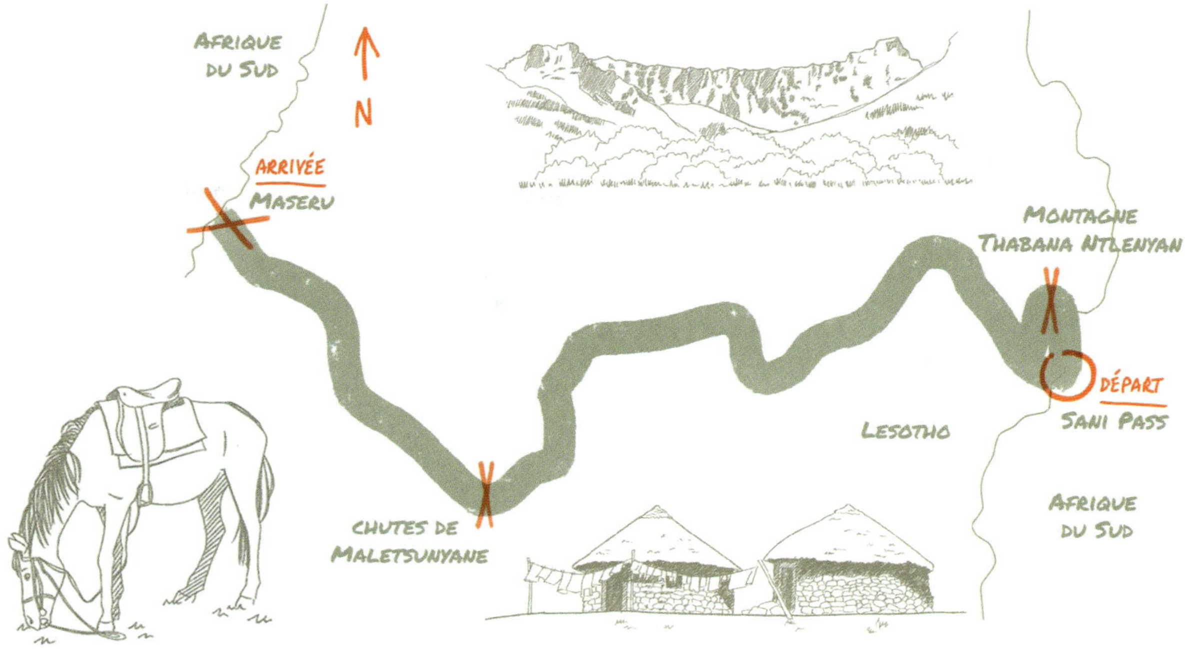

Traverser le Lesotho à cheval

Activité	Équitation et randonnée
Difficulté	Intermédiaire
Pays	Lesotho
Lieu	Le pays d'est en ouest
Durée	Sept jours

Peu de personnes peuvent placer le Lesotho sur une carte. Ce tout petit pays, de la taille de la Belgique, est l'un des rares au monde à être totalement enclavé dans un autre ; tout son territoire se situe en effet à l'intérieur de l'Afrique du Sud, sans aucun accès à la mer! Il est surnommé le "Royaume dans le ciel" en raison de son autre particularité : c'est le seul pays au monde entièrement situé à plus de 1 000 m d'altitude.

Depuis ce matin, je franchis à pied le Sani Pass, un célèbre col de montagne situé à la frontière entre l'est du Lesotho et l'Afrique du Sud, qui offre l'un des passages frontaliers les plus spectaculaires du monde. Voici plusieurs jours que je traverse les sublimes montagnes du Drakensberg, une chaîne de montagnes que l'on surnomme souvent la "Suisse de l'Afrique du Sud". Sauf qu'en Suisse, je n'ai jamais couru le risque d'être mordu par un cobra! Et le cobra du Cap, d'un jaune éclatant magnifique, est très venimeux. J'en ai croisé deux impressionnants spécimens lors de mon ascension. Le deuxième, se sentant menacé, a adopté une position caractéristique, dressant l'avant de son corps tout en dilatant son cou pour paraître plus grand. J'ai été comme pétrifié sur place. Il a ensuite produit un sifflement très fort, et, alors que je reculais hâtivement, il a essayé de me cracher son venin au visage. Le genre de rencontre matinale que j'aurais préféré éviter !

On m'avait prévenu que l'accès au col se faisait par un sentier très sinueux, constitué de virages en épingle à cheveux et de passages vraiment étroits, mais je ne m'attendais pas à y voir d'énormes 4x4 bloqués dans la montée. Des Afrikaners que j'ai aidés à faire repartir leur voiture m'ont donné du *biltong* pour me remercier. C'est une spécialité de viande séchée et salée d'origine sud-africaine, que l'on peut comparer au *beef jerky* états-unien. Sauf qu'ici, ce n'est pas uniquement de la viande de bœuf, mais aussi d'autruche, d'antilope, d'oryx ou bien même de crocodile! Enfin, j'arrive en haut du Sani Pass, à plus de 2 800 m d'altitude, et je sens immédiatement l'air frais des hauts plateaux! Du col, on a une perspective unique sur les deux côtés de la frontière, avec les vastes étendues de l'Afrique du Sud d'un côté et les montagnes du Lesotho de l'autre. Magique!

LES FUNÉRAILLES AU LESOTHO

Au Lesotho, il existe une pratique funéraire traditionnelle très particulière que j'ai pu observer. Lors de la cérémonie, le corps du défunt est placé en position assise, habillé de ses plus beaux vêtements, et entouré de certains de ses biens personnels ou de symboles de son statut social. Des photos de famille ou des souvenirs peuvent également être disposés à proximité pour rendre hommage à sa mémoire. La chaise sur laquelle repose le corps est décorée avec des tissus, des fleurs ou d'autres ornements symboliques. Le défunt est toujours orienté vers le soleil, une disposition lui permettant de faire face à la lumière, symbolisant ainsi son voyage vers l'au-delà en l'aidant dans sa transition vers un état spirituel supérieur. Ces pratiques funéraires sont malheureusement des rituels que l'on a fréquemment l'occasion d'observer du fait de la terrible épidémie de sida qui frappe le pays depuis les années 1990. Environ une personne sur quatre y vit ainsi avec le VIH. C'est le taux le plus élevé au monde après l'Eswatini, et l'espérance de vie y est par conséquent l'une des plus faibles. Une hécatombe à bas bruit dans ce petit pays, si peu connu.

Tumelo, mon guide basotho (le nom du peuple bantou dont est issue presque toute la population du Lesotho), m'attend avec deux chevaux. Je suis immédiatement frappé par sa tenue. Il porte un *kobo*, une couverture traditionnelle portée par les hommes du pays. Il s'agit vraiment d'une couverture, pas d'un manteau, et il est emmitouflé dedans. Dans les montagnes du Lesotho, aux températures très fraîches, ces couvertures en laine offrent chaleur et protection. Il me montre les différents motifs de son *kobo*, dont certains sont tissés avec des couleurs vives, tandis que d'autres présentent des nuances plus subtiles, et m'apprend que chaque style reflète ainsi la région d'origine de la personne qui le porte. Il m'explique aussi avec passion que les kobos sont bien plus que de simples vêtements car ils sont transmis de génération en génération, représentant un lien avec l'histoire familiale et culturelle. Lui porte ainsi le *kobo* de son défunt grand-père.

Je remarque ensuite que les deux chevaux qui nous attendent pour cette aventure sont très particuliers: je n'en ai jamais vus de la sorte! Il s'agit de "poneys Basotho", une race équine spécifique du Lesotho, adaptée aux conditions montagneuses difficiles et au mode de vie traditionnel des habitants. Ils sont connus pour leur robustesse et leur endurance. Leur stature compacte et musclée les rend agiles et capables d'évoluer sur des sentiers escarpés. Ils sont principalement utilisés ici pour la garde du bétail et le transport de charges d'un village à l'autre. Je décide d'appeler le mien Sani, en référence au col que je viens de grimper.

Avec Tumelo et Sani, nous nous dirigeons directement vers la plus haute montagne du Lesotho, la Thabana Ntlenyana, qui culmine à une altitude de 3 482 m. Nous sommes au mois de septembre, mais il fait extrêmement frais et le vent est glacial. Tumelo me donne un *kobo*, mais je n'arrive pas à le garder autour de moi tout en chevauchant dans les plaines rocailleuses, et à deux reprises je le laisse tomber. C'est tout un art de porter le *kobo*! À l'approche des villages, tous les 10 km environ, Tumelo me fait signe d'accélérer. Je comprends rapidement la raison de cette consigne : les chiens de bergers qui viennent nous attaquer! Chaque fois, nous devons les semer au galop.

Après quelques heures, nous arrivons au pied de la montagne Thabana Ntlenyana. Tumelo propose de monter avec les chevaux, mais je préfère les laisser se reposer et faire l'ascension à pied. Lorsque nous arrivons au sommet, quelques heures plus tard, nous nous retrouvons entourés par un panorama à 360° sur les montagnes du Lesotho! Il faut dire que ce sommet est le deuxième plus haut d'Afrique après le Kilimandjaro. Les pics émergeant de la mer de nuages, les vallées profondes et les étendues sauvages à perte de vue se complètent pour créer une vision paradisiaque. Le silence est brisé seulement par le murmure du vent. Je me sens au sommet du monde, apaisé et vivant. Au loin, des nuages menaçants apparaissent et il nous faut vite redescendre. À peine sommes-nous arrivés en bas qu'une énorme tempête éclate, et que nous devons nous réfugier le plus rapidement possible dans un village voisin. D'énormes grêlons s'abattent sur nous, au point de me blesser au visage – cassant mes lunettes de soleil – et au dos. C'est le moment où je suis très heureux d'avoir loué et transporté, depuis Durban, une bombe pour me protéger la tête en cas de chute!

Dans le village, nous sommes accueillis dans l'une des rondavelles, les maisons traditionnelles du Lesotho. Souvent construites avec des matériaux locaux tels que la boue, la pierre et le chaume, qui offrent une isolation naturelle, aidant à maintenir une température agréable à l'intérieur par temps froid ou chaud, ces structures sont de forme circulaire, ce qui permet une meilleure résistance aux vents forts et contribue à empêcher l'accumulation de neige sur le toit. Elles me rappellent les huttes traditionnelles de beaucoup de peuples avec qui j'ai vécu en Amazonie ou en Afrique. À l'intérieur, nous sommes treize, dont sept enfants qui me fixent comme si j'étais un extraterrestre. C'est exactement le genre de rencontres que je recherche dans mes aventures autour du monde. Les enfants ne parlent que la langue bantoue officielle du Lesotho, le sesotho. Je décide alors pour ma part d'utiliser la langue universelle de la magie et des photos, comme je le fais souvent. Je prends un selfie avec eux, et déclenche sans le vouloir un filtre d'oreilles de chat. La moitié des enfants se met à pleurer, tandis que l'autre est émerveillée. Nous passerons toute la soirée autour du feu à essayer tous les filtres de mon téléphone. Le lendemain, la tempête est passée, et nous pouvons reprendre notre traversée du Royaume dans le ciel.

Après deux jours à cheval à travers des paysages alternant plateaux désertiques et vallées verdoyantes, me voici enfin devant les incroyables chutes de Maletsunyane, l'objectif principal de mon aventure! Elles figurent parmi les plus hautes chutes d'eau d'Afrique, avec une hauteur totale de 192 m, en un unique saut qui tombe d'une imposante paroi rocheuse. Les embruns qui se créent dans la vallée en contrebas arrosent une végétation luxuriante, couverte de fleurs sauvages multicolores, et forment plusieurs arcs-en-ciel. Nous attachons les chevaux pour nous allonger dans l'herbe fraîche. Après le repas, Tumelo me fait fumer une petite spécialité d'herbe locale, et je m'endors apaisé devant cette vision féerique. Deux jours plus tard, je rejoins Maseru, la capitale du Royaume dans le ciel, située tout à l'ouest du pays, encore à la frontière avec l'Afrique du Sud. C'est avec de beaux souvenirs et beaucoup de nostalgie que je quitte ce petit pays pour me rendre dans un autre État enclavé d'Afrique: l'Eswatini! Mais ça, c'est une autre histoire…

FEUILLE DE ROUTE

Départ	Sani Pass
Arrivée	Maseru
Distance	Environ 400 km
Comment s'y rendre	En avion jusqu'à Durban, puis en bus ou en voiture jusqu'au Sani Pass.
Quand s'y rendre	Durant l'été austral, de novembre à février.
Les indispensables	Une bombe ou un casque d'équitation, un duvet et des vêtements chauds, car il peut faire très froid à cette altitude.

BOTSW

ANA

Survivre dans le désert du Kalahari avec le peuple San

Activité	Apprentissage auprès d'une tribu
Difficulté	Difficile
Pays	Botswana
Lieu	Désert du Kalahari
Durée	Cinq jours

Me voici dans le désert du Kalahari. Cet immense océan de sable couvert de buissons et enveloppé de silence et de lumière s'étend à perte de vue. Chaque pas que je fais soulève un nuage de poussière dorée qui s'évanouit aussitôt dans l'air sec et immobile. Sous mes pieds, le sable est fin et chaud, emmagasinant la chaleur des rayons du soleil qui brûle sans relâche. Mes bottes de cuir, usées par le voyage, y tracent des lignes profondes, marquant mon chemin. Autour de moi, la vie palpite silencieusement malgré l'apparente aridité. Des plantes résilientes percent le sol, avides de chaque goutte d'eau comme d'un trésor rare. Leurs formes étranges et leur résistance à l'épreuve du désert me fascinent; elles témoignent d'une lutte perpétuelle pour la survie dans cet environnement extrême que j'aime tant. Les buissons semblent figés dans le temps et leurs épines aiguisées coupent le ciel bleu azur. Tous les animaux du *Roi Lion* peuvent se rencontrer dans cette région, et je dois rester sur mes gardes à chaque instant. Dans cette immensité, je me sens à la fois minuscule et puissant, absorbé par la beauté brute et indomptable du Kalahari. Je m'arrête un instant pour écouter le silence, ce silence profond et apaisant qui imprègne chaque particule de ce désert ancestral. Soudain, le groupe s'arrête. Ah oui ! je ne vous l'ai pas dit: je suis avec un groupe de San, aussi connus autrefois sous le nom de Bochimans (Bushmen en anglais), les habitants autochtones du désert du Kalahari au Botswana qui m'ont tant fait rêver quand j'étais petit lorsque j'ai vu le film *Les Dieux sont tombés sur la tête!* Je suis venu apprendre à leurs côtés comment survivre dans ce territoire extrêmement hostile, et nous nous préparons pour la chasse, une activité ancestrale du peuple San.

Les hommes, à la silhouette élancée, sont musclés et de petite taille. Le soleil dessine des arabesques d'ombres sur leur torse nu. Leurs pagnes en peau de springbok, souples et robustes, sont parfaitement adaptés à la rigueur du désert; ornés de fines broderies et de perles de couleur, ils racontent des histoires de chasses passées et de victoires partagées. Autour de leurs hanches, ils attachent des ceintures de cuir tressé qui maintiennent des pochettes en peau renfermant des outils essentiels :

de petites lames de silex, des aiguilles d'os et des cordelettes tissées. Ils marchent pieds nus ; leurs pieds sont endurcis par les kilomètres parcourus pour la chasse et la cueillette. Sur leurs épaules, ils portent des carquois faits de peau et de tendons, remplis de flèches dont les pointes sont empoisonnées : chaque flèche est méticuleusement préparée avec des résines et des poisons extraits de plantes secrètes du désert. Les arcs, courbés comme des croissants de lune, sont suspendus à leurs côtés.

Les femmes, quant à elles, sont les gardiennes des secrets de la terre ; elles accompagnent les hommes dans cette quête, d'un pas léger et déterminé. Elles revêtent également des jupes et des pagnes en peau de springbok, adoucis par le tannage et décorés de motifs géométriques délicats, symboles de la vie, de la fertilité et de la connexion sacrée avec la nature. Des colliers et des bracelets de perles de verre colorées et de graines entourent leur cou et leurs poignets et cliquètent doucement à chaque geste, créant une mélodie subtile qui accompagne leurs chants ancestraux. Sur leur tête, elles portent parfois un bandeau de cuir ou de fibres végétales, orné de plumes et de petites perles, symboles de protection et de bénédiction. Leurs cheveux, tressés avec soin, arborent des petites perles colorées, qui sont autant de petites touches de lumière et de couleur.

Kawa est un vieil homme San avec qui je passe énormément de temps. Cette figure respectée et aimée dans sa communauté

L'EXPULSION DES SAN

Les San vivent dans le désert du Kalahari depuis des milliers d'années, menant une vie de chasseurs-cueilleurs en harmonie avec leur environnement. Mais, à partir des années 1980, le gouvernement botswanais a commencé à les expulser de leur territoire ancestral. Entre 1997 et 2002, des centaines de San ont été déplacés de force, sous prétexte de préserver la faune et de promouvoir le développement économique, notamment à travers le tourisme et l'industrie minière, comme la lucrative exploitation du diamant. Placés dans des camps de réinstallation, les San ont souvent vécu dans des conditions très précaires, sans accès adéquat à l'eau, à la nourriture et aux soins médicaux. La transition vers une vie sédentaire a entraîné de nombreux problèmes de santé, d'alcoolisme et de malnutrition, tandis que les jeunes générations perdent les connaissances et les compétences transmises depuis des millénaires. Ayant peu de compétences pour s'intégrer dans l'économie moderne, les San sont confrontés à un chômage très élevé et à une extrême pauvreté, et l'absence de soutien économique adapté exacerbe leur marginalisation auprès de la société botswanaise. Heureusement, après une longue bataille juridique, la Haute Cour du Botswana a jugé que l'expulsion des San était illégale et que ceux qui le souhaitaient avaient le droit de retourner sur leurs terres. Cependant, la mise en œuvre de cette décision a été inégale, et beaucoup de San font toujours face à des obstacles pour retourner vivre librement dans le Kalahari. Lors de ma présence au Botswana, j'ai milité avec des associations de défense des droits humains, telles que Survival International, à Maun, pour soutenir les San, faire pression sur le gouvernement botswanais et sensibiliser la communauté internationale à leur situation. Aujourd'hui, leur lutte pour la reconnaissance de leurs droits fonciers et culturels se poursuit, avec des efforts continus pour équilibrer les besoins de développement économique d'un côté, et la préservation des droits des peuples autochtones, de l'autre.

est une source de sagesse et de savoir traditionnel, et je bois chacune de ses paroles ! Il semble avoir 200 ans. Son visage est une carte de la vie elle-même, tracée par des décennies passées dans le désert du Kalahari, les jours de chasse et de cueillette, les nuits autour du feu à raconter des histoires et à entonner des chants qui résonnent à travers les générations. Chacune de ses rides raconte une histoire parmi les défis et les triomphes qui ont marqué sa vie d'aventure et de survie. Son front est sillonné de lignes profondes, comme des ruisseaux creusés au fil du temps, comme la sagesse accumulée au cours des années. Ses yeux sont des fenêtres vers une autre époque ; ils reflètent une existence vécue à l'extérieur, entre le sable et le vent, les herbes épineuses et les plantes médicinales. Ses lèvres, très minces, sont d'ailleurs marquées par ces dernières qu'il mastique à longueur de journée pour en extraire les bienfaits. Malgré les cicatrices et les marques du temps, Kawa reste fier et droit, un vrai roc, et tout son être montre sa détermination et sa résilience.

Avant de commencer notre chasse, nous nous asseyons en rond et fumons une espèce de calumet qui nous met immédiatement en état de transe. J'ai la tête qui tourne, mais je sens que l'esprit du Kalahari rentre en moi. Nous chantons des chants de gorge, puis nous nous mettons calmement en route. Après avoir creusé profondément le sol pour récupérer un peu d'eau qui va nous être précieuse aujourd'hui, nous marchons silencieusement, nos pas s'enfonçant légèrement dans le sable chaud. Mes compagnons, experts dans l'art du pistage, scrutent les empreintes et les signes laissés par les animaux. Le soleil, déjà haut dans le ciel, jette des ombres nettes derrière nous, mais, devant nous, l'ombre est rare, et je meurs de chaud. Soudain, un murmure étouffé se répand parmi les San : ils ont trouvé ce qu'ils cherchaient. M'approchant doucement, je découvre à mon tour les traces fraîches d'un animal que nous allons pister sur plusieurs kilomètres. Après 45 minutes de traque, nous le trouvons : juste là, à travers un enchevêtrement de dunes et de buissons secs, un springbok se tient debout, paisible, ignorant notre présence. C'est une créature gracieuse dont les cornes élégantes se dressent fièrement vers le ciel.

Les San se préparent avec une calme détermination. Silencieusement, ils planifient leur attaque avec précision. Je reçois un arc et des flèches – Kawa me rappelle de ne surtout pas toucher la pointe empoisonnée avec mes doigts. Nous rampons sur le sol et prenons position, ajustant nos flèches. Kagiso, le chef du groupe, donne le signal, et, soudain, les traits de bois sifflent à travers l'air brûlant, se fondant presque avec les vagues de chaleur qui montent du sol. L'antilope, touchée juste derrière l'épaule, bondit en avant, surprise par la douleur, et s'enfuit à une vitesse impressionnante. Les springboks peuvent atteindre une vitesse de 90 km/heure, c'est pourquoi empoisonner les flèches est utile pour retrouver une proie blessée. Nous poursuivons le springbok pendant plus de trois heures, en marchant dans le désert brûlant, évitant les prédateurs et les éléphants autour de nous, espérant retrouver son corps avant qu'un lion ou un léopard ne se l'approprie. Enfin, nous la rattrapons. Une dernière flèche décochée avec précision l'achève silencieusement : l'antilope s'effondre sur le sol sec. Les San s'approchent du corps avec gratitude et respect, honorant son sacrifice avec des chants doux et des prières. Nous l'ouvrons avec des outils primitifs mais efficaces, et chaque partie de l'animal sera utilisée, que ce soit la viande, la peau ou même les organes.

Même si je n'aime pas vraiment la chasse, cette immersion avec les San a été une nouvelle leçon de vie pour moi, et un rappel de l'importance de vivre en harmonie avec la nature et de ressentir de la gratitude pour les ressources qu'elle nous offre. À travers les yeux de ce peuple ancestral, je vois le monde différemment maintenant, avec plus de respect et de compréhension pour les cycles de la vie et de la mort qui prévalent dans ce désert impitoyable mais magnifique.

FEUILLE DE ROUTE

Départ	Maun
Arrivée	Quelque part à l'ouest de Maun, dans le Kalahari
Comment s'y rendre	En avion jusqu'à Gaborone, la capitale du Botswana, puis en avion jusqu'à Maun ; de là, 3 heures de route en 4x4.
Quand s'y rendre	Toute l'année.
Les indispensables	Au minimum de quoi se protéger du soleil, un antimoustique, une machette et un Camelbak ou une gourde filtrante.

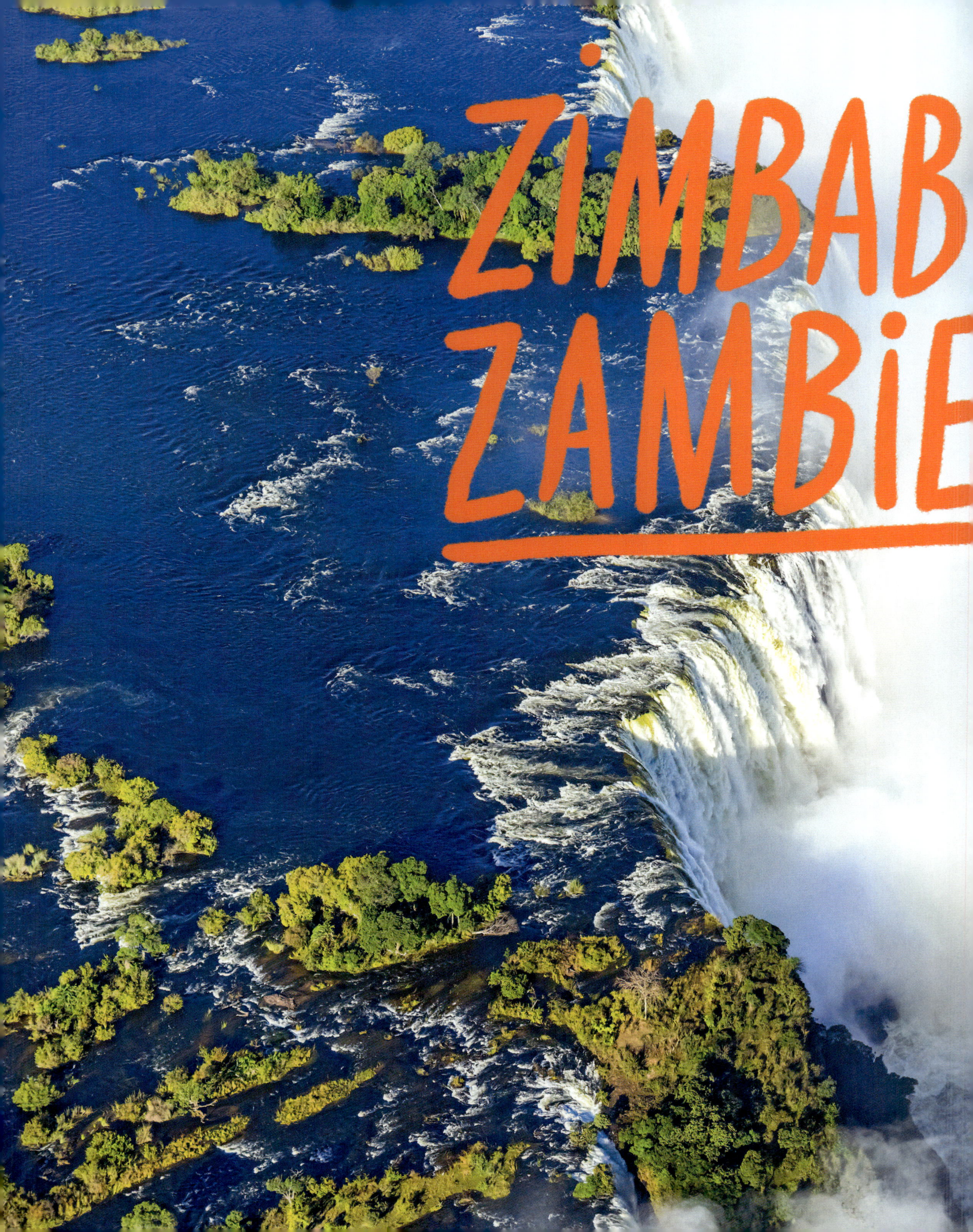

ZIMBAB
ZAMBIE

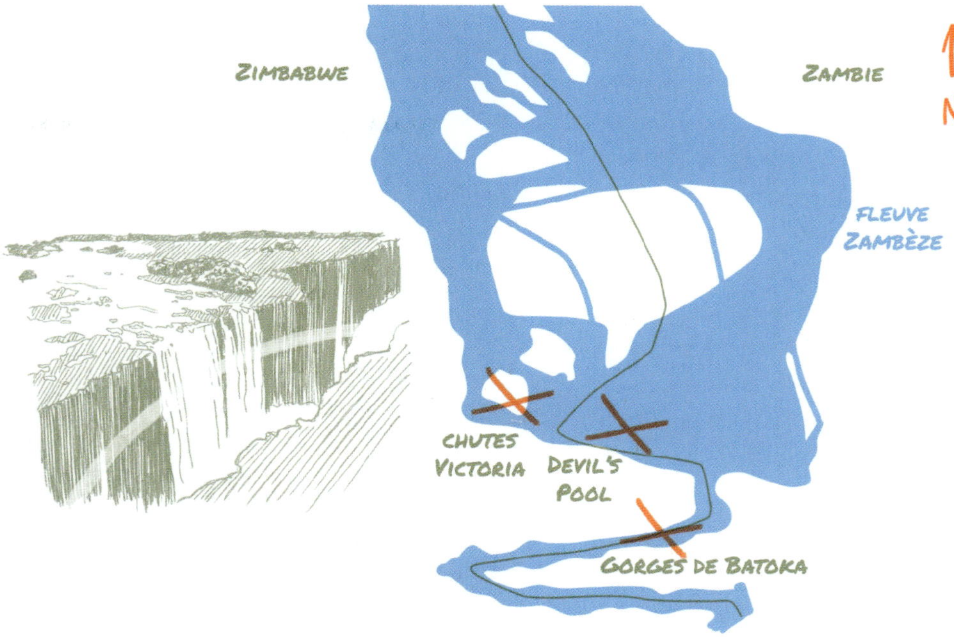

Voler au-dessus des arcs-en-ciel des chutes Victoria

Activité	Canyoning extrême
Difficulté	Suicidaire
Pays	Zimbabwe, Zambie
Lieu	Chutes Victoria
Durée	Ressentie : une éternité !

J'aurais dû me douter que c'était un peu louche quand Salomon m'a dit : "Tu vas vivre les plus grandes sensations de ta vie, Anthony, encore plus qu'aujourd'hui !" Et pourtant, comme à chaque fois que l'on me propose un défi, j'ai accepté ! Me voilà suspendu dans le vide en haut des chutes Victoria, à plus de 100 m de haut, à moitié sous l'eau et retenu uniquement par une corde d'un autre âge tirée par trois rastas très détendus…

Retour en arrière ! Je suis au Zimbabwe, dont les incroyables et époustouflantes chutes Victoria se trouvent à la frontière avec la Zambie. La raison de ma venue ? Je vais sauter d'une falaise dominant le fleuve Zambèze de 120 m de haut pour faire gagner de l'argent à un centre des orphelins du sida, où je suis bénévole. Chaque saut rapporte 500 $ à l'association ! Autant dire qu'il va falloir donner de soi. À l'époque, c'est une journée assez lambda dans ma vie d'aventurier fou. Le saut, appelé *gorge swing*, se déroule ainsi : je m'avance sur une plateforme en bois construite en haut des gorges de Batoka, creusées par le Zambèze après ses puissantes chutes. Mon harnais est relié à un gros câble, lui-même relié à un autre tendu entre deux falaises. Je saute dans le vide pour une chute libre d'environ 70 m, puis le câble se tend, et je pars en mouvement pendulaire, suspendu dans les gorges, pour quelques minutes. Chaque saut demande beaucoup d'énergie, en raison de la montée d'adrénaline absolument incroyable mais épuisante, mais aussi à cause de la remontée de la falaise qu'il faut effectuer à pied, durant 25 à 30 minutes sous un soleil de plomb !

Le premier saut est vraiment très effrayant. Il faut faire confiance au matériel et espérer que la longueur de câble soit bien calculée pour ne pas aller s'écraser sur la falaise d'en face ! Une fois la confiance acquise, il suffit juste de sauter et de débrancher son cerveau ! Le plus compliqué, pour enchaîner les sauts, reste finalement la remontée terrible sous une chaleur suffocante. Mais je tiens bon, et j'enchaîne un deuxième saut. Puis un troisième. Et un quatrième. Jusqu'à établir le record de l'année, avec onze sauts durant la journée ! Moi qui ai le vertige, je suis extrêmement fier de m'être dépassé ainsi, et surtout d'avoir fait gagner 5 500 $ à l'association! Après tant d'émotions, je m'installe en haut de la falaise pour observer l'incroyable coucher du soleil sur le fleuve Zambèze. À côté de moi se trouve un groupe de rastas particulièrement hilares et relax. L'un deux, Salomon, me félicite pour mon record et m'offre une bière. Je profite avec eux de ces superbes lumières, et je me sens apaisé par cette fin de journée. Au bout d'une heure, Salomon me dit: "Ça te dirait de faire un truc de malade demain avec nous? Tu vas vivre les plus grandes sensations de ta vie, Anthony, encore plus qu'aujourd'hui!" La suite, vous la connaissez. J'accepte, et nous nous donnons rendez-vous tôt le lendemain matin du côté zambien des chutes Victoria!

Le soleil se lève et je suis émerveillé à la vue des chutes face à moi. Il s'agit sans aucun doute de l'une des plus belles merveilles naturelles que j'aie eu la chance de voir, et je les préfère de loin à celles d'Iguaçu, ou du Niagara! Mon cœur bat plus vite alors que je m'approche du vide. Sculptées par des millénaires d'érosion, les falaises d'où se jette le Zambèze avec une force inouïe semblent presque irréelles. Elles s'étendent sur une ligne presque droite de 1 708 m de large et d'une hauteur vertigineuse de 108 m ; l'eau y crée un rideau spectaculaire, avant de couler dans les étroites et sinueuses gorges de Batoka. Les chutes sont connues localement sous le nom de "Mosi-oa-Tunya", ce qui signifie "la fumée qui gronde". Les gouttelettes d'eau projetées par la chute créent un brouillard dense qui enveloppe le paysage environnant et scintille sous les rayons du soleil, formant des centaines d'arcs-en-ciel qui dansent dans l'air, dans un vacarme assourdissant que l'on peut entendre à des kilomètres à la ronde.

DR. LIVINGSTONE, I PRESUME?

Les aventures du docteur Livingstone m'ont captivé. La fameuse phrase "Dr. Livingstone, I presume?" est l'une des plus célèbres citations de l'histoire des explorations. Elle aurait été prononcée par l'explorateur et journaliste britannique Henry Morton Stanley, le 10 novembre 1871 à Ujiji, près du lac Tanganyika, en Afrique centrale. David Livingstone, un missionnaire écossais et explorateur renommé, avait entrepris plusieurs expéditions à travers l'Afrique, cartographiant des régions inexplorées et cherchant inlassablement les sources du Nil. Au cours de l'un de ses voyages, il perdit contact avec le monde extérieur pendant plusieurs années. Sa disparition faisant l'objet d'inquiétude, le *New York Herald* décida de financer une expédition pour le retrouver, et envoya Henry Morton Stanley à sa recherche. Après une longue et difficile quête à travers l'Afrique équatoriale qui dura des mois, celui-ci arriva enfin à Ujiji où il trouva Livingstone. À ce moment, selon le récit qu'il fit de leur rencontre dans son livre *Comment j'ai retrouvé Livingstone*, il le salua avec cette phrase devenue légendaire. Vous pourrez observer une statue retraçant cette histoire juste en face des chutes Victoria.

Je me promène à la recherche de Salomon le long des sentiers bordés d'une végétation luxuriante, où les arbres et les plantes tropicales prospèrent grâce à l'humidité constante. Le sol est tapissé de mousses épaisses et de fleurs colorées qui ajoutent des touches bucoliques à ce tableau naturel. J'imagine l'émerveillement de David Livingstone, le premier Européen à découvrir les chutes, en 1855. Il les nomma en l'honneur de la reine Victoria ; la ville voisine des chutes en Zambie, quant à elle, a été baptisée de son nom à lui, en son hommage.

J'aperçois Salomon et deux de ses amis, à environ une centaine de mètres en amont des chutes. Ils me font de grands signes. Je m'efforce de les rejoindre sur le petit bout de terre où ils sont installés, en prenant garde de ne pas faire un faux pas qui me serait fatal et m'emmènerait 100 m plus bas sous des tonnes d'eau. Une fois que je suis assis à leurs côtés, ils m'expliquent le plan: "Tu vois cette corde? On va te la passer sous les bras et entre les jambes, et on va te faire descendre dans le vide

FEUILLE DE ROUTE

Départ	Livingstone
Arrivée	Chutes Victoria
Comment s'y rendre	En avion jusqu'à Livingstone.
Quand s'y rendre	Toute l'année.
Les indispensables	Beaucoup de courage, ou d'inconscience!

depuis Devil's Pool, tout en haut des chutes!" Mais bien sûr! Je les regarde et leur dis que, bien évidemment, c'est hors de question! La corde qu'ils me montrent est un assemblage de plusieurs cordes passées d'âge: je ne peux pas imaginer qu'elle puisse supporter mon poids, surtout avec la force de l'eau! Pourtant, ne me demandez pas pourquoi ni comment, mais 20 minutes plus tard, me voilà bel et bien attaché à une corde à la fiabilité non prouvée, tenue par trois rastas super cool ; immergé dans le fleuve Zambèze, je me dirige tout doucement vers le bord des chutes!

Devil's Pool est une sorte de petite piscine naturelle située juste en haut des chutes, et c'est à cet endroit précis que je suis censé me laisser pendre tout doucement dans le vide. Comme la veille lors des sauts en *gorge swing*, je débranche mon cerveau, et laisse tout doucement le courant m'attirer dans le vide. Ça y est, j'y suis! Je suis totalement suspendu dans le vide, à plus de 100 m de haut, au sommet de chutes d'eau parmi les plus puissantes et hautes au monde! De là, le paysage est absolument époustouflant. J'ai l'impression d'être dans un rêve, en train de voler au-dessus des cascades. Oui, c'est incroyable, je vole littéralement au-dessus de dizaines d'arcs-en-ciel !

Après l'euphorie, je visualise soudain à nouveau l'endroit où je suis. Je vois le visage de touristes inquiets qui me regardent depuis des belvédères du côté zimbabwéen, et je réalise qu'il faut que je remonte. Je lève le bras pour faire signe aux garçons de tirer la corde, en espérant qu'elle ne craque pas à ce moment-là ! Lorsque je les rejoins, après avoir avalé la moitié de l'eau du Zambèze, je les traite de tous les noms pendant 30 secondes avant de les prendre dans mes bras en leur disant à quel point c'était incroyable !

Je pense faire partie des rares personnes assez folles sur cette planète pour voler au milieu des arcs-en-ciel, c'est quand même la classe ! Mais alors, est-ce que je vous conseillerais de le faire, et est-ce que j'y retournerais ? Ma réponse aujourd'hui : jamais de la vie !

ASIE

TURQ

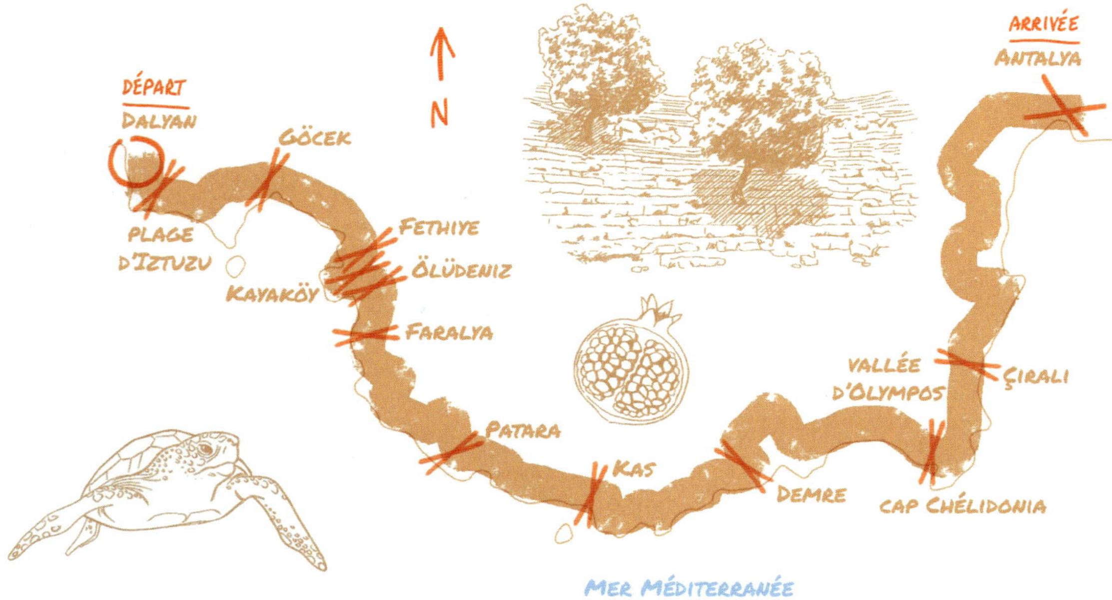

Suivre la sublime Voie lycienne

Activité	Randonnée
Difficulté	Intermédiaire
Pays	Turquie
Lieu	Côte Turquoise
Durée	Vingt à vingt-cinq jours

Aujourd'hui, je vous emmène dans l'une de mes régions préférées en Turquie : nous partons sur la sublime Voie lycienne, dans le sud du pays. Ce chemin de randonnée tire son nom de la civilisation qui prospérait dans la région durant l'Antiquité. J'ai décidé de vous faire découvrir ce sentier car il est classé parmi les dix plus belles randonnées du monde, rien de moins ! Amoureux de paysages sauvages et d'histoire ancienne ? Alors vous êtes au bon endroit ! La région que traverse la Voie lycienne est extrêmement riche en histoire et en culture, avec de nombreuses ruines antiques et cités disparues, des tombes lyciennes sculptées dans la roche, des vestiges romains et bien d'autres sites historiques passionnants tout au long du parcours. L'itinéraire s'effectue en moyenne en 3 à 4 semaines, selon votre rythme de marche et vos envies de découverte. Au programme : sites archéologiques, villages pittoresques, canyons, forêts de pins ou de cèdres et criques sauvages aux eaux translucides ! Les paysages somptueux entre mer et montagne vous laisseront parfois littéralement sans voix. Et puis, tout le long du trajet, je me suis régalé de spécialités culinaires, ce qui n'est pas pour gâcher l'aventure !

La Voie lycienne part de la ville de Fethiye et se termine 509 km plus loin, à Antalya, mais notre itinéraire à nous commence un peu avant la Voie lycienne proprement dite ; nous partirons de Dalyan. J'ai décidé de rallonger mon aventure de 70 km car j'adore cette petite ville et ses environs. Situé sur la côte sud-ouest de la Turquie, juste à l'est des villes bien plus touristiques de Bodrum et Marmaris, ce petit coin de paradis est assez isolé des afflux touristiques. Sa situation géographique, entre le fleuve Dalyan, le delta marin et les petites collines sillonnées de vallées qui la surplombent, donne à la ville un charme tout à fait unique. Depuis les hauteurs, on surplombe toute la baie et la Méditerranée. Le village étant dispersé sur plusieurs rives du delta, les déplacements se font en bateau ; même les voitures traversent la rivière sur de gros bateaux-taxis ! Dalyan est aussi un paradis pour les amateurs de poisson frais, car on peut en déguster toute la journée. En effet, ici, les habitants vivent majoritairement de la pêche et de la culture de la grenade, autre produit phare du coin que j'aime particulièrement, en jus !

Théâtre d'Antiphellos, Kaş

Lac Sülüngür, Dalyan

LA GRENADE

Lorsque je pense à la Turquie, ma madeleine de Proust est la grenade. Rien que d'en parler, son odeur et son goût reviennent à mon nez et à mes papilles. Durant toute ma randonnée, je ne buvais quasiment que ça, plusieurs litres de jus par jour ! Bon, je l'avoue, parfois un peu trop pour mon système digestif… Il ne faut pas trop en abuser ! C'est un superaliment réputé depuis longtemps pour ses bienfaits pour la santé, riche en antioxydants, en vitamines C et K, en potassium et en fibres, avec des propriétés anti-inflammatoires et cardioprotectrices. Dans la culture turque, la grenade est d'ailleurs associée à la santé, à la fertilité et à la prospérité, c'est pourquoi on la retrouve toujours lors des mariages, des cérémonies de naissance ou toutes sortes de célébrations. Ses propriétés et son symbolisme historique en font un élément important de la culture et de l'identité culinaire de la Turquie, qui est d'ailleurs le deuxième exportateur de grenades au monde, juste derrière l'Iran. C'est un fruit qui coûte cher en France et dans le reste du monde ; ici, vous pourrez en boire des litres de jus pour une bouchée de pain : profitez-en !

Dalyan est également renommée pour ses impressionnants tombeaux royaux lyciens, datant du Ve siècle av. J.-C. Taillés dans la falaise, ces vestiges qui ont traversé l'histoire et toutes les guerres sont extrêmement bien conservés. On peut aussi voir des centaines de petits tombeaux qui, comme on peut l'imaginer, étaient réservés aux personnes plus modestes. Plus loin, à 2 km en marchant au cœur des plantations de grenades, vous accéderez facilement au site archéologique de Kaunos, un superbe amphithéâtre romain où la nature a repris ses droits. Des oliviers ont poussé au milieu des gradins et les troupeaux de chèvres viennent s'y promener. Un vrai délice ! Si vous avez un peu de temps, grimpez jusqu'au sommet de la montagne au-dessus de l'amphithéâtre, d'où vous aurez une vue panoramique !

Vous voilà parti pour rejoindre Fethiye et la Voie lycienne par des chemins forestiers, où vous rencontrerez probablement des sangliers. Mais, lorsque vous serez en chemin vers Göcek, vous passerez tout d'abord par la fameuse plage d'İztuzu (à 13 km) – à laquelle vous pouvez même accéder en bateau depuis Dalyan. C'est l'une des plus belles plages de la région; peu touristique, elle est vraiment agréable pour se baigner, et fréquentée surtout par les habitants qui viennent se détendre en famille et pique-niquer. Et, surtout, c'est le lieu de reproduction de nombreuses tortues caouannes qui viennent pondre de mai à juin (mais vous pourrez en voir toute l'année sur le littoral le long de la Voie lycienne). Elles pèsent en général 180 kg à l'âge adulte et sont reconnaissables à leur carapace brun rougeâtre et à leurs nageoires assez courtes. Les femelles viennent déposer leurs œufs durant la nuit, une centaine environ à chaque fois, à environ 50 cm de profondeur dans le sable. Il ne faut surtout pas s'en approcher lors de la ponte pour ne pas les effrayer (la plage est interdite d'accès la nuit durant cette période cruciale). En effet, si elles sont dérangées, elles retourneront en hâte à l'eau sans recouvrir suffisamment les œufs, qui n'écloront jamais. À une centaine de mètres de la plage se trouve d'ailleurs un centre avec lequel j'ai travaillé pendant plusieurs jours. Il s'occupe de protéger et de soigner les tortues blessées qui s'échouent sur la plage, coupées par les hélices des bateaux ou suffocant à cause des déchets plastiques. Et il y en a beaucoup ! Si vous avez un peu de temps, je vous conseille de leur donner un coup de main, ils sont toujours à la recherche de bénévoles.

À Fethiye, on se croirait un peu en Angleterre; comme Albufeira, au Portugal, cette ville côtière est un lieu de prédilection des touristes anglais. Autant vous dire que je m'attarde très peu dans cette ambiance, qui de plus est assez alcoolisée. Après m'être réapprovisionné en nourriture, je reprends ma route vers la célèbre station balnéaire d'Ölüdeniz. Avant d'y arriver, j'ai beaucoup aimé l'étape qui mène à travers l'ancienne ville de Kayaköy, un village littéralement figé dans le temps. Après la guerre gréco-turque et l'échange de populations entre la Grèce et la Turquie en 1923, les Grecs de Kayaköy ont été contraints de partir, abandonnant le village. Marcher seul parmi les ruines de maisons en pierre et d'églises confère vraiment une atmosphère absolument unique à cette partie du sentier.

Ölüdeniz est très touristique, mais l'arrivée sur sa plage de sable blanc aux eaux turquoise vaut vraiment le détour. J'y ai fait plusieurs fois du parapente et je peux vous dire que la vue de là-haut est vraiment sublime! En quittant le village en direction de Faralya, je profite à nouveau de superbes vues au-dessus des falaises impressionnantes de la Côte Turquoise.

Plus loin, l'étape qui mène à la plage de Patara est également magnifique; je vous conseille de faire un détour par le canyon de Saklıkent, une gorge étroite et profonde taillée par l'eau dans la roche calcaire au fil des millénaires, qui s'étend sur environ 18 km. Alors que l'on s'y enfonce, ses parois atteignent des hauteurs de plus de 300 m, créant une perspective impressionnante qui vous domine. Une fois sorti du canyon, environ 6 heures de marche plus tard, on arrive à Patara, dont la plage de sable doré, de 18 km de long, est considérée par beaucoup comme la plus belle de Turquie. Les eaux sont vraiment cristallines et vous aurez peut-être même à nouveau la chance d'apercevoir des tortues de mer qui viennent souvent y pondre!

La charmante ville de Kaş est également superbe, avec ses maisons blanchies à la chaux, ses marchés animés et ses eaux turquoise. Contrairement à certaines stations balnéaires plus touristiques de la région, elle conserve une ambiance détendue et un charme authentique. Son port est l'endroit le plus animé de la ville, avec ses bateaux de pêche colorés et ses petits restaurants typiques. Forcément, j'y fais un arrêt pour déguster de succulents plats de fruits de mer!

« Dalyan est également renommée pour ses impressionnants tombeaux royaux lyciens, datant du Vᵉ siècle av. J.-C. »

L'étape d'après, qui mène à Demre et aux ruines de la ville antique de Myre, restera aussi à coup sûr dans votre mémoire! On y admire le théâtre antique de Myre, construit au IIe siècle av. J.-C., qui pouvait accueillir environ 13 000 spectateurs. Il est très bien préservé; on peut y passer des heures à contempler les gradins en pierre, la scène et les colonnes. Les ruines de Myre abritent aussi, comme à Dalyan, de nombreuses tombes lyciennes sculptées dans la falaise rocheuse. Mais ce n'est pas tout: l'une des curiosités les plus célèbres des lieux est la basilique de Saint-Nicolas. Saint Nicolas était évêque de Myre au IVe siècle, et sa basilique est devenue depuis un important lieu de pèlerinage pour les nombreux chrétiens que j'y ai croisés. C'est d'ailleurs le saint à l'origine de la légende du Père Noël!

Ma prochaine étape est le magnifique cap Chélidonia (en turc Gelidonya). Pour le rejoindre, je marche pendant de longues heures le long de falaises vertigineuses qui offrent des vues imprenables sur le bleu de la mer Méditerranée. Une fois arrivé au phare qui coiffe le cap, la vue est absolument saisissante! Ce phare est l'un des plus anciens connus au monde. Un premier édifice fut construit au IIe siècle av. J.-C. par les anciens Lyciens pour guider les navigateurs le long de la côte rocheuse; c'était une tour en pierre de 18 m de haut, mais il fut détruit au fil du temps et, aujourd'hui, un phare moderne se dresse à côté des vestiges du phare antique. C'est d'ailleurs ici que des archéologues ont découvert en 1960 un navire de l'âge du bronze qui avait fait naufrage ici, il y a plus de 3 300 ans! L'épave a révélé une très grande quantité de trésors et d'artefacts, offrant un aperçu fascinant de la vie maritime à cette époque. J'aurais tellement aimé faire partie des plongeurs qui l'ont découverte!

La dernière étape qui m'a particulièrement marqué est la vallée d'Olympos, nichée entre de très belles montagnes et la mer Méditerranée, tout près du village de Çirali. On y trouve les ruines de la cité antique d'Olympos. Je marche parmi les pins, les oliviers, les orangers et les citronniers, qui embaument l'atmosphère verdoyante d'un parfum incroyable! Après une grosse journée de randonnée à porter mon sac à dos, je me baigne dans les sources chaudes naturelles dont la vallée regorge. En effet, la région connaît une importante activité géologique, qui donne naissance à un autre phénomène incroyable, sur le site de Yanartaş, considéré comme l'antique mont Chimère. Il s'agit d'un endroit vraiment surprenant où des flammes naturelles s'échappent du sol et brûlent en permanence sur les pentes de la colline. En grimpant au sommet, n'en croyant pas mes yeux, j'ai d'abord pensé à une activité humaine. Mais non, ces feux éternels sont bien le résultat de gaz naturels inflammables qui s'échappent des fissures du sol. Ils ont ainsi été observés depuis des millénaires, et notamment par les Lyciens, et ont bien évidemment donné lieu à des légendes et à des mythes anciens. Le plus connu est la créature mythologique grecque Chimère, mi-lion, mi-chèvre avec une queue de serpent, qui crachait du feu, et dont le mont Chimère était la demeure. Cette particularité géologique crée un spectacle nocturne absolument mystique, et je parie que, comme moi, vous aurez envie de rester pour l'admirer une bonne partie de la nuit !

Me voilà arrivé à Antalya, et c'est la fin de mon aventure turque. Je suis toujours touché par la gentillesse des Turcs que je classe dans mon Top 3 des populations les plus accueillantes que j'ai rencontrées lors de mes aventures autour du monde. La Turquie a vraiment tout pour plaire: une excellente cuisine, une histoire richissime, et, surtout, des paysages variés et sublimes! Si vous cherchez un beau trek à suivre sur trois semaines, n'hésitez pas une seule seconde, la Voie lycienne est pour vous !

Ci-dessous : centre de Kaş;
à droite : ancienne ville de Kayaköy

FEUILLE DE ROUTE

Départ	Dalyan
Arrivée	Antalya
Distance	577 km
Comment s'y rendre	En avion jusqu'à Dalaman, puis en bus ou en taxi jusqu'à Dalyan.
Quand s'y rendre	D'avril à juin pour éviter la foule et les grosses chaleurs.
Les indispensables	Tout le matériel nécessaire pour un trek de trois semaines.

JORDA

NIE

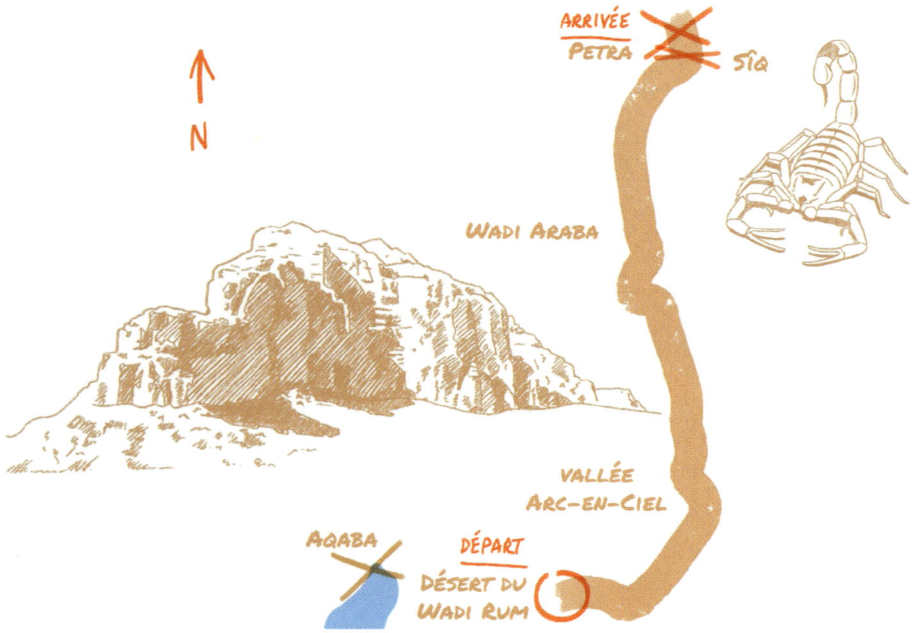

Traverser le Wadi Rum jusqu'à Petra

Activité	Randonnée
Difficulté	Difficile
Pays	Jordanie
Lieu	Sud du pays
Durée	Sept jours

Après un trajet mouvementé en taxi collectif depuis la ville d'Aqaba, située tout au sud de la Jordanie, près de la frontière saoudienne, mon voyage commence dans le fabuleux désert coloré du Wadi Rum, un endroit où le temps semble s'être arrêté. Je vais rejoindre à pied Petra, la légendaire cité nabatéenne. Pour cela, je dois traverser en solitaire 120 km de désert brûlant la journée et glacial la nuit: tout ce que j'adore! Mes traversées des déserts du Namib ou du Kalahari, en Namibie et au Botswana, ou d'Atacama, au Chili, m'ont préparé à cette expédition. Je ne ressens pas vraiment d'inquiétude, juste une immense excitation à l'idée de rejoindre la cité de Petra qui me fait rêver depuis que j'ai vu, vous vous en doutez, *Indiana Jones et la Dernière Croisade*, quand j'étais enfant!

Je suis émerveillé par la beauté de ce désert, par sa solitude envoûtante qui me rappelle le Damaraland en Namibie. Le sable rouge, chaud sous mes pieds, contraste avec les roches ocre qui créent un décor irréel, ponctué par les impressionnants djebels (montagnes) qui se dressent majestueusement autour de moi et semblent veiller sur ce paysage désertique. Au rythme lent de mes pas et de mon souffle qui a du mal à démarrer, je m'enfonce dans le désert, suivant les traces des anciens explorateurs qui ont jadis foulé ces terres. Le souvenir de Lawrence d'Arabie flotte dans l'air, rappelant l'histoire tumultueuse de cette région que traversaient autrefois les caravanes et les guerriers. Chaque grain de sable, chaque rocher semble me chuchoter des secrets ancestraux. Au loin, les dunes rouges s'étendent à perte de vue, semblant se fondre avec l'horizon. Je me sens petit et humble face à cette nature grandiose qui m'entoure, mais je me sens aussi vivant, et exactement là où je dois être!

Après quelques heures de marche, je suis déjà épuisé par cette première journée, et je décide de m'arrêter avant que le froid ne tombe sur le désert. Je monte ma tente, mange un plat lyophilisé et me prépare pour mon activité préférée dans le désert depuis que j'ai lu *Le Petit Prince*, étant enfant: contempler les étoiles! Alors que le crépuscule laisse place à la nuit, je

Vue du Khazneh à la sortie du Sîq

DE L'EAU EN PLEIN DÉSERT

L'une des choses qui m'ont le plus marqué à Petra est son système de canalisation, toujours bien visible aujourd'hui. Après avoir traversé ce désert pendant une semaine sans voir absolument aucune goutte d'eau, je sais à quel point cette ressource est rare et précieuse! Les Nabatéens ont développé pour cela un système sophistiqué de captage et de distribution de l'eau qui a permis de collecter et de stocker les précieuses ressources hydriques provenant des rares précipitations et des sources naturelles environnantes. Des barrages étaient construits pour détourner les eaux de pluie soudaines vers des canaux qui les acheminaient vers des réservoirs, souvent creusés dans la roche ou construits avec des blocs de pierre; l'eau y était stockée pour une utilisation ultérieure, durant les périodes de grande sécheresse. Des conduites souterraines appelées qanat étaient également utilisées pour capter l'eau des sources souterraines lointaines. Creusés en pente douce dans la roche, ces tunnels pouvaient la transporter sur de longues distances jusqu'à Petra! Ce système de gestion de l'eau était absolument vital pour les besoins quotidiens des habitants de Petra (qui furent comptés jusqu'à 25 000 au milieu du Ier siècle de notre ère) et pour l'irrigation des cultures. L'ingéniosité et la maîtrise technique des Nabatéens dans la création de ce système de canalisation sont une véritable prouesse d'ingénierie antique qui ont permis de faire de Petra une ville prospère et florissante dans un environnement désertique extrêmement aride et hostile.

Désert du Wadi Rum

m'abandonne à la magie du ciel étoilé. Lentement, les premières étoiles scintillent timidement, comme des joyaux précieux éparpillés sur un manteau de velours noir. Je m'allonge sur le sable qui n'est plus si chaud, parcourant des yeux les constellations étincelantes que j'essaye de reconnaître, ébloui par leur splendeur infinie. Ici, les tourments du monde et mes propres soucis semblent lointains, éclipsés par la grandeur de l'Univers qui se déploie au-dessus de moi. Je me sens petit, insignifiant, et j'essaie de ne pas trop penser à cette immensité pour ne pas être pris de vertige. Je me sens aussi un peu seul, et je me dis que j'aurais aimé partager ce moment avec une amoureuse. Mais c'est la vie que j'ai choisie. Au-dessus de moi, chaque étoile est une histoire, un mystère à percer, et je me laisse bientôt emporter par le récit envoûtant de la nuit. La fatigue de ma première journée se fait ressentir, douce et enveloppante comme une caresse; mes paupières deviennent lourdes, mes pensées s'estompent lentement, laissant place à un calme profond et paisible. Je rampe jusqu'à ma tente et m'endors, bercé par le murmure du vent et le chant lointain des dunes.

Après deux jours de marche, je quitte le désert du Wadi Rum et me dirige vers la région du Wadi Araba en passant par la vallée Arc-en-Ciel. J'ai beaucoup lu sur ce lieu-dit magique, réputé pour ses couleurs éclatantes et ses paysages à couper le souffle. La transition entre les deux régions est saisissante : le sable rouge laisse place à une palette de couleurs éblouissantes qui éclatent sous le soleil brûlant. Les grottes creusées par le vent révèlent ainsi de magnifiques nuances de rouge, de jaune, de rose et de violet et contrastent avec le ciel d'un bleu pur, créant un spectacle visuel inoubliable. Je suis fasciné par la beauté brute de cette vallée, où l'érosion a sculpté des formations rocheuses uniques et creusé des canyons escarpés et vertigineux. Chaque jour apporte son lot de découvertes, de rencontres avec la faune sauvage qui peuple ces terres inhospitalières. Des lézards d'un bleu superbe se faufilent entre les roches, tandis que des rapaces majestueux planent dans le ciel au-dessus de moi, scrutant les environs à la recherche de carcasses.

Quand on a longtemps vécu en Afrique comme moi, on prend la prudente habitude de secouer ses chaussures tous les matins avant de les enfiler. Le matin du quatrième jour, en jetant un coup d'œil à l'intérieur de ma chaussure, j'aperçois, tapi au fond de celle-ci, un scorpion, avec ses pinces et son dard menaçants. Je n'ai pas spécialement peur des scorpions, mais celui-ci, petit et jaune, est immédiatement reconnaissable : c'est un scorpion jaune de Palestine ! Appelé le "rôdeur mortel", c'est le scorpion au venin le plus toxique. Le cœur battant la chamade, je parviens avec précaution à attraper cet hôte indésirable au bout d'une branche de mes lunettes et à le libérer dans son environnement, bien loin de moi. Le désert, impitoyable, cache de nombreux dangers, et ce scorpion en est un. Son puissant venin, alors que je suis loin de tout centre médical, aurait pu m'envoyer au seuil de la mort. Heureusement, un geste matinal anodin m'a permis de continuer ma route !

Après quelques jours, j'aperçois enfin les premières ruines de Petra se dessiner à l'horizon. La cité antique surgit de la roche rose, tel un mirage au milieu des sables du désert, et je suis très ému à la vue de ce spectacle grandiose. Ce n'est pas la première fois que je viens ici, mais l'émotion est toujours aussi intacte. Alors que je m'engage dans le Sîq, le défilé étroit et sinueux de 1,5 km de long qui forme l'entrée de la cité, l'excitation monte en moi, mêlée au respect dû à ce lieu légendaire. Les hautes parois de grès s'élèvent majestueusement de chaque côté, comme des gardiens silencieux guidant mes pas. Soudain, au détour d'un virage, je me trouve face au monument le plus emblématique de Petra : le Khazneh. Après une semaine seul dans le désert sous le soleil ardent, je suis extrêmement ému d'apercevoir sa façade incroyablement ouvragée. "Khazneh" signifiant "trésor" en arabe, ce monument, dont la construction débuta probablement au Ier siècle av. J.-C, a suscité de nombreuses légendes, spéculations et convoitises. Il s'agit probablement du tombeau d'un roi nabatéen, mais les Bédouins, qui lui ont donné son nom, ont longtemps cru qu'il était le lieu d'un immense trésor. Ce qui est certain, et qui saute immédiatement aux yeux, c'est que le Khazneh a été sculpté dans le grès rose avec une précision remarquable. Je suis ébahi devant sa façade principale, haute de plus de 40 m, ornée de colonnes, de frontons, de frises aux

sculptures délicates représentant des divinités, des animaux mythiques et des motifs floraux. Chaque détail témoigne de l'histoire richissime de la cité nabatéenne. Comme devant les temples antiques égyptiens, je suis hypnotisé devant ce témoignage du passé, que des mains expertes ont taillé il y a des millénaires, et également impressionné par le fait qu'au fil des siècles, ce temple ait pu survivre à l'usure du temps, au vandalisme, aux tremblements de terre et aux invasions !

Je me laisse imprégner par l'atmosphère mystique de Petra, dont chaque coin recèle des merveilles à découvrir, des secrets à percer, et je me sens privilégié de pouvoir explorer ce lieu magique. Les dédales de ruelles et d'escaliers qui serpentent à travers la cité me mènent vers d'autres trésors cachés. Je suis particulièrement marqué par l'ingéniosité du système de canalisations et d'évacuation des eaux, époustouflant ! Parmi les monuments les plus impressionnants, le théâtre, un amphithéâtre spectaculaire creusé dans la roche, et le monastère, perché au sommet d'une colline. Je sympathise avec Hakim, l'un des gardiens des lieux, probablement surpris de voir que je parle bien l'arabe. Après une heure à parler de foot, il me propose de passer la nuit ici, avec lui, sur le site. Quelle chance ! Une fois les touristes partis, je passe alors la soirée et le lendemain matin, tôt, à explorer la cité, entièrement seul ! J'ai l'impression d'être Jean Louis Burckhardt, redécouvrant Petra en 1812, après que la cité eut été oubliée pendant 1 000 ans ! C'est une sensation si exceptionnelle que j'en ai les larmes aux yeux. Je rentre à Amman, le cœur rempli de souvenirs précieux et avec la promesse de revenir dans ce petit royaume de Jordanie, terre de légendes et de mystères.

« Parmi les monuments les plus impressionnants, le théâtre, un amphithéâtre spectaculaire creusé dans la roche, et le monastère, perché au sommet d'une colline. »

Ci-contre, le monastère ;
à droite : le Khazneh

FEUILLE DE ROUTE

Départ	Désert du Wadi Rum	**Quand s'y rendre**	D'avril à octobre.
Arrivée	Petra		
Distance	120 km	**Les indispensables**	De très bonnes chaussures de marche, des protections contre le soleil, beaucoup d'eau et une bonne carte ou une boussole pour se repérer!
Comment s'y rendre	En avion jusqu'à Aqaba, puis en bus ou en taxi jusqu'au Wadi Rum.		

KİRGHİZİS

TAN

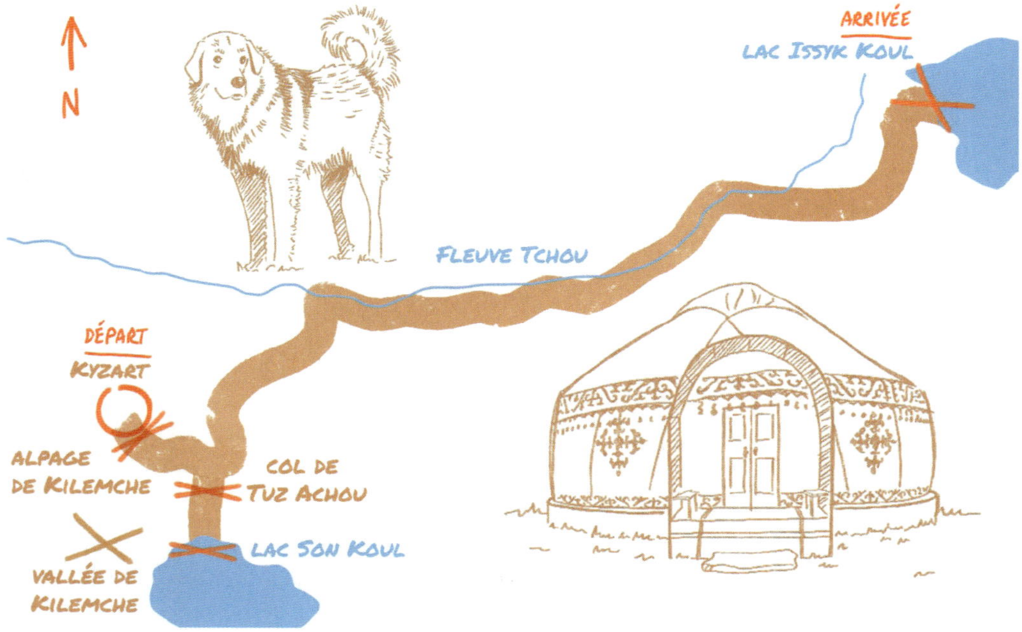

Vivre dans une yourte avec les nomades kirghizes

Activité	Randonnée et équitation
Difficulté	Facile
Pays	Kirghizistan
Lieu	Vallées et steppes kirghizes
Durée	Dix jours

Après un long vol très agité, j'atterris enfin à l'aéroport international de Manas, à Bichkek, la capitale du Kirghizistan, prêt à plonger dans une aventure extraordinaire et à découvrir ce pays où je rêve de voyager depuis si longtemps. Le trajet de l'aéroport vers le centre est ponctué de vues sur des pics enneigés qui se dressent à l'horizon ; même depuis la ville, ces sommets rappellent que je suis dans une terre de paysages à couper le souffle. Je demande au chauffeur de taxi de me déposer devant son restaurant préféré, où je savoure immédiatement des mets traditionnels kirghizes qui réveillent mes papilles endormies par le voyage. Partout où je voyage, je demande cela aux chauffeurs de taxi. Pour moi, c'est la meilleure manière de s'imprégner directement d'un pays où l'on vient d'arriver. J'ai l'estomac bien accroché, il ne m'est jamais arrivé de mauvaises surprises jusqu'à présent ! Une fois mon ventre plein et mon esprit avide de découvertes, je me dirige vers la place Ala-Too.

La plus grande place de la ville est animée et vibre de l'effervescence quotidienne de la capitale, absolument tout ce que j'adore. Vaste et majestueuse, elle est le cœur battant de Bichkek, dominée par les imposants bâtiments gouvernementaux qui l'entourent. Au milieu se dresse le monument de l'Indépendance, avec la statue imposante d'un cavalier qui symbolise la fierté et la résilience du peuple kirghize face aux défis passés et présents. Non loin, un immense drapeau national aux couleurs vives et éclatantes flotte fièrement dans le vent, montrant un soleil sur fond rouge. Je suis très curieux des symboles liés à ce drapeau et je demande sa signification à un vieux monsieur qui se trouve près de moi. Il m'explique que la couleur rouge symbolise la vaillance et le courage ; le soleil – avec en son centre des lignes entrelacées symbolisant l'éternité de la vie, la paix et la richesse, et les arceaux des toits des yourtes kirghizes – figure quant à lui le foyer, la chaleur et l'hospitalité. Hâte de découvrir si ce drapeau reflète vraiment le pays que je m'apprête à découvrir !

Malgré la fatigue du voyage, je continue de déambuler et de me perdre dans les rues de Bichkek et je m'imprègne de l'énergie incroyable que dégage cette ville cosmopolite. Arrivé dans un

Yourte près du lac Son Koul

marché où les étals débordent de produits frais et colorés, je me mêle à la foule, émerveillé par la diversité des produits proposés, des fruits juteux aux épices aromatiques. J'ai l'impression d'être Marco Polo explorant la Route de la Soie! Après des heures de déambulation et de rencontres, épuisé par le voyage et le décalage horaire, je rentre à mon hôtel pour dormir et recharger mes batteries: une aventure incroyable m'attend et je dois être en forme!

Le lendemain, j'effectue en effet un long voyage, mais cette fois en *marchroutka* (minibus collectifs de la région), de Bichkek à la ville de Kochkor, puis jusqu'au village de Kyzart, sur des routes chaotiques, d'où je vais ensuite rejoindre à pied le point de départ de mon aventure: l'alpage de Kilemche. Ça y est, je suis en immersion totale dans la nature sauvage du Kirghizistan! J'entame ma randonnée, excité comme un enfant à chaque fois que je découvre un nouveau pays, d'autant plus que celui-ci promet des paysages incroyables et des défis excitants. Le sentier que j'emprunte serpente à travers la vallée de Kilemche, et je découvre dès les premiers kilomètres des panoramas époustouflants. Les montagnes se dressent tout autour de moi, leurs sommets enneigés étincelant sous le soleil éclatant. J'ai quitté les montagnes d'Annecy pour d'autres montagnes. Je me sens bien, comme à la maison!

Malgré le vent constant, je marche d'un pas déterminé, absorbant le dénivelé et les 22 km de marche de ma première journée assez facilement. Je traverse la vallée de Kilemche les yeux constamment écarquillés. Le nom de cette vallée signifie "tapis" en kirghize, en raison de la variété éclatante d'herbes de montagne et de fleurs alpines qui tapissent ses pentes. Les prairies s'étendent à perte de vue autour de moi, parsemées de fleurs sauvages aux pétales délicats, éclaboussant la terre de touches vibrantes de rouge, de jaune et de violet. Le temps me semble suspendu dans cette vallée, comme si chaque brin d'herbe ondulait au rythme doux du vent caressant les collines du bout de ses doigts invisibles.

Je suis sous le charme de ce nouveau pays que je découvre. Après 6 heures de marche, j'arrive enfin au camp de yourtes des éleveurs kirghizes qui vont m'accueillir, en refuge pour la nuit. Les yourtes se dressent fièrement sur les collines verdoyantes, offrant une vision bucolique du Kirghizistan que j'ai souvent imaginée dans mes rêves ces dernières années.

Le dîner est servi dans une atmosphère conviviale à l'intérieur d'une yourte, où nous partageons des histoires et des rires autour du feu crépitant avec mes hôtes d'un soir. Ces derniers

LES JEUX NOMADES

L'une des choses qui m'a le plus surpris durant mon aventure kirghize, c'est le nombre de jeux auxquels les nomades s'adonnent au milieu des steppes! Ces jeux existent depuis des siècles et sont communs à plusieurs pays d'Asie centrale. Et saviez-vous qu'il existait même des jeux mondiaux nomades? Depuis 2014, à l'initiative du Kirghizistan, ils sont organisés dans un pays hôte dans l'idée de préserver les sports issus de la culture des peuples nomades. On y trouve donc de la lutte, du tir à l'arc, du tir à la corde, des jeux d'habileté, etc. J'ai pu en tester quelques-uns, comme le Kok-borou, peut-être le plus emblématique du Kirghizistan. Il s'agit d'une sorte de version locale du polo, mais avec une touche un peu particulière … Les deux équipes de cavaliers s'affrontent pour s'emparer d'une carcasse de chèvre décapitée et la porter dans le but adverse, tout en évitant les coups des adversaires! Après le jeu, la viande de la chèvre est cuisinée, sous forme du plat traditionnel, le *kuurdak*, et servie aux participants et aux hôtes. Il y a également le Kyz kuumai (la poursuite de la fille) : un cavalier poursuit une cavalière pour tenter de l'embrasser avant qu'elle ne franchisse la ligne d'arrivée. Si la cavalière atteint la ligne d'arrivée avant d'être rattrapée, elle a le droit de frapper le cavalier avec un fouet en signe de défi. J'adore ce jeu! Lors de l'Oodarysh (lutte à cheval), deux cavaliers s'affrontent et tentent de se renverser l'un l'autre. C'est un très beau jeu à regarder, mais j'ai moins aimé certains coups que les chevaux peuvent recevoir lors des affrontements. La chasse à l'aigle, enfin, est une tradition très ancienne. Les chasseurs, appelés *berkutchi*, dressent des aigles royaux pour chasser des proies telles que des renards et des lièvres dans les montagnes. C'est un art qui se transmet de génération en génération et qui témoigne du lien profond entre l'homme et la nature dans cette région reculée.

Ci-dessus : jeu de lutte à cheval ; ci-dessous : tapis en feutre appelés shyrdak

ont cuisiné un *beshbarmak*, un plat traditionnel des peuples nomades considéré ici comme le plat national. Il se compose de fines lamelles de viande de mouton ou de cheval cuites lentement dans un bouillon aromatisé, accompagnées de larges nouilles fraîches. Nous savourons aussi un deuxième plat traditionnel d'Asie centrale: des *manti*. Ce sont de grands raviolis farcis de viande hachée épicée, généralement de bœuf ou de mouton, ainsi que d'oignons et parfois de pommes de terre. Ils sont cuits à la vapeur, et accompagnés de yaourt ou de sauce tomate épicée. C'est délicieux ! J'ai vite compris que je n'allais pas pouvoir être végétarien dans ce pays!

Personne ne parle vraiment anglais, alors, nous utilisons le langage universel pour nous comprendre. Les signes ne sont pas toujours les mêmes, mais nous arrivons assez bien à nous comprendre et à rire ensemble! C'est l'essence même de ce que je recherche lors de mes aventures autour du monde. J'essaie de parler un peu de foot pour prendre la température. Et, encore une fois, le langage du foot, qui m'a ouvert toutes les portes durant ces 15 dernières années de voyages et de rencontres, fonctionne ici ! Au milieu de nulle part, dans une yourte perdue dans des steppes du Kirghizistan, mon hôte me parle de Kylian Mbappé ou d'Antoine Griezmann. À chaque fois, cela me procure un sentiment mitigé, entre fierté et fraternité universelle, mêlées d'une petite déception de voir ce monde si connecté et uniforme. Après plusieurs heures de discussions sous le ciel étoilé, nous nous endormons bercés par le silence apaisant des steppes environnantes.

Au matin, j'admire l'aube éclatante qui illumine les sommets des montagnes alentour. Si je me suis réveillé si tôt, probablement aux alentours de 4h, c'est sûrement dû au décalage horaire, mais sans doute aussi à cause de l'excitation. Eh oui, car c'est aujourd'hui que Nelson arrive ! Nelson n'est pas un ami d'Annecy qui me rejoint. Non, Nelson, c'est le nom que j'ai déjà décidé de donner au cheval qui va m'accompagner dans mes aventures durant les prochains jours ! Lorsqu'il arrive, son propriétaire, Gulnara, me le présente. Il m'explique que c'est un cheval qui pratique des jeux équestres traditionnels de la région, l'Ulak Tartysh (la lutte à cheval) et le Kyz Kuumai (une course de chevaux avec poursuite). Ce n'est pas vraiment ce que j'ai prévu pour cette aventure, mais sait-on jamais, cela peut toujours être utile en cas de mauvaises rencontres dans les montagnes ! Ici, dans la culture nomade des vallées kirghizes, les chevaux sont bien plus que de simples animaux de compagnie. Ils sont de véritables partenaires indispensables dans la vie quotidienne, aidant à déplacer le bétail, à transporter les biens et à parcourir les vastes étendues de steppes et de montagnes du pays.

« Au-delà de ses paysages somptueux, le Kirghizistan est un pays où les yourtes chaleureuses d'inconnus sont devenues mon foyer loin de chez moi. »

Comme avant chaque aventure équestre, je me familiarise avec mon cheval, ressentant sa force et sa grâce, mais aussi ses angoisses face à un inconnu. Alors je lui parle doucement, tout en le brossant et en le préparant. Il s'agit d'un cheval kirghiz réputé pour son endurance et son agilité. J'ai un bon feeling avec lui, et je crois que c'est réciproque. Je promets à Gulnara d'en prendre soin et, ensemble, nous nous élançons sur les sentiers accidentés du Kirghizistan, prêts à conquérir de nouveaux sommets. Notre défi du jour : franchir le col de montagne Tuz Achou, à 3 400 m d'altitude ! Cela promet des sensations vertigineuses, tant les chemins sont chaotiques et escarpés. Après une ascension longue et difficile de plusieurs heures avec Nelson, nous arrivons au sommet du col, d'où une vue absolument époustouflante m'attend sur le lac Son Koul, en contrebas. J'en reste littéralement bouche bée, me sentant bien humble devant la grandeur de la nature : les eaux calmes et cristallines du lac reflètent le ciel bleu azur et les nuages blancs moelleux qui dérivent paresseusement au-dessus de nous, créant un tableau d'une beauté irréelle. Cette grande étendue d'eau est un lieu très important pour la faune sauvage, des oiseaux aux léopards des neiges ; mais il l'est aussi pour les éleveurs kirghizes qui y font paître leur bétail en été.

Les jours suivants, nous continuons notre périple, Nelson et moi, hébergés dans des yourtes au fil de notre parcours. Après quelques jours, nous arrivons sur les rives du lac Issyk Koul, où je suis accueilli par une famille d'éleveurs. Asel et Elena vivent sur les berges de cet immense lac, le plus grand du pays et le deuxième plus grand lac de montagne au monde après le lac Titicaca, dans les Andes. Je suis ému par cette rencontre et, étant donné que mes hôtes parlent un anglais assez bon, je les mitraille de questions, celles que je n'ai pas pu poser les nuits précédentes ! Par exemple, j'aimerais en savoir plus sur les tenues traditionnelles avec lesquelles ils m'ont accueilli. Asel m'explique qu'il porte un *chapan*, une longue robe ample fabriquée à partir de laine et de feutre, qui lui permet de se protéger du froid et des intempéries lorsqu'il travaille dehors. Il est orné de broderies complexes et de motifs traditionnels confectionnés par sa femme, Elena. Cette dernière, quant à elle, porte un *deel*, une robe longue et ample en soie, avec des manches larges et un col haut. Asel porte aussi un chapeau en forme de cône, le *kalpak*, fabriqué avec de la laine de mouton.

Chez eux, le dîner est encore une fois un festin de plats délicieux préparés avec amour, une célébration de la vie simple et authentique des nomades kirghizes. Nous mangeons un *shorpo*, un potage kirghiz préparé en faisant mijoter lentement de la viande de mouton avec des légumes, comme des carottes, des pommes de terre et des oignons, dans un bouillon parfumé. Le tout accompagné d'une galette de pain que je trempe dans la soupe. Un régal ! Nous dégustons ce succulent repas installés sur un *shyrdak*, le tapis en feutre traditionnellement utilisé dans les yourtes kirghizes. Entièrement décorés de motifs géométriques floraux, ces tapis colorés créent un effet visuel saisissant qui me frappe à chaque fois que je rentre dans une yourte. Il faut absolument que j'en rapporte un pour mon appartement à Annecy !

J'aimerais m'imprégner totalement de la vie nomade kirghize. Je me sens tellement bien ici, et j'apprécie tellement cette famille que je leur demande si je peux rester avec eux quelques jours, pour vivre leur quotidien et les aider du mieux que je peux. Ils acceptent avec de grands sourires. Me voilà donc partageant leur vie quotidienne ! Chaque jour, je participe activement aux multiples tâches de la famille.

À gauche, en haut : intérieur d'une yourte ; en bas et ci-dessous : paysages de montagne autour du lac Son Koul

Таруу.
пшено.
45.с.
Жугору.
Талкан.
40.с.

Je suis initié par les enfants à l'art ancestral de la traite des... juments! J'ai déjà trait des vaches ou des chèvres, mais pour ce qui est des juments, c'est bien la première fois! Le matin, aux premières lueurs de l'aube, je pars ainsi avec les enfants vers les pâturages où les troupeaux paissent paisiblement. Armé d'un seau et d'une éponge, j'apprends les gestes précis nécessaires pour traire les animaux avec douceur et respect. La sensation du lait chaud coulant entre mes doigts est indescriptible, et je ressens une connexion profonde avec la nature et avec ces créatures magnifiques qui donnent tant à ceux qui les respectent. Ma journée continue avec le nettoyage des granges à bétail, dans l'odeur forte du foin frais et du fumier séché. J'ai déjà travaillé dans plusieurs fermes, donc cela ne me dérange pas. Ensuite, nous partons surveiller le troupeau de moutons dans les vastes étendues de pâturages. Pendant que les animaux paissent, je passe beaucoup de temps à jouer avec les chiens de berger kirghiz, une espèce de berger allemand croisé avec un patou. Le transport de l'eau potable, que j'effectue plusieurs fois par jour, est aussi une tâche ardue, mais très gratifiante, qui me permet de ressentir le poids de la responsabilité qui pèse sur mes épaules et de prendre conscience de la facilité de nos vies occidentales. Le soir, j'aide à préparer le *kumyz*, la boisson traditionnelle à base de lait de jument fermenté. Elle est assez repoussante dans un premier temps, mais je m'y fais jour après jour. Elena m'initie aussi au travail du fumier séché qui, dans la plupart des yourtes au Kirghizistan, est modelé en galettes appelées *kizyak* et utilisé comme combustible pour le chauffage et la cuisson. Je suis étonné par l'ingéniosité et l'efficacité avec lesquelles la famille utilise cette ressource naturelle, abondante et plus que locale! Nous collectons bien 100 kg de fumier, que nous transportons avec diligence vers la yourte où nous en utiliserons le soir même pour cuire notre repas et nous réchauffer. Au fil des journées passées ici, je suis témoin de la beauté simple et sincère de la vie nomade, de la générosité des gens et de la profondeur de leur lien avec la terre qui les nourrit. Une fois de plus, chaque moment passé en leur compagnie est une leçon de vie, une occasion de grandir encore plus et de m'émerveiller devant la beauté du pays qui m'entoure.

À gauche : épices sur le marché de Bichkek ;
à droite : jeu équestre traditionnel du Kok-borou

Après ces quelques jours avec les nomades du Kirghizstan, je dois dire adieu à mes hôtes et à mon cheval. Je quitte le campement le cœur lourd mais le sourire aux lèvres, emportant une fois de plus avec moi des souvenirs précieux et des leçons de vie que j'essaierai de transmettre à mon retour en France. Au-delà de ses paysages somptueux, le Kirghizistan est un pays où les yourtes chaleureuses d'inconnus sont devenues mon foyer loin de chez moi, et où j'ai été choyé avec des mets délicieux et captivé par des traditions ancestrales. Dans les yeux pétillants et les sourires sincères des nomades, j'ai trouvé une richesse bien plus grande que l'aventure que j'étais venu chercher. Ce pays restera à jamais gravé dans mon esprit comme un lieu où les nomades ouvrent leur cœur à ceux qui prennent la peine de s'aventurer dans leurs terres.

FEUILLE DE ROUTE

Départ	Kyzart
Arrivée	Lac Issyk Koul
Distance	190 km
Comment s'y rendre	En avion jusqu'à Bichkek puis en minibus collectif jusqu'au village de Kyzart.
Quand s'y rendre	D'avril à octobre.
Les indispensables	De très bonnes chaussures de marche et une tenue pour faire du cheval. Apportez aussi une bonne lotion antimoustique !

NÉ

AL

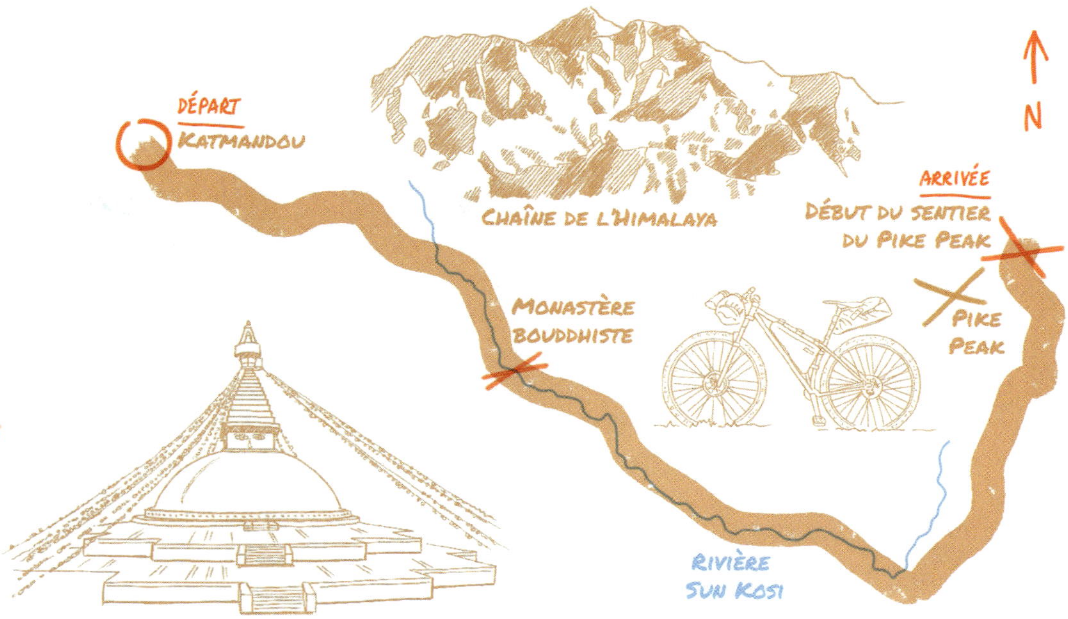

Pédaler de Katmandou jusqu'au pied de l'Éverest

Activité	VTT
Difficulté	Difficile
Pays	Népal
Lieu	Himalaya
Durée	Dix jours

Je me réveille tôt ce matin-là, l'air frais et pollué de Katmandou imprégnant la chambre de mon modeste hôtel situé dans le quartier de Thamel, en plein cœur de la ville. Je suis dingue de la capitale népalaise, qui me ressemble beaucoup : complètement désordonnée, et chargée d'aventures à chaque coin de rue ! Nichée au creux des montagnes himalayennes, cette mosaïque vibrante de couleurs, de sons et de vies entrelacées où j'aime me perdre est un paradoxe vivant : le chaos et la sérénité, l'ancien et le moderne, la splendeur et la rudesse y coexistent en harmonie. L'odeur des épices, des fleurs et des gaz d'échappement s'entrelacent pour créer un parfum unique qui est la signature olfactive de Katmandou. C'est dans ce chaos magnifiquement ordonné, à 1 400 m d'altitude, que je trouve l'inspiration pour entreprendre mon périple vers le chemin d'accès au trek du Pike Peak, un sommet que je vais ensuite gravir !

Alors que je me dirige dans le centre-ville pour louer mon VTT, la ville s'éveille dans une symphonie chaotique où le passé et le présent se côtoient dans une danse intemporelle. Les ruelles étroites, pavées de pierres usées par des siècles de passage, et bordées de maisons aux façades ornées de sculptures délicates et de fresques colorées, se remplissent rapidement de rickshaws, de motos et de voitures d'un autre âge, qui me frôlent et forment un ballet anarchique où chacun trouve miraculeusement sa voie sans accident. Autour de moi, c'est un tourbillon incessant de vie. Les marchés débordent de marchandises exotiques : épices, soieries, bijoux artisanaux et fruits tropicaux, disposés en étalages foisonnants. Chaque recoin de la ville semble un mystère à découvrir ! Les temples et stupas, sanctuaires silencieux au milieu de l'agitation, exhalent l'encens et résonnent des prières bouddhistes murmurées par les dévots. Le son des cloches et les murmures des mantras flottent dans l'air, créant une atmosphère mystique. La pollution et la poussière aussi flottent dans l'air, à tel point que j'en ai le nez qui saigne : c'est aussi ça, Katmandou ! La poussière omniprésente, soulevée par les mouvements incessants de la ville, forme un voile doré sous le soleil, teintant l'air d'une lumière diffuse. La pollution,

« Je suis dingue de la capitale népalaise, qui me ressemble beaucoup : complètement désordonnée, et chargée d'aventures à chaque coin de rue ! »

bien que pesante, fait partie intégrante de l'expérience, ajoutant une touche de réalité brute à cette ville aux mille visages. Alors que je porte la main à mon nez, je pense à un ami asthmatique à qui j'ai déconseillé de se rendre à Katmandou, et je me dis que j'ai eu raison. Même dans les pires déserts, je n'ai jamais saigné du nez; le seul endroit au monde où cela m'arrive systématiquement, c'est Katmandou et le Népal!

Mon vélo est prêt, soigneusement préparé pour l'expédition. Je m'assure que tout est en ordre, ajustant une dernière fois mon casque et mes sacoches. En route! À peine ai-je commencé à pédaler dans les rues animées de Katmandou que je ressens un mélange d'excitation et de nervosité. La circulation est chaotique, avec des voitures, des motos et des piétons se faufilant dans tous les sens. Je passe à deux doigts de me faire renverser au moins une dizaine de fois et je m'énerve beaucoup. La poussière et la pollution rendent chaque respiration extrêmement pénible. Les premières heures sont insupportables, et je commence à me demander pourquoi je me suis encore mis dans une galère comme celle-ci! Des camions et des bus me doublent et me croisent en projetant chaque fois des nuages de particules fines, m'obligeant à me couvrir le visage avec mon bandana.

Mes yeux me brûlent, et je sens la poussière s'accumuler sur ma peau et dans mes vêtements. Mon visage est noir, tandis que les arbres et la végétation le long de la route, eux, sont entièrement blancs, recouverts d'un voile apocalyptique! Pourtant, je continue: cette première étape n'est que le début.

Quelques heures plus tard, j'ai quitté Katmandou, et je découvre enfin des routes de montagne. Elles sont sinueuses, étroites et extrêmement dangereuses, mais les paysages de la chaîne de l'Himalaya se dévoilant devant moi me motivent à continuer. Les pentes abruptes et les virages serrés demandent une concentration maximale et un effort continu. Je suis déjà totalement rincé, après seulement 5 heures de voyage! À certains endroits, la route est à peine assez large pour une voiture, avec un précipice vertigineux d'un côté. Mon cœur bat à tout rompre chaque fois que je croise un véhicule venant en sens inverse. Je serre les freins de mon VTT, mon esprit focalisé sur chaque mouvement de mon vélo. Les conditions se compliquent encore lorsque je commence à monter en altitude: l'air se raréfie, et je sens que mes poumons peinent à absorber suffisamment d'oxygène. Même si je passe ma vie en montagne, je n'ai pas vraiment eu le temps de m'acclimater avant cette épopée, et chaque coup de pédale devient plus difficile. Je dois régulièrement m'arrêter pour reprendre mon souffle et, même si je m'assure de bien m'hydrater et de manger suffisamment, l'effort physique est épuisant. Après avoir avalé un énorme *dal bhat*, le plat traditionnel népalais à base de lentilles et de riz, je repars sur les routes poussiéreuses. Mes jambes sont extrêmement lourdes, mais j'arrive bientôt au monastère où j'ai prévu de passer la nuit.

La nuit tombe lorsque j'atteins enfin les portes du monastère bouddhiste où je dois dormir. Fatigué par cette longue journée de pédalage, je suis accueilli avec des sourires extrêmement chaleureux et une hospitalité touchante. Vêtus de leurs robes safran, les moines m'invitent à entrer. L'air est imprégné d'encens, et le silence du lieu contraste fortement avec le chaos de la route. Exactement ce dont j'avais besoin! On me conduit à une petite chambre très simple mais propre, qui me rappelle beaucoup la chambre du Mahatma Gandhi où j'avais eu la chance de dormir à Johannesburg, en Afrique du Sud. Elle comporte un lit en bois avec une couverture épaisse et un oreiller rudimentaire, et ses murs sont ornés de thankas colorés représentant des divinités et des scènes de la vie du Bouddha. Je dépose mes affaires et prends un moment pour m'étirer, sentant la fatigue s'installer dans mes muscles.

Avant le dîner, je me joins aux moines pour leur rituel du soir. Dans la grande salle de prière, les chants et le son des cloches résonnent profondément, créant une atmosphère de paix et de spiritualité. Je suis extrêmement ému. De nombreux enfants moines participent aux prières; leurs voix semblent sortir tout droit du paradis. Je m'assois en silence, observant les moines en méditation, et leur sérénité m'inspire un profond respect. L'instant est presque irréel, comme si le temps s'était suspendu. Le repas du soir est frugal mais délicieux: nous partageons une soupe chaude de légumes et du riz, accompagnés de légumes marinés. Les moines mangent en silence, respectant la tranquillité du moment. Je suis frappé par la simplicité et l'harmonie qui règnent ici, un contraste apaisant avec les difficultés apocalyptiques de mon voyage depuis Katmandou.

Après le dîner, je me retire dans ma chambre. Dehors, la nuit est complètement tombée, et le monastère est plongé dans une tranquillité totale. Je m'assois près de la fenêtre pour contempler les étoiles qui brillent intensément dans le ciel clair

UN CARREFOUR DES CULTURES

Petit pays niché entre la Chine et l'Inde, le Népal, en tant que carrefour de civilisations, est un exemple éloquent de la manière dont la géographie et l'histoire peuvent façonner la diversité culturelle et ethnique d'un pays. Les migrations, les conquêtes et l'interaction entre différentes cultures, grâce au commerce notamment, ont forgé une mosaïque unique qui contribue à la richesse et à la complexité de la société népalaise contemporaine. Les Népalais ont différentes origines, différentes traditions, croyances et modes de vie. Dans la rue, on croise aussi bien des visages typiquement indiens que de magnifiques visages mongols, des femmes voilées pakistanaises, des Tibétains facilement reconnaissables, ou bien encore les fameux sherpas réputés pour leurs compétences en alpinisme et leur connaissance des montagnes de l'Himalaya. Sur le plan des religions, l'hindouisme et le bouddhisme sont les plus répandues, mais il existe aussi des communautés chrétiennes, musulmanes et des pratiquants de religions indigènes. Et la richesse culturelle se manifeste aussi bien sûr au quotidien dans la cuisine, la musique, les festivals, les arts et les modes de vie variés qui coexistent harmonieusement.

sur la chaîne de l'Himalaya; loin des lumières de la ville, elles semblent plus proches, presque accessibles. Alors que je me prépare à dormir, je ressens une paix intérieure que je n'avais pas connue depuis longtemps. Le monastère, avec sa quiétude et son atmosphère sacrée, m'offre un répit bienvenu dans mes aventures. Je me sens bien. Je me glisse sous la couverture, et, alors que la fatigue de la journée me rattrape, je pense à ma dernière histoire d'amour, que j'ai dû clore bien malgré moi à cause de ma vie complètement folle, et les larmes coulent sur mes joues. Puis je laisse mes pensées dériver vers les paysages que j'ai traversés, les défis que j'ai relevés et ceux, nombreux, qui m'attendent encore. Ici, dans ce havre de paix, bercé par les doux bruits nocturnes de la nature, le murmure du vent et le chant lointain des oiseaux de nuit, je trouve non seulement du repos pour mon corps, mais aussi une clarté d'esprit et un renouveau d'énergie pour continuer mon aventure. Et c'est avec la gratitude d'avoir la vie dont j'ai toujours rêvé et le cœur léger que je m'endors, prêt à affronter les nouveaux défis de demain.

Un événement marquant de mon aventure se passe le sixième jour. Alors que je me rapproche du Pike Peak, une violente averse s'abat sur moi tandis que je progresse sur un chemin de terre particulièrement escarpé. Sur ma gauche se trouve un précipice vertigineux de plusieurs centaines de mètres sur les flancs duquel on aperçoit plusieurs carcasses de bus et de voitures. Cela me fait froid dans le dos et je n'ose imaginer la chute sans fin qu'ont connue les occupants de ces véhicules. Bientôt, la pluie transforme la route en un torrent de boue glissante. Je perds l'équilibre à plusieurs reprises, tombant lourdement sur le sol détrempé, à quelques centimètres du précipice. Mes vêtements sont trempés, et la boue s'infiltre partout. Malgré tout, je me relève à chaque fois, poussant mon vélo quand il est impossible de rouler. C'est au moment où je craque, et où je hurle de tout mon être, qu'une petite dame au dos courbé, intriguée de voir un étranger pédalant tout boueux sur un VTT, m'accueille chaleureusement chez elle. Je me déshabille entièrement et me change. Elle m'offre du thé chaud et des sourires amicaux, tout en étendant mes vêtements au-dessus d'un poêle vieux de plusieurs siècles, c'est certain. Nous échangeons quelques mots, malgré la barrière de la langue, et je lui montre des photos d'Annecy, chez moi en France. Ce moment magique confirme tout l'amour que j'ai pour le peuple népalais, absolument adorable. Quelques heures plus tard, alors que la pluie s'est arrêtée, je repars chargé d'une nouvelle énergie, reconnaissant pour cette hospitalité et ce nouveau moment hors du temps.

Les derniers jours avant d'atteindre le sentier vers le Pike Peak sont les plus éprouvants. La pente s'accentue, et l'altitude rend chaque mouvement encore plus difficile. Mon corps tout entier est douloureux, mes muscles sont fatigués et mon esprit lutte pour rester concentré. Avec l'altitude, ma tête est comme dans un étau et j'ai des nausées terriblement handicapantes. Je dois m'arrêter tous les kilomètres pour reprendre mon souffle, mais la perspective d'atteindre mon objectif me pousse à continuer. Chaque mètre gagné est une victoire personnelle! Enfin, j'aperçois le début de la montée au Pike Peak. Les montagnes environnantes forment une mer de pics et de vallées. Une vague de triomphe et d'émotion me submerge quand j'atteins le début du sentier. Je m'assois là, à côté de mon vélo, pour prendre le temps de réfléchir à cette incroyable aventure. Les difficultés, la poussière, la pollution, les routes dangereuses et les problèmes d'altitude ont rendu ce voyage extrêmement dur mais aussi incroyablement gratifiant. Je me souviendrai de cette expédition comme de l'une des expériences les plus intenses et enrichissantes de ma vie. Maintenant, c'est le début d'une autre aventure: direction le sommet…

FEUILLE DE ROUTE

Départ	Katmandou
Arrivée	Début du sentier du Pike Peak
Distance	Environ 290 km
Comment s'y rendre	En avion jusqu'à Katmandou.

Quand s'y rendre	De février à mai.
Les indispensables	Une tenue complète de VTT, et de quoi vous protéger de la poussière !

INDON

ÉSIE

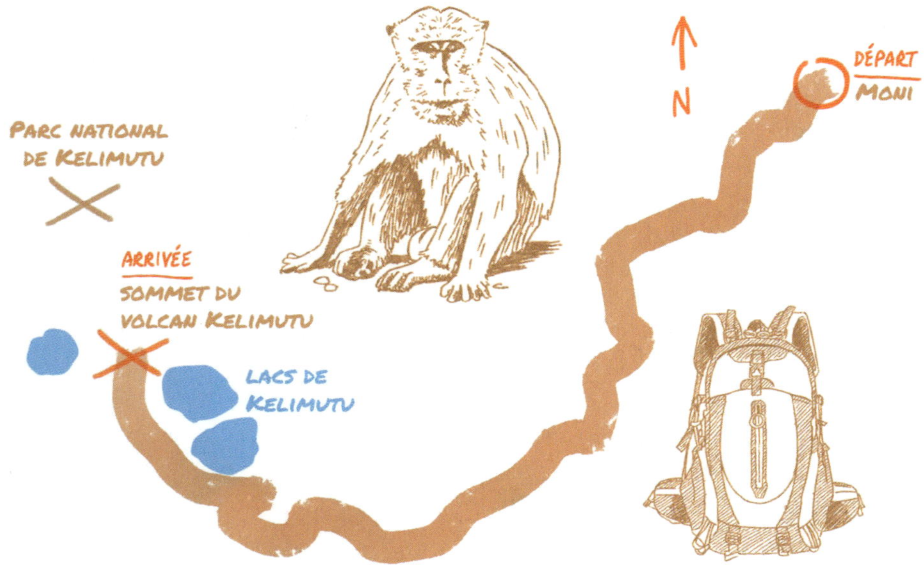

Découvrir les cratères mystiques du volcan Kelimutu

Activité	Randonnée
Difficulté	Facile
Pays	Indonésie
Lieu	Île de Florès
Durée	Une matinée

Après une longue traversée en bateau (presque une semaine !) depuis Bali, je débarque sur l'île de Florès. Cette île perdue semble faite pour les aventuriers ! Mon objectif : gravir le légendaire volcan Kelimutu, qui se trouve dans le parc national du même nom, à environ 50 km à l'est de la ville d'Ende. Il s'agit d'un volcan très complexe qui comporte plusieurs cratères. Considéré comme un volcan actif, il n'est pas rentré en éruption depuis 1968, mais semble se réveiller petit à petit ces dernières années ; le risque est donc présent lors de l'ascension.

Le volcan Kelimutu revêt une grande importance spirituelle pour les habitants de la région, me dit une vieille dame avec qui je discute au marché du petit village de Moni. Elle m'apprend que, pour eux, les lacs du volcan sont la dernière demeure des âmes humaines : chacune se voit assignée à un lac en fonction de l'âge et de la personnalité du défunt. Elle et les autres habitants voient donc dans les lacs de Kelimutu une manifestation directe des esprits de leurs ancêtres.

Ca y est, il est 4h30 du matin et je commence l'ascension. Malgré l'heure, l'atmosphère est extrêmement chaude et humide. J'ai décidé de grimper de nuit pour assister à un lever du soleil spectaculaire sur les cratères en arrivant au sommet. L'ascension n'est pas longue, mais je transpire à grosses gouttes en traversant la jungle épaisse. J'atteins enfin le sommet à 1639 m d'altitude, pile pour le lever du soleil, et je suis stupéfait !

Le ciel commence à s'illuminer doucement à l'horizon. Les étoiles pâlissent lentement, laissant place aux nuances de rose, d'orange et de pourpre qui embrasent le firmament. Je suis enveloppé par la brume légère qui flotte comme un voile entre les cratères, tandis qu'à mes pieds s'étendent les trois lacs mystiques, chacun reflétant les premières lueurs du soleil levant. Comme des joyaux enchâssés dans la terre, ils changent lentement de couleur à mesure que la lumière du jour les caresse. Les volcans endormis autour de moi semblent garder leur propre vigilance, témoins silencieux des cycles de la vie et de la mort qui se déroulent à leurs pieds, et le monde autour

L'HOMME DE FLORÈS

L'île de Florès a acquis une réputation mondiale chez les paléoanthropologues lorsqu'en 2003, des restes fossiles d'une espèce éteinte du genre *Homo* datant de 100 000 à 60 000 ans ont été découverts dans la grotte de Liang Bua par une équipe internationale d'archéologues. *Homo floresiensis* a bouleversé la compréhension de l'évolution humaine, notamment en raison de sa taille étonnamment petite (environ 1 m) et de son cerveau de taille très réduite (environ 380 cm^3), comparable à celui d'un chimpanzé – ce qui est bien inférieur à celui d'*Homo sapiens*. Malgré cela, *Homo floresiensis* possédait des capacités cognitives très avancées, comme en témoignent les outils en pierre sophistiqués retrouvés sur le site, notamment des lames et des pointes. Omnivore, il chassait de petits animaux et collectait des plantes et des fruits. Des restes de stégodons (petits éléphants préhistoriques) trouvés dans les mêmes couches sédimentaires suggèrent qu'ils pouvaient même chasser ou se nourrir des charognes de ces animaux. Aujourd'hui, l'origine exacte d'*Homo floresiensis* reste toujours un sujet de débat parmi les scientifiques. Une hypothèse est qu'il descend d'*Homo erectus*, une espèce plus grande qui aurait atteint l'île puis évolué vers une plus petite taille en raison de son isolement, un phénomène connu sous le nom de nanisme insulaire. Cette petite espèce d'hominidé, avec ses adaptations uniques et son histoire intrigante, démontre que l'arbre généalogique humain est bien plus complexe et ramifié que ce que l'on pensait jusque-là.

de moi s'éveille avec une tranquillité magique : le vent caresse doucement mes joues, portant avec lui le parfum de la terre et des fleurs sauvages qui poussent sur les flancs du volcan que je viens de grimper.

Je ferme les yeux un instant, absorbant chaque sensation, chaque couleur, chaque son de ce moment unique. Le soleil, enfin, se montre timidement au-dessus de l'horizon, inondant les cratères de lumière dorée. Ses rayons transforment les lacs en miroirs incandescents qui captent toute la magie de ce lieu sacré. Le premier cratère, le Tiwu Ata Mbupu ("lac des anciens"), à ma gauche, scintille d'un bleu turquoise profond, tellement pur qu'il semble irréel sous le soleil éclatant. C'est comme si une part du ciel s'était liquéfiée et avait trouvé refuge dans ce bassin de pierre volcanique. Chaque reflet de lumière transforme la surface de l'eau en une mosaïque scintillante, un tableau vivant animé par les nuages qui passent. À ma droite, le deuxième cratère, le Tiwu Nuwa Muri Koo Fai ("lac des jeunes hommes et jeunes filles"), est rempli d'un vert émeraude éblouissant, contrastant magnifiquement avec le bleu du premier. C'est un vert qui vibre avec une énergie presque palpable. Les nuances se fondent les unes dans les autres, créant une profondeur qui semble infinie. Les couleurs sont si vives, si intenses, qu'elles défient toute explication rationnelle. En effectuant des recherches par la suite, j'ai appris que les couleurs des lacs varient selon la saison et la composition chimique des gaz volcaniques ; ils peuvent ainsi passer du vert au noir ou du rouge au bleu. Enfin, au centre, le troisième cratère, le Tiwu Ata Polo ("lac ensorcelé"), est différent des autres. D'une beauté sinistre, il arbore des teintes rougeâtres et brunes, comme si la terre elle-même saignait. Les ombres jouent sur sa surface, dessinant des contours et des formes qui semblent se mouvoir d'elles-mêmes. On dirait que le cratère respire, qu'il est vivant. Cette couleur sombre et mystérieuse contraste avec celles des deux autres et crée un tableau naturellement dramatique et saisissant qui se rapproche plus de ce qu'on attend des paysages volcaniques.

Je respire profondément, empli d'une paix profonde et d'une gratitude infinie pour être témoin de cette aube parfaite. Alors

FEUILLE DE ROUTE

Départ	Moni
Arrivée	Volcan Kelimutu
Distance	10 km
Comment s'y rendre	En avion jusqu'à Ende puis en bus ou en taxi jusqu'à Moni.
Quand s'y rendre	D'avril à septembre.
Les indispensables	De bonnes chaussures de marche, une lampe frontale et un vêtement polaire pour l'ascension de nuit.

que je suis absorbé par la beauté de ces cratères, ému une fois de plus par le cadeau que la nature vient de me faire, je me rends soudain compte que je ne suis plus vraiment seul au sommet pour admirer cet incroyable lever du soleil. En effet, une trentaine de macaques m'entourent et me fixent du regard de manière assez intense ! Même s'ils ne sont pas agressifs pour le moment, je sens bien que mon sac à dos les intéresse, et j'ai eu bien trop de mauvaises expériences avec les macaques en Afrique pour rester stoïque. J'admire une dernière fois cette vue exceptionnelle avant de redescendre le volcan pour rejoindre Ende, où un bateau m'attend…

INDON

ÉSIE

Partir à la recherche des dragons de Komodo

Activité	Rencontre avec des animaux
Difficulté	Difficile
Pays	Indonésie
Lieu	Île de Komodo
Durée	Une semaine

Après quatre jours de trajet en bateau depuis Ende, sur l'île de Florès, et des plongées époustouflantes parmi de gigantesques raies mantas, je débarque sur la mythique île de Komodo. Debout sur le ponton, mes bagages à la main, je regarde le village de Kampung Komodo devant moi. C'est une toute petite communauté de pêcheurs, nichée entre les collines verdoyantes de Komodo et la mer bleue scintillant sous le soleil d'Indonésie. L'air est chargé d'une humidité tropicale, et je sens déjà l'excitation monter en moi. C'est ici que Putra, un Bajau, ou “gitan des mers” comme on les appelle ici, m'attend.

J'ai rencontré Putra à Labuan Bajo, un village sur l'île de Florès, dans un bar où nous regardions tous les deux le même match de foot de Ligue des Champions. Comme souvent lors de mes aventures, l'amour du foot m'a donné l'occasion de me faire un nouvel ami et nous avons immédiatement sympathisé. Putra est un pêcheur nomade, mais il est aussi ranger spécialiste des légendaires dragons de Komodo. Après que je lui ai confié mon rêve de découvrir cet animal venu d'un autre temps, il m'a immédiatement invité chez lui, sur l'île de Komodo, pour apprendre à approcher et étudier les dragons ! Je n'ai pas hésité une seule seconde, et me voici donc dans mon rêve de gamin de vivre dans Jurassic Park pour de vrai !

Putra est là. Sa silhouette robuste et son sourire chaleureux me mettent immédiatement à l'aise. Il connaît l'île et ses habitants écailleux comme sa poche, et je me sens privilégié de l'avoir comme professeur. Près de 6 000 dragons m'attendent dans l'île, des bêtes démesurées aux proportions monstrueuses, et je n'ai qu'une seule envie : les rencontrer ! Nous nous rendons chez Putra et, après une rapide installation dans la maison en bois sur pilotis où il vit avec sa famille, il m'explique quelques caractéristiques des dragons de Komodo.

Mesurant jusqu'à 3,10 m de long pour un poids de 165 kg, ce varan est le plus grand représentant des lézards, et il règne en maître sur son territoire. Avec ses écailles dures comme de l'acier, ses mâchoires puissantes et ses griffes acérées, il peut chasser presque tout ce qu'il trouve. Il ne faut pas se laisser tromper par son allure trapue et son apparence tranquille, car, sous cet aspect, se cache un prédateur impitoyable, avide de chair. Le dragon de Komodo guette sa proie, silencieux comme la mort, prêt à fondre sur elle avec une férocité et une vitesse sans égales. Cochons, singes, cerfs, et, malheureusement, parfois même humains, nul n'est à l'abri de son insatiable voracité. Putra me raconte que son cousin, un jeune garçon de 13 ans, a été dévoré l'année précédente dans le village. Cette anecdote me bouleverse, mais Putra, d'une manière assez fataliste, semble le vivre comme étant quelque chose faisant partie du quotidien des habitants de Komodo. Il m'explique par la suite que le dragon traque sa proie avec une patience infinie, ne laissant aucune chance à ceux qui osent s'aventurer sur son territoire, et que, durant nos recherches, nous devrons nous méfier à chaque instant de ses crocs acérés et de ses griffes, car une rencontre surprise avec ce monstre vorace pourrait bien être la dernière. S'il pense m'effrayer, c'est plutôt le contraire : il n'en faut pas plus pour renforcer mon impatience d'aller à leur rencontre, sur le terrain !

Le soir, après un repas de poisson fraîchement pêché, nous nous allongeons pour dormir sur des tapis de paille. Je suis tellement excité que je ne ferme pas l'œil de la nuit. Il est vrai que les poussins et les chèvres qui dorment sur le même tapis que moi ne m'aident pas vraiment à trouver le sommeil. Je n'ai qu'une seule envie : que le soleil se lève afin de partir voir les dragons !

Le lendemain, dès l'aube, nous nous mettons en route pour notre première exploration. À ma grande surprise, nous sommes chacun armés uniquement d'un long bâton de bois en forme de Y. Pas très rassurant ! Le soleil commence tout juste à percer l'horizon, baignant l'île d'une lumière dorée. Équipé de mes jumelles, de mon couteau et de mon carnet de notes, je suis Putra à travers l'épaisse jungle humide. Alors que nous avançons, nous tombons sur une carcasse de buffle en décomposition. Les entrailles du pauvre animal, probablement tué par un dragon, sont répandues sur une dizaine de mètres tout autour du cadavre. Je n'aurais pas aimé être à sa place ! Putra m'explique que les dragons sont des charognards très efficaces, capables de digérer presque tous les os d'un animal grâce à leur estomac acide. Ils possèdent aussi des glandes à venin dans

UNE HISTOIRE DE DRAGONS

Il y a quelques années, une étonnante péripétie a marqué l'histoire des rencontres entre humains et dragons de Komodo. Après que leur bateau a chaviré près de l'île de Rinca, au large de l'île de Florès – une zone de confluence entre l'océan Indien et l'océan Pacifique où les courants peuvent créer des tourbillons importants –, un groupe de plongeurs composé de trois Britanniques, d'une Suédoise et d'un Français tente de se rapprocher à la nage d'îles qu'ils aperçoivent au loin. Pendant 12 heures, ils progressent malgré les courants qui les repoussent, et parviennent avec leurs dernières forces à rejoindre une plage. Fatigués et désorientés, ils sont loin de se douter que leurs problèmes ne font que commencer. En effet, ils ignorent qu'ils ont échoué sur la plage de Rinca, une île très aride interdite aux touristes et servant de réserve naturelle pour les dragons de Komodo. Alors qu'ils partent chercher de l'aide, ils tombent sur plusieurs dragons qui, attirés par la présence de ces intrus, commencent à s'approcher. Réalisant alors qu'ils sont en grand danger, les naufragés se réfugient dans un arbre, grimpant aussi haut que possible pour échapper aux dragons. Ces derniers, bien que capables de grimper aux arbres lorsqu'ils sont jeunes, perdent cette habileté en vieillissant, en raison de leur taille et de leur poids. Les plongeurs espèrent ainsi se mettre hors de leur portée et les dissuader. C'est sans compter sur la ténacité de ces animaux. Pendant deux jours, les plongeurs restent perchés dans l'arbre, sous un soleil de plomb, sans nourriture, ni eau. À leurs pieds, les dragons de Komodo continuent de rôder, attendant patiemment que leurs proies descendent pour leur sauter dessus. Enfin, les plongeurs sont secourus par une équipe de recherche alertée de leur disparition ; grâce à leur présence d'esprit et à l'intervention rapide des rangers du parc national de Komodo qui réussissent à éloigner les reptiles, ils auront échappé de justesse à une fin tragique. Je pense qu'on devrait tirer un film de cette aventure, tellement elle est incroyable et effrayante !

leur mâchoire inférieure : lorsqu'ils mordent leur proie, le venin qui pénètre dans la plaie contient des toxines qui empêchent le sang de coaguler, provoquant une hémorragie massive et un choc chez la proie. Le venin entraîne alors une chute rapide de la pression sanguine, une paralysie musculaire et une hypothermie, affaiblissant la proie et la rendant incapable de fuir. Et, même si elle réussit à s'échapper dans un premier temps, elle finit la plupart du temps par succomber peu après aux effets du venin, ce qui permet au dragon de Komodo de la suivre et de la consommer. Bref, je vais éviter de me faire mordre !

Quelques kilomètres plus loin, Putra me propose de me montrer une tanière de dragon. Nous marchons en silence, le bruit de nos pas étant étouffé par la végétation. Lorsque nous approchons de la tanière, l'atmosphère devient lourde, presque palpable. À nos pieds, des traces fraîches laissées par un dragon qui semble récemment revenu à sa tanière. Nous nous postons alors à une distance sécuritaire pour tenter de l'apercevoir. Soudain, le dragon émerge, imposant et majestueux. Il nous fixe de ses yeux perçants, et je sens une montée d'adrénaline. Chaque muscle de mon corps est tendu, prêt à réagir au moindre mouvement de l'animal. Il est vraiment énorme, au moins 3 m de long ; sa peau écailleuse brille sous le soleil et sa queue musclée révèle sa puissance brutale. En le voyant avec sa cuirasse impénétrable, je me dis que vraiment, les dinosaures ne sont pas tous morts, finalement !

Nous restons à bonne distance, mais je suis surexcité. J'ai rêvé de ce moment tellement de fois depuis mon enfance ! Putra m'apprend que le dragon nous a repérés depuis très longtemps et qu'il fait semblant de ne pas nous voir. Ces animaux sont ainsi capables de détecter une proie à des kilomètres grâce à leur odorat surdéveloppé. Si je suis envoûté par ce géant préhistorique, je suis aussi totalement terrifié par le fait qu'il puisse bondir sur nous en un éclair !

Alors que je regarde autour de nous, je fais signe à Putra. Derrière nous, à moins de 10 m se trouvent trois autres dragons de Komodo qui nous regardant fixement, sortant leur langue bifide qui leur sert à localiser leurs proies. En projetant cette langue très longue hors de leur gueule, les lézards peuvent ainsi capter les molécules odorantes présentes dans l'air et obtenir des informations sur nous. C'est alors que nous comprenons que le gros dragon immobile n'était qu'un leurre pour détourner

notre attention et nous attaquer par derrière ! Voyant la panique sur le visage de Putra, je commence moi aussi à avoir très peur ! Il me fait signe d'orienter comme lui mon bâton en Y vers les dragons et de reculer tout doucement. Je m'exécute, prenant mon couteau dans l'autre main. Le quatrième dragon, jusque-là immobile, se joint aux trois autres et tous les quatre avancent vers nous d'un pas décidé. Sans céder à la panique, nous continuons de reculer tout en les repoussant fermement avec nos bâtons. J'ai cette idée en tête qui m'obsède : "Anthony, si l'un d'eux t'attrape, plante ton couteau dans ses yeux, c'est le point faible de tous les prédateurs !" Après cette chasse de cinq bonnes minutes qui me paraissent une éternité, d'une manière unilatérale, les dragons s'arrêtent finalement et nous laissent fuir. C'était un avertissement pour nous signifier que nous n'étions pas les bienvenus sur leur territoire.

De retour au village, la tension retombe et je ressens un mélange de soulagement et d'euphorie. Nous nous asseyons au milieu de la jetée du village, et, bientôt, une cinquantaine d'enfants nous entourent, émerveillés, pour écouter notre aventure du jour. Le soir, autour de la table, Putra me dit qu'il comprendrait que je ne veuille plus aller à la rencontre des dragons durant les prochains jours. Mais, encore une fois, notre aventure a eu l'effet inverse sur moi, et je n'attends qu'une seule chose, retourner les observer et essayer de mieux les comprendre ! Dès le lendemain matin, nous voilà donc repartis, et nous passerons six jours d'aventures et d'explorations au milieu des dragons.

J'ai eu la chance d'en voir beaucoup durant cette semaine, et même d'assister à des scènes de chasse impressionnantes, comme cette fois où, alors que nous observions un macaque, nous remarquons soudain un dragon tapi dans les herbes hautes. À l'affût, il attend patiemment que sa proie se rapproche, et, lorsque le singe est finalement à sa portée, il bondit brusquement sur lui, utilisant sa vitesse impressionnante pour couvrir rapidement la distance. De sa puissante mâchoire et avec ses griffes acérées, il immobilise le malheureux macaque et, à peine quelques secondes après, celui-ci disparaît dans sa gueule ! Je reste abasourdi par ce que je viens de voir, c'est d'une violence terriblement efficace !

Un autre moment inoubliable que j'ai vécu lors de nos sorties se déroule alors que nous sommes dans une clairière à la végétation dense. L'air est lourd de chaleur. Deux énormes dragons de Komodo se font face, chacun mesurant plus de 3 m de long et pesant sans aucun doute plus de 100 kg. La tension est palpable : ce sont deux titans qui s'apprêtent à s'affronter sous nos yeux ! Derrière eux se trouve une carcasse de cerf récemment tué dont émane une odeur insupportable. Putra et moi avons mis nos

Île de Komodo

« À ma grande surprise, nous sommes chacun armés uniquement d'un long bâton de bois en forme de Y. Pas très rassurant ! »

À droite : Labuan Bajo

tours de cou sur nos nez pour supporter l'atmosphère. Les deux dragons commencent par se mesurer du regard, leur langue fourchue sondant l'air pour détecter les intentions de l'autre. Ils émettent des sifflements bas et gutturaux qui me font froid dans le dos. Leur corp massif se balance lentement, chaque muscle tendu et prêt pour l'action. Soudain, l'un d'eux, plus audacieux, charge l'autre. Il ouvre grand sa gueule, dévoilant ses dents acérées, et tente de le mordre à la base du cou, une zone vulnérable. L'autre dragon réagit avec une rapidité surprenante, se dressant sur ses pattes arrière pour éviter l'attaque. Ses griffes puissantes creusent le sol, projetant de la poussière et des pierres. Au corps à corps, les deux dragons se dressent alors sur leurs pattes arrière, une posture rare et impressionnante. Ils se heurtent violemment, leurs corps massifs s'entrechoquant avec une force colossale, et se lacèrent mutuellement avec les griffes de leurs pattes avant, laissant des traînées sanglantes sur leurs écailles épaisses. Je suis subjugué par la violence de ce combat et la puissance qui se dégage autour de nous. Le bruit de leur souffle lourd et de leurs grognements remplit l'air. Putra, un peu inquiet, me demande si je veux partir. De la tête, je lui fais signe que non. Cette scène est absolument irréelle et je ne la raterais pour rien au monde ! Chacun des deux dragons essaie de renverser l'autre en utilisant sa queue musclée comme une massue, la balançant de gauche à droite avec une puissance incroyable. La posture me rappelle certains combats de lutte sénégalaise auxquels j'ai pu assister, d'où une force indescriptible émanait. Mais ici, il y a en plus cette queue d'une force terrifiante, dont un coup bien placé peut déséquilibrer l'adversaire, et parfois même lui briser des os !

Les dragons continuent de se mordre, visant les jambes, le ventre et le cou, espérant infliger des blessures incapacitantes à leur adversaire. Au bout de plusieurs minutes de ce combat acharné, alors que mon cœur bat à 1 000 à l'heure, l'un d'eux parvient à saisir l'autre par la patte arrière avec ses mâchoires puissantes. Il secoue violemment la tête, déchirant la chair de son adversaire. L'autre dragon, saignant abondamment, tente de se défendre mais commence à montrer des signes de fatigue. Ses mouvements deviennent moins coordonnés et plus désespérés. Le dragon dominant profite alors de ce moment de faiblesse pour porter une dernière attaque décisive. Il mord profondément le flanc de son adversaire, injectant son venin anticoagulant. Le dragon vaincu rugit de douleur, mais ses forces l'abandonnent rapidement. Il s'effondre lourdement sur le sol, haletant. Le vainqueur se retire lentement avec la carcasse de cerf, laissant le perdant derrière lui. Le dragon blessé, gravement affaibli, se traîne lentement à l'abri, passant à quelques mètres de nous. Des années après cet incroyable moment, je suis toujours abasourdi et reconnaissant d'avoir pu assister en direct à une telle scène de la nature brute.

C'est maintenant le moment de partager un dernier repas avec Putra et les villageois. Je réalise à quel point cette île est spéciale, pour sa faune extraordinaire, bien sûr, mais aussi pour ses habitants dévoués à la protection de ce trésor naturel. Alors que je m'apprête à quitter Kampung Komodo, je remercie Putra pour cette incroyable semaine. Je repars avec des souvenirs gravés pour toujours dans ma mémoire, des histoires de dragons à raconter à mes futurs enfants, et une profonde admiration pour ces créatures majestueuses et les gardiens de leur royaume.

FEUILLE DE ROUTE

Départ	Labuan Bajo
Arrivée	Kampung Komodo
Comment s'y rendre	En avion jusqu'à Labuan Bajo (ou en bateau depuis une autre île indonésienne), puis en bateau jusqu'à l'île de Komodo.
Quand s'y rendre	De mai à octobre.
Les indispensables	De bonnes chaussures de marche, une lampe frontale, un couteau et un solide bâton en Y !

OCÉANIE

AUSTRA

LIE

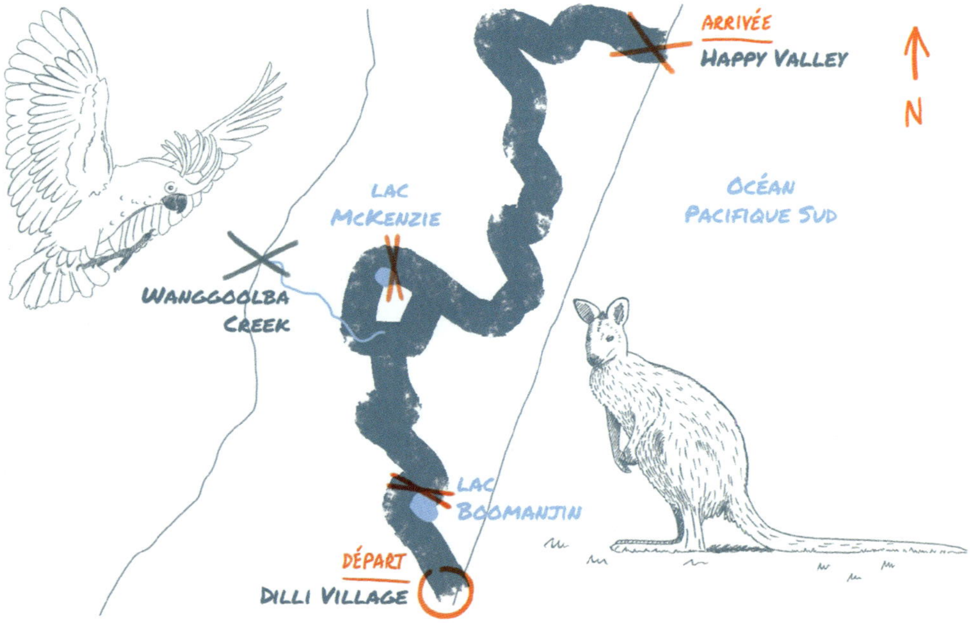

Parcourir le Fraser Island Great Walk

Activité	Randonnée
Difficulté	Intermédiaire
Pays	Australie
Lieu	Île Fraser-K'gari
Durée	Huit jours

Nous partons sur la plus grande île de sable au monde : Fraser Island, appelée aussi K'gari en langue aborigène, qui se situe au large de la côte est du Queensland, en Australie. L'objectif : parcourir le Fraser Island Great Walk, un sentier de randonnée spectaculaire qui chemine sur 90 km à travers une grande variété d'écosystèmes. Son point de départ officiel, lorsqu'on le parcourt du sud au nord comme je l'ai fait, se situe à Dilli Village. Ce dernier, entouré par la forêt tropicale dense et la végétation luxuriante typique de l'île, me plonge directement dans l'aventure ! Alors que je m'apprête à partir sur le sentier, une excitation mêlée d'une pointe d'appréhension s'empare de moi. La perspective de traverser cette île paradisiaque pendant huit jours, seul, avec ma tente pour seul abri, est une fois de plus la promesse d'une expérience inoubliable au cœur d'une nature sauvage. Muni de mon sac à dos, d'une machette et de mon esprit d'aventure, je m'élance, prêt à découvrir les merveilles cachées de Fraser Island !

Dès les premiers pas, la majesté de la forêt tropicale m'enveloppe : les arbres immenses s'élèvent vers le ciel, formant une canopée qui filtre doucement la lumière du soleil, et le chant mélodieux des oiseaux résonne dans l'air, accompagnant ma progression d'une partition naturelle. Je marche sur un sol tapissé de feuilles mortes et de racines noueuses. Au détour d'un sentier, je découvre le premier des joyaux naturels de l'île : le fascinant lac Boomanjin. Célèbre pour être le plus grand lac d'eau douce sablonneux au monde, il offre un paysage étonnant. Ce qui le rend si particulier frappe immédiatement : c'est sa couleur rougeâtre ou brunâtre, qui contraste de manière saisissante avec le sable blanc de ses rives. Elle est le résultat des tanins libérés par les feuilles et les racines des plantes environnantes qui se décomposent dans l'eau. Émerveillé par la beauté sereine de ce lieu, j'y passe ma première nuit. Sur les rives du lac bordées par la végétation dense de la forêt tropicale, je suis seul au monde, loin de l'agitation du monde moderne, tandis que la nuit tombe doucement et que le ciel s'embrase de mille étoiles scintillantes.

Plage de la côte ouest de Fraser Island/K'gari

LES DINGOS

Les dingos occupent une place importante dans la culture aborigène australienne, où ils sont souvent vus comme des animaux totémiques associés à des histoires et traditions anciennes. Pour les peuples autochtones, ils sont symboles de sagesse, de loyauté et de connexion spirituelle avec la Terre. Le fait d'en avoir croisé tout du long de mon aventure a ajouté une dimension spéciale à mon expérience de l'île Fraser, m'offrant une fenêtre fascinante sur la nature sauvage de l'Australie.
Il faut dire que les dingos de l'île Fraser sont des animaux fascinants et absolument uniques. Représentants d'une population totalement isolée qui a évolué pour s'adapter à son environnement insulaire, ils ont ainsi, contrairement à leurs cousins continentaux, appris à chasser des proies marines telles que des poissons, des crabes et des petits reptiles. Ce régime alimentaire diversifié est une réponse de cette espèce à un environnement insulaire où les ressources terrestres peuvent être limitées et les proies difficiles à chasser.

Si vous aimez les animaux, vous allez aimer cette randonnée ! Suivre le Fraser Island Great Walk (et aussi s'aventurer hors du sentier), c'est souvent croiser la route de ses habitants, comme les wallabies qui, curieux, m'observent depuis les buissons environnants. Ces kangourous de petite taille sont absolument craquants, et je passe des heures à les observer – à tel point que je prends pas mal de retard dès le début de mon aventure ! Dans le ciel, des cacatoès blancs à huppe jaune survolent en bandes les cimes des arbres en poussant leurs cris stridents. Quand on pense qu'en milieu urbain, ils sont l'équivalent de nos pigeons pour les Australiens ! La faune de ce pays me fascine. Dans la forêt, au crépuscule, vous croiserez aussi des silhouettes se déplaçant dans les arbres, dans un froissement de feuilles et le bruissement des branches : des opossums ! Ces petits marsupiaux arboricoles deviennent actifs une fois la nuit tombée. Alors qu'ils sautent d'une branche à l'autre avec une agilité surprenante, je les observe longuement. Leurs yeux brillent dans l'obscurité ; leurs oreilles mobiles sont tournées vers les moindres bruits de la forêt, et leur queue préhensile leur sert de balancier. Une rencontre magique ! Et ce n'est pas la seule qui m'aura marqué : un matin, alors que je marche sur l'une des innombrables longues plages de l'île, avec le sable chaud sous mes pieds et le bruit des vagues qui se brisent au loin, j'aperçois une forme familière se déplaçant sur le rivage. Elle me rappelle celle des chacals que j'ai pu observer chasser des phoques, en Namibie. À mesure que je me rapproche, je réalise que c'est un dingo, avec sa fourrure rousse typique brillant sous le soleil de l'après-midi. Il m'observe avec curiosité, ses yeux vifs et alertes suivant chacun de mes mouvements. Semblant intrigué par ma présence, il s'approche lentement, gardant une distance prudente. En regardant sa silhouette agile, je suis fasciné par la grâce et l'élégance de cet animal: sa démarche confiante et sa posture fière témoignent de sa nature sauvage indomptée. J'immortalise mentalement cette rencontre avant que nos chemins ne se séparent; j'en rencontrerai d'autres par la suite. En longeant les plages désertes de la côte ouest, j'aperçois aussi parfois au loin le souffle puissant d'une baleine à bosse, venue se reposer dans les eaux chaudes de la baie. C'est un spectacle absolument incroyable! Mais, attention, toute la faune australienne n'est pas aussi sympathique. Les dingos peuvent parfois être agressifs, mieux vaut donc ne pas trop les approcher; et, alors que je me baigne dans l'océan agité, je ne peux m'empêcher de repenser aux panneaux que j'ai pu apercevoir le long du trek, représentant à la fois des requins et des crocodiles de mer. Suffisamment effrayants pour ne pas trop m'attarder dans ces eaux magnifiques!

Le sentier s'enfonce dans les terres sauvages de l'île, mais il permet de belles échappées entre l'océan, à l'est, et la baie, à l'ouest. Sur les plages, qui sont également très sauvages, on trouve parfois des épaves échouées; certaines sont très anciennes. Certes beaucoup moins lugubre, cette plage me rappelle la Côte des Squelettes que j'ai traversée en Namibie lors de l'une de mes plus expéditions les plus difficiles! En m'aventurant hors du sentier, je découvre des paysages époustouflants qui semblent tout droit sortis d'un rêve. À l'est, des falaises de sable rouge s'élèvent au-dessus de la mer, offrant une vue panoramique sur l'océan turquoise qui s'étend à perte de vue. Des dunes immaculées ondulent, sculptées par les caprices du vent. Chaque tournant révèle une nouvelle facette de la beauté sauvage de Fraser, captivant mes sens et nourrissant mon âme d'aventurier. L'un des sites naturels les plus enchanteurs que vous découvrirez sur l'île – qui nécessite une fois de plus de sortir du sentier – est Wanggoolba Creek, sur la côte ouest. Bordée par une végétation dense de fougères arborescentes,

Lac Boomanjin

« Ce qui le rend si particulier frappe immédiatement: c'est sa couleur rougeâtre ou brunâtre, qui contraste de manière saisissante avec le sable blanc de ses rives. »

de palmiers et d'arbres tropicaux, cette rivière côtière à l'eau d'une incroyable limpidité crée un tableau idyllique d'une nature préservée; les arbres s'y reflètent à la surface de l'eau et les oiseaux nichés dans les branches y agrémentent le lieu de leurs chants mélodieux. À l'embouchure de la rivière, la forêt rencontre le rivage. L'autre joyau de l'île Fraser, selon moi, est le lac McKenzie. Il est entouré d'une forêt tropicale luxuriante, ce qui crée un contraste frappant entre ses eaux turquoise et le vert profond de la végétation environnante. Ses plages de sable blanc sont d'une pureté immaculée que je n'ai vue que dans le nord du Brésil. En raison de son isolement et de sa faible teneur en nutriments, ses eaux sont d'une transparence exceptionnelle, qui me permet de voir clairement les fonds sablonneux et les formations rocheuses sous-marines. Encore un paysage incroyable!

Voilà! Après huit jours de pérégrination sur l'île, je rejoins le point d'arrivée du Fraser Island Great Walk, Happy Valley, le cœur rempli de souvenirs inoubliables et d'émotions indescriptibles. Alors que je quitte l'île, je sais que c'est là, dans les grands espaces sauvages de ce monde, que se trouve la véritable essence de ma vie : la liberté, la beauté et l'émerveillement devant l'inconnu, la nature et les animaux que je croise sur notre incroyable planète.

À gauche : Wanggoolba Creek ; à droite : baleines à bosse dans la baie d'Hervey, à l'est de Fraser Island/K'gari

«Bordée par une végétation dense de fougères arborescentes, de palmiers et d'arbres tropicaux, cette rivière côtière à l'eau d'une incroyable limpidité crée un tableau idyllique. »

FEUILLE DE ROUTE

Départ	Dilli Village
Arrivée	Happy Valley
Distance	90 km
Comment s'y rendre	En avion jusqu'à Brisbane, puis en ferry jusqu'à l'île Fraser-K'gari.
Quand s'y rendre	Privilégiez la saison sèche, de mai à octobre.
Les indispensables	De très bonnes chaussures de marche, un sac à dos 70 l, une tente et une machette. Prévoyez des vêtements adaptés aux insectes et du répulsif antimoustique.

NOUVE
ZÉLA

LLE-
NDE

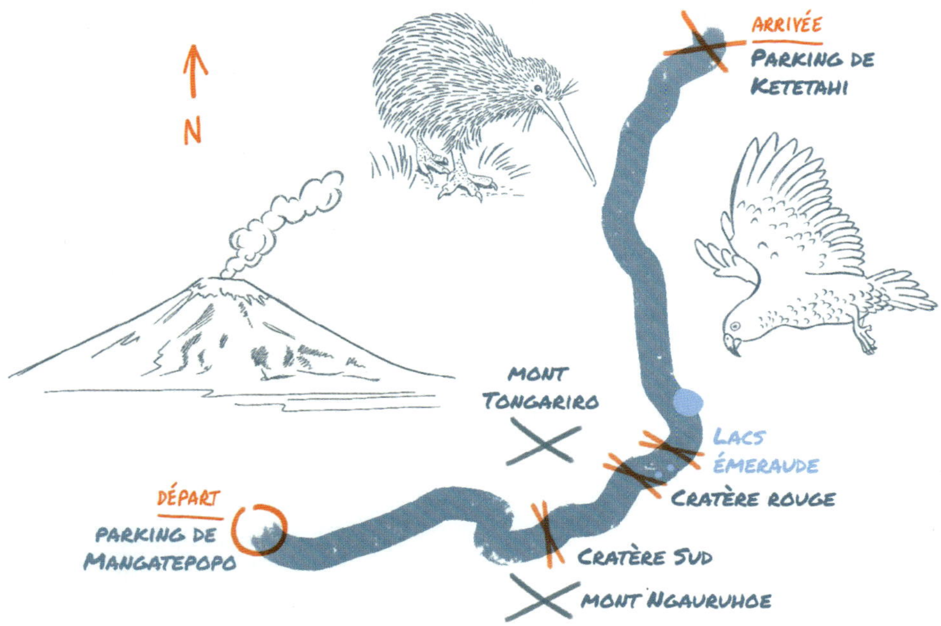

Traverser le Mordor

Activité	Randonnée
Difficulté	Facile
Pays	Nouvelle-Zélande
Lieu	Parc national de Tongariro, île du Nord
Durée	Une journée

Pendant des années, en tant que fervent lecteur du *Seigneur des Anneaux* et admirateur de l'œuvre de J.R.R. Tolkien, j'ai imaginé le moment où je découvrirais les paysages du parc national de Tongariro, où a été tournée la trilogie. Le Tongariro Alpine Crossing, qui le traverse, est un sentier de randonnée phare en Nouvelle-Zélande : passant par d'anciens cratères et longeant des lacs émeraude, il offre l'occasion de vivre pour de vrai une aventure digne des *Histoires de la Terre du Milieu* et de traverser le Mordor, comme dans les films !

Le point de départ de la randonnée se situe au parking de Mangatepopo, où, à peine arrivé, on plonge au milieu de paysages presque irréels. Les champs de lave noire s'étendent à perte de vue, créant un contraste saisissant avec le vert éclatant des herbes alpines qui poussent magiquement à certains endroits de la plaine. Les roches volcaniques éparpillées ajoutent une texture rugueuse à l'ensemble, rappelant l'histoire volcanique de la région. Au loin, les sommets imposants de trois volcans, les monts Ruapehu, Ngauruhoe (sacré pour les Maoris, ce volcan, le plus haut et le plus actif de Nouvelle-Zélande, est aussi la Montagne du Destin dans *Le Seigneur des Anneaux*) et Tongariro se dressent majestueusement dans le ciel, offrant à la randonnée, dès son départ, une impressionnante toile de fond.

Dans ce décor qui m'évoque immédiatement les terres désolées du Mordor, chaque pas que je fais me rapproche un peu plus de l'aventure que j'ai si longtemps imaginée dans mes rêves d'adolescent. Alors que je progresse seul au monde, je me sens comme l'intrépide Bilbon le Hobbit, traversant un territoire inconnu et inhospitalier. Après une montée raide, en arrivant au Cratère Sud à 1 600 m d'altitude, je suis frappé par l'immensité de l'étendue qui s'ouvre devant moi. À perte de vue, le sol est jonché de roches de différentes tailles projetées lors d'une ancienne éruption volcanique. Les abruptes falaises ocre qui entourent le plateau ajoutent une dimension spectaculaire à l'ensemble. Il règne un silence absolu, seulement interrompu par le bruit de mes pas sur les pierres et le murmure du vent. Les nuages flottant autour des sommets ajoutent une touche de mystère au panorama,

Mont Ngauruhoe

« Ces trois lacs arborent une teinte brillante qui semble presque surnaturelle dans le paysage volcanique environnant, variant du turquoise profond à l'émeraude vif. »

À droite : Lacs émeraude

tandis que les fumerolles et les émanations de soufre semblent rappeler la présence du Mal, comme dans les livres de Tolkien. J'ai l'impression de m'avancer au seuil même du Mordor, avec le sentiment que le danger peut surgir à tout moment.

Après le Cratère Sud, la montée vers le Cratère rouge, à 1 880 m, est une véritable épreuve d'endurance, mais la vue panoramique une fois au sommet en vaut largement la peine. Les cratères fumants et les lacs d'acide sulfurique créent une ambiance apocalyptique, renforçant l'impression d'être transporté dans un autre monde. Je suis frappé par l'intensité de la couleur rougeâtre du cratère, qui contraste vivement avec les tons sombres de la roche volcanique environnante. Elle est due à la présence de minéraux oxydés, témoignant de l'activité géologique intense qui a façonné la région.

En descendant vers les Lacs émeraude, que l'on aperçoit de manière grandiose en contrebas, difficile de ne pas être émerveillé par la beauté saisissante de ces joyaux naturels. Situés dans des cratères volcaniques éteints, ces trois lacs arborent

LE KIWI

Le kiwi est le symbole national de la Nouvelle-Zélande. Je parle bien évidemment de l'oiseau, pas du fruit! Cet oiseau est aptère, ce qui signifie qu'il est incapable de voler: c'est un oiseau coureur, comme l'autruche ou l'émeu. De la taille d'une poule, il possède un corps rond, des ailes atrophiées, un long bec incurvé, et ses plumes brunes et grisâtres sont souvent marbrées ou tachetées. Les cinq espèces de kiwis sont endémiques de la Nouvelle-Zélande, mais je n'ai jamais réussi à en voir, malgré mes longues recherches. Cela s'explique en partie par le fait qu'ils passent la majeure partie de la journée cachés dans des terriers ou sous la végétation dense. Ils ne sortent presque que la nuit, et, vu leur plumage grisâtre, il est extrêmement difficile de les apercevoir. La deuxième explication est que, malheureusement, comme la majorité des animaux sur notre planète, les kiwis sont menacés en raison de la perte de leur habitat, de la prédation par les animaux introduits et d'autres menaces environnementales, dont la plus sérieuse est une fois de plus l'homme. Plusieurs espèces de kiwis sont maintenant classées en danger ou en voie de disparition, et des efforts de conservation sont en cours pour protéger ces oiseaux uniques. Il serait impensable que l'oiseau qui a donné son nom aux habitants de la Nouvelle-Zélande disparaisse!

une teinte brillante qui semble presque surnaturelle dans le paysage volcanique environnant, variant du turquoise profond à l'émeraude vif selon les heures de la journée. Ils tirent leur couleur caractéristique des minéraux présents dans l'eau, notamment le soufre et le gypse, qui se déposent sur leur fond. Lorsqu'on se situe à leur niveau, les sommets enneigés se reflètent dans leurs eaux calmes. Malgré leur beauté, j'ai appris en Islande et en Bolivie que ce serait une très, très mauvaise idée de vouloir m'y baigner – et puis, ils sont sacrés pour les Maoris, donc c'est interdit.

Alors que je progresse avec l'impression de traverser les terres elfiques de la Terre du Milieu, j'aperçois soudain au-dessus de moi des nestors kéas, ces perroquets de montagne emblématiques de la Nouvelle-Zélande ! Leur plumage est vert olivâtre avec des plumes orange vif sous les ailes. J'ai vu beaucoup de documentaires sur ces oiseaux et j'aime beaucoup les kéas, qui sont connus pour leur adaptabilité et peuvent survivre dans des conditions environnementales extrêmes, y compris températures glaciales et vents violents. J'ai dû être un kéa dans une vie précédente ! Comme les grands singes, ils sont extrêmement intelligents et capables de manipuler des objets pour obtenir de la nourriture.

Mais revenons à la randonnée. Soudain, l'aventure prend une autre tournure : alors que je traverse de vastes étendues, je suis surpris par un changement météorologique très brusque. Une énorme tempête se lève, balayant le plateau de grosses rafales de pluie et de violents coups de vent. Tel Bilbon Sacquet poursuivant sa mission avec l'Anneau malgré les obstacles, je lutte seul contre les éléments déchaînés, déterminé à poursuivre mon périple ! Ça y est, j'ai enfin atteint le Mordor ! Tout est dévasté, les éclairs déchirent le ciel et le tonnerre fracasse l'air ! Comme j'ai une visibilité d'à peine 2 m, je m'abrite sous un immense rocher en équilibre sur un autre. Finalement, après de grands efforts pour sortir du Mordor, je trouve enfin la fin du sentier, totalement trempé et épuisé, mais exalté par cette aventure !

Parcourir le Tongariro Alpine Crossing a été bien plus qu'une simple randonnée pour moi : cela a été une aventure épique qui a transporté mon esprit dans un monde féerique dans lequel, à chaque pas, mon imagination s'attendait à voir débarquer une armée d'Orques affamés. Je suis même un peu déçu de ne pas avoir vraiment eu à les affronter… Que vous soyez fan ou pas du *Seigneur des Anneaux*, ce trek est un must pour tous les aventuriers qui se rendent en Nouvelle-Zélande !

FEUILLE DE ROUTE

Départ	Parking de Mangatepopo
Arrivée	Parking de Ketetahi
Distance	19,4 km
Comment s'y rendre	En avion jusqu'à Auckland, puis en bus jusqu'à Mangatepopo.
Quand s'y rendre	D'octobre à fin mars.
Les indispensables	De très bonnes chaussures de marche, de l'eau, un sac à dos et un imperméable en cas d'orage car la météo change vite en Nouvelle-Zélande.

Remerciements de l'auteur Tout d'abord, un grand merci à ma maman Patricia, qui m'a toujours soutenu dans mes choix malgré toutes les périodes difficiles que nous avons dû traverser ensemble, et surtout malgré ses peurs légitimes durant mes aventure folles. Merci, maman, de m'avoir donné l'amour de l'aventure et du voyage en m'achetant les aventures de la jeunesse de Picsou, et en me laissant toujours regarder mes documentaires animaliers pendant de longues heures ! Un grand merci aussi aux photographes qui m'ont accompagné sur certaines de mes aventures et qui ont su retranscrire ce que je vivais sur le moment, d'une meilleure manière que moi seul me photographiant avec mon drone et ma petite télécommande cachée dans le creux de ma main. Merci aux milliers de personnes qui me soutiennent et m'envoient des messages adorables au quotidien sur les réseaux sociaux, vous êtes ma force ! Un merci particulier à mes amis suédois Katrin et Håkan, chez qui j'ai écrit une grande partie de ce livre grâce à leur connexion Internet et à leur accès à l'électricité, tout en construisant en même temps mes maisons sur mes îles suédoises voisines ! Et merci aux bénévoles qui ont continué tous les matins ce chantier pendant que j'écrivais mon livre. De manière générale, un grand merci à toutes les personnes qui m'ont prêté leur accès à Internet ou à l'électricité pour que j'écrive, le soir, durant mes aventures autour du monde. Je tiens aussi à remercier tout particulièrement mes copains qui ne m'ont pas invité aux sorties vélo, kayak ou trail en montagne lors de mes passages à Annecy, et qui m'ont forcé à rester chez moi pour écrire. Je vous ai bien détestés, mais merci ! Merci à Dominique et Isabelle pour m'avoir soutenu dans l'écriture de ce livre malgré mon emploi du temps ingérable et mes angoisses. Un remerciement tout spécial à la conseillère d'orientation qui m'a dit qu'étant donné mes origines sociales et mes notes, je ne pourrai jamais faire quoi que ce soit de ma vie en dehors de l'usine de sirop de Grenoble. Merci, vous m'avez donné la force de vous donner tort. Et, enfin, un grand merci à Nelson Mandela, mon idole de toujours, pour m'avoir transmis la passion pour l'Afrique, pour la persévérance et pour la justice.

Aventures autour du monde
Lonely Planet
1re édition

92 avenue de France - 75013 Paris
lonelyplanet@edi8.fr

Imprimé par Pollina, Luçon, France
Première impression

Dépôt légal Octobre 2024
ISBN 978-2-38492-355-7
Photographies comme indiqué 2024

Auteur Anthony Verlaine
Direction éditoriale Dominique Bovet
Responsable prépresse Jean-Noël Doan
Édition Isabelle Bouwyn
Assistante d'édition Justine Munsch
Conception graphique et maquette Pimpant! studio
Illustrations Guénaël Odin et Jessica Sécheret
Couverture Laure Wilmot
Correction Christiane Mouttet
Fabrication Emmanuelle Laine
Photogravure Graphium

Crédits photographiques Couverture : © Maëlle Rousseau / Hellodamianus / Anthony Verlaine ; 4e de couverture, de gauche à droite : © Elias Neil Benleulmi, © Anthony Verlaine, © Romain Assie-Rio ; intérieur : p. 2 Yukon, © Elias Neil Benleulmi ; p. 4 : escalade d'une cascade de glace dans les Écrins, © Arthur Delicque ; p. 5 : cratère Víti, Islande, © Anthony Verlaine ; p. 6 : Parque Nacional Cahuita, Costa Rica, © Anthony Verlaine ; p. 74 : randonnée en Andorre, © Anthony Verlaine ; p. 180 : désert du Namib, près de Sossusvlei, Namibie, © Anthony Verlaine ; p. 236 : Taj Mahal, © Anthony Verlaine ; p. 276 : volcan Mauna Loa, Hawaii, © Anthony Verlaine

En Voyage Éditions | un département édi8